*Parce que l'aventure humaine*
*vaut plus que les médailles,*
*on doit cette épopée :*
*à tous ceux qui l'ont rêvée,*
*à tous ceux qui l'ont construite,*
*et à tous ceux qui, en voulant s'y opposer,*
*nous ont rendus meilleurs.*

# Avant-propos

À l'automne 2014, je refermais ce livre sur la seule interrogation qui vaille du haut de nos multiples trophées et de notre épopée inégalable : gagner, oui, mais pour quoi faire ? J'avais déjà quelques idées sur la question. Il me semblait que la performance ne valait que par le chemin emprunté pour y parvenir. Et que cette philosophie du management qui avait présidé au règne sans précédent de l'équipe de France de handball pouvait gouverner bien d'autres aventures humaines.

Deux ans plus tard, beaucoup de choses ont changé. Dans le petit monde des Bleus où ma prise de recul, souhaitée et programmée, s'est révélée plus délicate que prévu. Dans le monde tout court où, de carnages en attentats, il nous a fallu apprendre à vivre sous le joug du terrorisme de masse.

Chacun à sa manière, ces deux événements sans commune mesure m'ont contraint à me frotter à de nouvelles réalités. À la demande du président François Hollande, j'ai accepté de codiriger une mission sur la mise en place d'une « réserve citoyenne ». Ce rapport d'une centaine de pages, intitulé Pour que vive la fraternité, dort depuis plus de un an sous les ors d'un palais de la République… Quant aux aléas de ma succession à la tête de la fameuse bande des Experts, j'ai compris qu'il était beaucoup plus facile de donner que de recevoir. En août dernier, à Rio, nous avons échoué d'un rien dans la quête d'un troisième titre olympique d'affilée. Pour autant, ma foi dans les valeurs de solidarité, d'empathie, de responsabilisation collective est intacte. Même quand souffle le vent mauvais, je continue de croire à la supériorité de l'adhésion sur l'obéissance, et je privilégierai toujours la force du groupe au détriment du culte de l'individu. Plus que jamais, l'enfer, c'est sans les autres.

Loin de saper ma réflexion, l'adversité me pousse aujourd'hui à l'enrichir. C'est pourquoi j'ai jugé honnête et utile d'ajouter un nouveau chapitre au *Règne des affranchis*, un chapitre prudemment intitulé « Une histoire sans fin », tant il est vrai que l'insolente réussite de cette équipe surpasse le cadre des terrains de handball, le talent pur de ses acteurs et la seule arithmétique des résultats. Une réussite dont je me sens au mieux l'inspirateur, et en aucun cas le propriétaire, puisqu'elle n'a de sens que dans le partage.

À l'heure où la France s'apprête à accueillir les championnats du monde, rendez-vous capital pour l'avenir de notre sport et la pérennité de notre belle aventure, je vous invite dans les coulisses d'un règne sans équivalent. Vous y découvrirez que les ressorts de la performance ne sont pas incompatibles avec les bienfaits d'un épanouissement personnel. Et vous verrez que les mêmes clés peuvent ouvrir les mêmes serrures, dans la meilleure équipe du monde comme dans l'entreprise ou au sein de la sphère privée. Peut-être en déduirez-vous qu'il n'y a qu'un pas entre les rouages de l'excellence sportive et les secrets d'un parcours de vie riche et accompli ? Alors, oui, je pourrais me dire que j'ai fait quelque chose de nos titres à foison et de nos médailles étincelantes.

# – 1 –

## UNE CERTAINE IDÉE DU BONHEUR

C'est le plus grand, le plus beau jour d'une vie d'entraîneur. Ce 24 août 2008, au National Stadium de Pékin, mon équipe va battre l'Islande, 28-23, et devenir championne olympique pour la première fois de son histoire. Le chronomètre s'égrène. Il n'y a plus de suspense. Il n'y a jamais eu de suspense. Depuis le début de la compétition, j'ai l'impression de piloter une machine de guerre. Tous ceux qui se sont mis en travers de notre rêve ont été broyés. Les Espagnols, les Russes, les Croates, et maintenant les Islandais. À chaque match, mes joueurs ont affiché une supériorité physique et mentale que je ne leur connaissais pas. On les appelle les Experts, mais ce sont des forçats. Durant un an, ils ont sué sang et eau pour se forger cette carapace inoxydable. Je vous raconterai ça plus tard. Car l'heure est venue, pour eux comme pour moi, de tomber l'armure. Enfin, presque.

C'est le plus grand, le plus beau jour d'une vie d'entraîneur. Je vois les larmes qui coulent sur le visage de mes adjoints, j'entends les supporters qui s'époumonent : « Allons enfants de la patrie... Cinq, quatre, trois, deux, un... Le jour de gloire est arrivé ! » On me bouscule, on m'agrippe, on m'étreint. « Putain ! C'est fait, Claude, on est les champions ! » Je me laisse ballotter par cette houle jusqu'au cercle des joueurs en transe. Et je me force presque à sourire. C'est fait, oui. On y est. Enfin, ils y sont. Moi, pas. Je pensais exulter, danser, pleurer de joie et j'ai le cœur aussi sec qu'un robot. À cet instant précis, ma tête n'est encombrée que de préoccupations matérielles : le protocole, les médias, les bagages. Parfaitement, les bagages.

Il faut se mettre à ma place. J'ai tellement vécu dans la quête de ce Graal. Je sentais mes joueurs si forts. Au fond, je n'ai jamais eu peur des autres. Seulement de nous-mêmes. Alors, j'ai mis toute mon énergie à combattre le poison de la gamberge, le mirage de l'euphorie, ces maux si français qui, à eux seuls, pouvaient nous faire trébucher au moment d'entrer dans la salle du trésor. Et j'y suis si bien parvenu qu'à force de traquer les états d'âme de mes joueurs, j'ai fini par terrasser mes propres émotions. C'est le plus beau, le plus grand jour, oui, d'accord, mais je ne ressens rien. Je suis incapable de me lâcher. Tout à l'heure, j'appellerai mon père. Au son de sa voix, je devinerai la fierté de cet immigré italien qui n'a vécu que pour rendre à la France la chance qu'elle lui avait donnée et qui s'éteindra, quelques mois plus tard, l'âme en paix. Mais là encore, il m'en faudra davantage pour réaliser la portée de notre exploit.

Ce n'est que deux jours plus tard que je vais commencer à comprendre le sens de notre aventure et, peut-être, de ma vie d'entraîneur. Notre avion s'est posé à Roissy dans l'après-midi. Demain, je retrouverai ma famille à Toulouse. En attendant, je suis seul dans ma chambre d'hôtel, à Paris, et j'ai du mal à trouver le sommeil. Alors, machinalement – puisque je fais tout machinalement depuis quarante-huit heures –, je feuillette le recueil de félicitations qu'un employé de la Fédé m'a remis à l'aéroport. À l'intérieur, il y a des centaines, des milliers de messages de gens que je ne connais pas. Toute une foule d'anonymes qui ont vibré en suivant notre épopée olympique. Il y a des gamins qui me demandent comment on fait pour devenir Karabatic et des mamies qui m'avouent avoir versé une larme le jour de la finale. L'heure tourne et je ne veux plus dormir. Je suis comme sous le coup d'une révélation. Je ne pense plus qu'à tourner les pages de cet album, à lire encore et toujours les mêmes mots empreints de simplicité : « joie », « fête », « bonheur »... Au cœur de ce florilège, un homme a écrit ceci : « Merci à vous et à vos joueurs, monsieur Onesta. Je suis en phase terminale du cancer et, sans le savoir, vous m'avez redonné une semaine de vie. » Là, forcément, l'émotion, cette fichue émotion que j'avais combattue de toutes mes forces au point de l'éradiquer, me submerge. Je découvre soudain ce que nous avons fait et pourquoi nous l'avons fait. Je comprends enfin cette passion qui me guide depuis que je suis tout petit. À quoi ça sert de jouer au handball si c'est juste pour se jeter un ballon ? À quoi ça rime tous ces champions qui ne pensent qu'à leur image, à leur ego, à leur pognon ? On n'a pas le droit de vivre ainsi, recroquevillé sur son magot. Ce n'est pas ça la vraie dimension du sport.

Je suis seul, la nuit, dans ma chambre d'hôtel, et soudain tout s'éclaire en moi. Demain, nous repartirons en campagne. Demain, mes joueurs sueront sang et eau. Nous essayerons de gagner d'autres matchs, d'autres tournois, d'autres médailles. Pas pour le fric ni pour la gloire, non. Pour un trophée bien plus rare. Au nom d'une certaine idée du bonheur. Le bonheur partagé.

# – 2 –

## Un bleu chez les Bleus

Je n'ai pas peur. Ce défi est immense mais je dois le relever. Depuis dix ans, je donne tout comme entraîneur du Sporting Toulouse 31. Pour pas un rond. Chaque saison, je ferraille avec un budget famélique et une équipe de gamins afin d'éviter la descente en deuxième division. Ô Toulouse ! Ce club, c'est ma seconde famille. À onze ans, j'y ai pris ma première licence. J'y ai grandi. J'y suis devenu ce que je suis. En 1998, nous avons remporté la Coupe de France en battant, contre toute logique, l'ogre montpelliérain. Sans appel : 27-20. Aujourd'hui encore, c'est peut-être ma plus belle joie d'entraîneur. Mais je suis fatigué de ce sacerdoce. Fatigué de faire deux métiers dans la même journée. Entre mon costume de conseiller technique régional sillonnant les routes pour promouvoir la pratique du handball et mon survêt d'entraîneur bénévole, je n'ai plus de vie. Marie-Hélène aussi en a marre. On en a beaucoup discuté tous les deux. Elle connaît mon Graal. Depuis que je l'ai rencontrée, je pense handball, je mange handball, je rêve handball. À quarante-trois ans, il est temps pour moi de tourner la page de l'amateurisme et de porter mes convictions au plus haut niveau. C'est décidé. Je veux entraîner la meilleure équipe du monde. Je veux entraîner l'équipe de France.

Je n'ai pas peur. C'est comme dans la vie. Je déteste la castagne, je fais tout pour l'éviter. Mais s'il faut se battre, je suis prêt à monter sur le ring. Et je peux même devenir très con. L'équipe de France est un sacré ring. Sur le papier, les autres candidats sont tellement plus légitimes que moi : Patrice Canayer, le Montpelliérain habitué à gérer les stars et les compétitions européennes, Philippe Gardent, un pionnier des Barjots, l'équipe mythique des années 1990, qui a entamé sur le banc de Chambéry une reconversion prometteuse… Bien sûr, on me reconnaît du charisme, une grande gueule, des idées neuves sur le jeu et sur les hommes. Mais, avec le recul, je me dis que si j'avais fait partie du bureau directeur de la Fédération, ce 12 mars 2001, je ne serais sûrement pas allé chercher à Toulouse, dans un club de joyeux bricolos, le futur patron de l'équipe de France. Sans blague. Le dirigeant Onesta Claude ne choisirait pas l'entraîneur Claude Onesta. En tout cas, pas aujourd'hui.

Je peux l'avouer : mon manque d'expérience internationale m'a fait perdre des mois, voire des années, avant que je parvienne à tirer la quintessence de mes principes et de mes joueurs. Avec six matchs de Coupe d'Europe disputés avec Toulouse pour tout bagage, j'étais un bizut. Et je me suis bien fait bizuter. Aujourd'hui, je sais comment ça fonctionne. Les médias, qui ont toujours besoin de mettre en scène une histoire, et le harcèlement du consultant, qui passe son temps à vous savonner le plancher, n'ont plus aucun secret pour moi. Je connais la façon de se mettre les arbitres internationaux dans la poche. Je me les suis tellement mis à dos. J'ai apprivoisé ce sentiment d'immense détresse, voire de mini-dépression, qui suit les grands rendez-vous manqués pour un rien, pour un détail que vous rêvez de modifier le lendemain à l'entraînement, mais non, c'est fini, vous ne reverrez plus les joueurs avant six mois. Il me fallait payer pour apprendre. Et l'addition a bien failli m'être fatale. J'ai subi des contraintes. J'ai perdu des matchs que je n'aurais jamais dû perdre. Mais même au soir des défaites les plus cuisantes, je ne me suis jamais renié.

J'ai beau être né dans une famille communiste, j'ai toujours voulu croire que les hommes étaient plus forts que les dogmes. Il le fallait pour que mon projet devienne celui des joueurs avec les résultats que l'on connaît. Pour autant, ce livre n'est pas un monument que j'érige à ma propre gloire. Surtout pas. J'ai eu la chance de ramener sept médailles d'or des sept finales que l'équipe de France a disputées sous ma responsabilité, mais, comme disait Gabin, je sais qu'on ne sait jamais. Je ne suis pas un gourou et il n'y a pas de « méthode Onesta ». Ce serait trop facile. Il ne suffit pas de marteler « Je pense donc tu suis » pour créer de la cohésion chez des athlètes professionnels, par nature carriéristes et égocentrés. Il ne suffit pas de régenter les âmes pour transformer cette somme de destins hyperindividualisés en une aventure collective sans précédent. S'il faut chercher une explication rationnelle au palmarès presque irrationnel des Costauds et des Experts, successeurs des Bronzés et des Barjots dans la galerie des surnoms des handballeurs français, je crois davantage à une « éthique du bien faire ensemble ». Cette philosophie du pouvoir, du « leadership », comme on dit dans les milieux du management, ne m'a jamais quitté, même dans les moments difficiles, surtout dans les moments difficiles. C'est ce chemin, balisé par la confiance, le dialogue et l'engagement, qui a hissé durablement les Bleus sur le toit du monde. Mais ce chemin n'est pas la propriété privée de quelques envoyés spéciaux de l'espèce. Il est accessible à tous. Chacun d'entre nous peut l'emprunter pour relever les multiples défis de la compétition, de l'entreprise, de la vie en collectivité, de la vie tout court. Plus jeune, mes idoles n'avaient pas pour nom Pelé ou Mick Jagger, mais Voltaire, Jaurès, Che Guevara. Je me suis éveillé à la vie et aux autres dans la période post 1968. J'ai été très tôt sensible au courant pédagogique de l'Éducation nouvelle et à la méthode Freinet. Le livre *Libres enfants de Summerhill*, du psychanalyste Alexander Neill, m'a révélé que l'école devait plus se préoccuper d'éduquer que d'instruire. L'enseignement institutionnel ne me correspondait pas. Et il ne me correspondra jamais. En tant que coach, je me sens porteur des mêmes valeurs de liberté et d'insubordination face à l'ordre établi que mes idoles et mes lectures de jeunesse. Première règle : savoir s'affranchir des règles.

Pour l'heure, je me tiens encore à carreau. Quinze jours après ma nomination à la tête de l'équipe de

France, j'ai rendez-vous avec mon prédécesseur, Daniel Costantini, l'homme qui a tiré le handball français du coma dans les années 1990. Sous sa poigne, les Barjots ont remporté une médaille de bronze aux Jeux de Barcelone et deux titres mondiaux en 1995 et 2001. Les Barjots, ce n'est pas qu'un surnom. Ces énergumènes peroxydés, capables de troisièmes mi-temps à faire pâlir un rugbyman, étaient vraiment dingues. D'ailleurs, il fallait l'être un peu pour écrire la légende dorée de cette équipe et de ce sport qui n'intéressaient encore personne. Gardent, Lathoud, Volle, Munier et les autres se sont construits sur un sentiment d'injustice et de révolte permanent. Pour se transcender, il leur fallait être en guerre contre la Terre entière, et même parfois contre eux-mêmes. « On ne nous regarde pas, on ne nous respecte pas, on va leur montrer à tous ces abrutis ! » C'était le credo. Bien sûr, il n'y avait pas que des fous dans cette équipe. Mais dans ce climat d'ébullition perpétuelle, même ceux qui ne l'étaient pas finissaient par le devenir. Costantini – dont l'œuvre est immense, je le répète, car le personnage l'est un peu moins à mes yeux – plongeait volontiers dans cette houle insurrectionnelle, surfant sur les ego à vif, versant de l'huile sur le feu, montant Untel contre Untel, décidant de tout, tout le temps, tout seul. Je succède donc à un manager en acier trempé. Un monstre sacré du handball français. Pour mettre la barre un peu plus haut, Costantini vient de tirer sa révérence au lendemain d'un deuxième sacre mondial, à Paris, et devant huit millions de téléspectateurs.

En arrivant dans son bureau, le plus grand, le plus somptueux des bureaux de la Fédération, celui qu'il continuera d'occuper pendant encore des années alors qu'il n'exerce plus aucune fonction, je sais déjà que Costantini me préférait d'autres candidats. Encore une fois, je peux le comprendre. Pas de quoi s'en offusquer. De toute façon, ce rendez-vous est presque une figure imposée entre deux entraîneurs qui se succèdent. Le sortant fait part de son expérience au nouvel élu. Il lui distille deux, trois conseils, l'informe des principaux schémas tactiques de l'équipe, et la messe est dite. C'est ainsi que ça se passe. Enfin, presque. Avec Costantini, le ton est courtois, le propos, glacial. Même assis derrière son bureau, c'est lui qui me regarde de haut. Le bilan de ses seize années à la tête de l'équipe de France ? « Je ne peux rien te dire, Claude. Il s'agit d'une aventure individuelle. J'ai vécu la mienne. À toi de tracer ta propre route. Ne compte pas sur moi pour te donner des conseils, ça n'aurait aucun sens. » Deux minutes chrono pour dire, en gros : « Démerde-toi… » Ah ! oui, les plans de jeu de l'équipe. Pas de problème, il me les fera passer. Treize ans plus tard, je les attends encore.

Du haut de son donjon, Costantini ne va pas me faciliter les choses, c'est une évidence. Mais je suis loin d'imaginer sa ténacité à dézinguer mes choix d'entraîneur dans une période où l'édifice vacille au moindre coup de butoir. Qui suis-je à l'époque pour l'empêcher de réécrire notre histoire au stylo-bille ? Costantini est l'homme le plus écouté du handball français, la référence absolue, la seule voix autorisée auprès des journalistes. Et encore une fois, il ne l'a pas volé. En coulisse, nous sommes quelques-uns à savoir que sa fin de règne a été plus pénible que le titre mondial de 2001 ne le laisse paraître. Mais cette version de l'histoire est indicible. Depuis l'échec en quarts de finale des Jeux de Sydney, l'année précédente, le coach et ses joueurs n'étaient plus sur la même longueur d'onde. Ils ne se comprenaient plus. Ils ne se supportaient plus. C'est la Fédération qui a entretenu le mythe de l'artiste quittant la scène sur un dernier rappel. Il le fallait pour l'image de notre sport.

Je ne vais pas passer mon temps à me prendre la tête avec mon prédécesseur. Son travail de sape peut modifier la perception du public à notre égard mais, en interne, les joueurs sont de mon côté. Je n'ai pas un palmarès ronflant, mais ils savent qui je suis. À Toulouse, faute de moyens, je me suis taillé la réputation d'un entraîneur mariole, ouvert au dialogue et aux innovations tactiques. C'est ce qu'il leur faut car l'équipe de France est, alors, en plein renouvellement. Des Barjots il ne reste plus que le gaucher Patrick Cazal, l'attaquant Grégory Anquetil, les gardiens de but Bruno Martini et Christian Gaudin et, bien sûr, Jackson Richardson, notre Zidane à nous. La nouvelle génération qui a débarqué chez les Bleus n'appréhende pas le sport de haut niveau de la même façon que ces pionniers. Jérôme Fernandez, Didier Dinart, Daniel Narcisse, Thierry Omeyer, les frères Bertrand et Guillaume Gille font tous partie de la première cuvée de joueurs issus des sections sport-études où, dès l'adolescence, ils ont été formatés pour le handball professionnel. Avec eux, nul besoin de se taper la tête contre les murs pour se transcender. À l'inverse de leurs aînés, ils cultivent une approche apaisée de leur métier. Et pourtant, entre les grognards et cette classe biberon, l'osmose est réelle.

Ce n'est pas belote contre Playstation comme chez les Bleus du foot. Tous ces nouveaux capés ont commencé le handball en vibrant devant leur télé aux exploits des Barjots. Ils savent ce qu'ils leur doivent. Le respect vis-à-vis des survivants de l'aventure est total.

Dès ma prise de fonction, je nomme un adjoint. Sylvain Nouet est un vieux compagnon de vestiaire. Nous avons été internationaux juniors ensemble. Lui, ailier droit, moi, arrière gauche. Par la suite, on ne s'est jamais perdus de vue. Quand il a entraîné l'équipe de France espoirs, c'est lui qui m'a sollicité pour que je l'épaule. Même si l'on ne pense pas tout le temps à l'unisson, Sylvain et moi partageons globalement la même vision du jeu et des hommes. Dans mon esprit, nous sommes sur un pied d'égalité. Et c'est nouveau. Jusque-là l'entraîneur adjoint de l'équipe de France servait uniquement de pare-feu. Privé de tout pouvoir décisionnaire, il avait pour seule tâche de relayer les décisions du chef tout-puissant. En intronisant Sylvain comme mon alter ego, je romps avec le carcan d'une organisation verticale et immuable. Pour moi, le management est aussi un sport d'équipe.

Je n'ai jamais eu besoin d'agir par décret pour asseoir mon autorité. Je n'ai pas peur de déléguer mes pouvoirs. C'est même l'essence de mon travail. En responsabilisant les membres du staff et, plus tard, les joueurs, je tends à les valoriser. J'accrois leur sentiment d'appartenance au groupe, aux Bleus et, tant pis pour le gros mot, à la « marque » Équipe de France. En favorisant les échanges, je multiplie les chances de voir mon objectif devenir notre objectif commun. Cela revient à sceller entre nous un pacte de confiance. Offrir à chacun sa part du projet n'est pas une lubie de philanthrope mais le préalable d'une aventure durable. Car, dès lors, toute position marginale au sein du groupe sera vécue comme une trahison. Pour le reste, je tiens la barre. Et je connais mon cap. C'est un long et beau voyage qui nous attend. Je veux inscrire dans la durée l'excellence sporadique des Barjots de Costantini. Lors de notre premier rassemblement, j'annonce la couleur aux joueurs : « Vous êtes peut-être champions du monde mais, pour moi, vous n'êtes pas la meilleure équipe du monde ! » Avec mon palmarès en macramé, il fallait oser.

Ma volonté d'impliquer chaque acteur dans le processus de décision vaut aussi sur le terrain. Sinon, quel intérêt ? Dans le sport de haut niveau, la pensée unique de l'entraîneur est un joug qui maintient la cohésion de l'attelage mais qui finit inéluctablement par le mener dans le précipice. Lors d'un match éliminatoire, aux jeux Olympiques, aux championnats du monde, les moments de bascule sont rares. Dans les deux camps, les plans de jeu ont été décryptés, les forces et les faiblesses de chaque individualité, minutieusement répertoriées. Tout est prévu. C'est donc l'imprévu qui, la plupart du temps, fait pencher la balance. Ces quelques secondes décisives où, à la suite d'un aléa de jeu, les joueurs doivent changer de registre. Sortir des clous. Substituer l'intuition à la raison. Lors du Mondial 2001, la France n'aurait jamais pu remporter le titre sans le tir de Richardson à la dernière seconde du quart de finale face à l'Allemagne, ou sans la folle contre-attaque d'Anquetil pour arracher les prolongations contre les

Suédois en finale. Mais comment exiger des joueurs qu'ils soient capables d'un tel dépassement de fonction s'ils ne sont que les exécutants zélés des consignes venues d'en haut ?

J'insiste sur cette notion de partage des responsabilités car le fait de déléguer est souvent assimilé à une perte de contrôle de la part du « chef », presque une démission. Cette doxa managériale ne me convainc pas. Elle m'emmerde. Elle me ramène à ma vie d'avant, quand j'étais professeur d'éducation physique et sportive, de 1981 à 1986. Toutes ces années passées sous le carcan impérieux des matières dites principales. Il suffit d'avoir participé une fois à un conseil de classe pour savoir que les notes en mathématiques, en anglais et en français déterminent le niveau de l'élève et que l'appréciation des autres enseignants n'est écoutée que pour la forme. Comme si le bûcheur qui collectionne les tableaux d'honneur mais qui vit dans le néant relationnel était voué à un avenir radieux, paré des plus hautes responsabilités. Comme si le « mauvais élève », qui brille par sa créativité dans les activités artistiques et son agilité à fédérer les autres sur les terrains de sport, ne recelait pas, au fond de lui-même, de la graine de leader. C'est cet aveuglement hiérarchique et généralisé de mes collègues qui m'a poussé à remettre en question les rapports entre les individus et, notamment, la notion de soumission au chef. Aujourd'hui plus que jamais, pour me faire entendre, je préfère actionner les leviers de l'intelligence que le mécanisme de l'obéissance.

Il faut sûrement plus de temps pour transformer l'Éducation nationale que pour transformer une classe de sportifs, fussent-ils les plus brillants de leur promotion. À la tête de l'équipe de France de handball, j'ai deux ans pour imposer ma patte. C'est la durée de mon contrat. Dans la foulée de la nomination de Sylvain Nouet, je mets en place un staff élargi. Je ne veux pas me déguiser en homme-orchestre comme Costantini, qui centralisait la préparation physique, l'entraînement technique et les séances vidéo, ces grand-messes fastidieuses et indispensables où l'on pointe forces et failles des équipes adverses. Les temps ont changé. Les mentalités, aussi. En club, les joueurs bénéficient d'un encadrement toujours plus moderne, toujours plus scientifique. Il est hors de question de les faire revenir à l'âge de pierre quand ils enfilent le maillot bleu.

La première date que j'ai cochée sur mon calendrier est le championnat d'Europe, en Suède, en janvier 2002. Jackson Richardson, l'emblème du handball français, reste notre capitaine. Plus tard, je déciderai d'attribuer le brassard à Olivier Girault, l'un des joueurs les moins médiatisés de l'équipe. Si j'évoque ce choix, c'est qu'il résume assez bien ma philosophie du leadership. Sur son aile gauche, Girault n'est pas un magicien, mais il a un mental en tungstène. Le genre de type capable de se coucher devant le bus de l'équipe adverse pour parvenir à ses fins. Un meneur comme je les conçois. Et puis, il y a suffisamment de stars en équipe de France. Pourquoi en adouber une au risque de froisser les autres ?

Lors de cette première grande compétition, tout se passe à peu près comme prévu. L'équipe opère encore sa mue. Malgré trois victoires, deux matchs nuls et une seule défaite, contre l'Espagne, nous échouons aux portes des demi-finales. Notre sort se joue lors du dernier match du groupe 2 où, face à l'Islande, l'Allemagne, déjà qualifiée, décide de mettre au repos ses titulaires pour les ménager. Du coup, les Scandinaves se promènent et se qualifient à notre place. C'est ainsi que ça se passe. Plus tard, il m'arrivera aussi d'aligner mon équipe B, celle des remplaçants, pour préserver mes joueurs cadres. Ne comptez pas sur moi pour crier au scandale. Du reste, je n'ai plus de voix.

Tout s'est passé à peu près comme prévu, sauf que les arbitres nous ont méchamment à l'œil. Lors du match nul contre l'Islande ou de la défaite contre l'Espagne, leurs décisions à sens unique m'ont fait sortir de mes gonds. C'est moche mais on ne se refait pas. La palabre et la pantomime, ç'a toujours été ma façon de faire avec les arbitres. Je bondis, je vocifère, j'écarquille, je mouline… Le style Onesta, quoi. Avec Toulouse, mes gesticulations et ma grosse voix m'ont souvent servi à sauver des situations délicates. Je pouvais être pénible avec les hommes au sifflet, mais jamais, au grand jamais, je n'ai appelé un responsable de la commission de l'arbitrage pour me plaindre de l'un d'entre eux et demander à ce qu'il ne soit plus désigné sur nos matchs. Pendant ce temps-là, certains de mes collègues, les « gentils vertueux », plutôt adeptes du poison ou de la tronçonneuse, préféraient agir en coulisses. En équipe de France, de toute façon, mes élucubrations sur le bord du terrain n'ont aucun effet. On dirait même que c'est l'inverse. Plus je m'indigne, moins les arbitres m'entendent. À côté de moi,

Johansson, le coach suédois, et Maximov, l'entraîneur russe, deux légendes vivantes du handball mondial, ressemblent à des bonzes. Un haussement de sourcil suffit à exprimer leur courroux. Et dans le doute, les arbitres sifflent quasi systématiquement en faveur de leurs équipes. Je croyais connaître sur le bout des doigts les règles de notre jeu mais j'ignorais celle-ci : le manque de notoriété d'un entraîneur sur la scène internationale peut valoir pénalité contre son équipe. Quand j'aurai le temps, il faudra que je songe à me faire un nom.

Un événement va m'y contraindre plus vite que prévu. Il y a un problème avec Sylvain Nouet, mon adjoint. Pas entre nous, non. Nous travaillons main dans la main, complétons nos analyses, planifions les entraînements à tour de rôle. Notre tandem est parfaitement huilé. C'est vis-à-vis de l'extérieur que ça grince. Je sens bien que les journalistes sont déstabilisés par cette idée du coach et de son adjoint sur un pied d'égalité, presque interchangeables. Pour eux, ce n'est pas vendeur. Ils ont besoin d'un interlocuteur unique pour incarner l'histoire du groupe. Déjà, durant les matchs de préparation à l'Euro 2002, le malaise était palpable. En Suède, c'est encore pire. Lorsque nous arrivons en salle de presse, les photographes demandent presque à Sylvain de s'écarter pour me laisser seul sur le cliché. Croyant bien faire, je le tire par la manche, je lui tends le micro, je le pousse dans la lumière. Le remède est pire que le mal. Sylvain souffre de plus en plus de la situation.

Je sais. J'ai l'air malin avec mes grandes idées sur la

délégation des pouvoirs, le partage des responsabilités, etc. Pourtant, je ne doute pas une seule seconde de mes convictions. Je sais que je suis dans le vrai. Peut-être ai-je voulu bousculer trop de choses, trop vite ? Car les joueurs, eux aussi, commencent à creuser dans la brèche. Ils commencent à faire de Sylvain leur bouc émissaire, le prenant pour cible de leurs moindres griefs. Et l'atmosphère s'alourdit de jour en jour. Je comprends qu'en m'obstinant à vouloir sauver à tout prix mon adjoint, je contribue à le tuer. Mais quand Sylvain me présente sa démission, je la refuse. Catégoriquement. L'un de nous deux doit se grimer en grand manitou ? Je vais m'y coller. Les journalistes y trouveront leur compte, et les joueurs sauront à qui parler. Je les attends, désormais. De pied ferme. Car, pour le reste, on ne change rien. Sylvain conserve ma confiance, son poste et toutes ses prérogatives. Simplement, je le couvre. J'expliquerai aux joueurs que toutes ses décisions sont validées par moi. Et que s'ils cherchent une explication ou un lampiste, ils n'ont qu'à frapper à ma porte. Bref, j'évolue sur la forme. Mais sur le fond, je ne recule pas d'un iota. Ce n'est pas parce que l'on s'aime que l'on gagne. Mais c'est parce que l'on va gagner que l'on s'aimera un peu plus.

## – 3 –

## Jackson, Nikola et les autres

Pour l'instant, on s'aime juste ce qu'il faut. Nous venons de rater le podium d'assez peu en Suède, et je trouve que les joueurs réagissent plutôt bien à la remise en question sportive que je leur propose. Car je n'ai pas postulé à cette fonction pour mettre mes pas dans ceux de mon prédécesseur. Les joueurs veulent du nouveau, je leur en donne. J'adapte au niveau international ce qui a fait mon petit début de réputation à Toulouse : l'impertinence dans le jeu. Par exemple, je leur demande de pratiquer, de temps en temps, une « individuelle tout-terrain ». Je ne vais pas vous faire un croquis, mais disons qu'en défense, au lieu de se replier sur sa base arrière pour bâtir un rempart plus ou moins inviolable, chaque joueur colle au maillot de son vis-à-vis et le suit comme une ombre dans tous ses déplacements. Six sangsues furieuses qui finissent invariablement par perturber les angles de course, les transmissions et les schémas offensifs de l'équipe d'en face. Jusqu'à lui faire péter les plombs.

C'est curieux, mais la déstabilisation de l'adversaire n'est pas une démarche prioritaire du monde sportif. Moi, j'adore. La philosophie habituelle du haut niveau, c'est tu attaques, je me replie, je t'attends et j'essaye de te contrer. Moi, mon truc c'est de foutre le bordel dans les habitudes de l'autre. S'efforcer de le piéger. Je l'ai dit aux joueurs : « Défendre, désormais, c'est attaquer l'attaque ! » Hommage à la technique de guérilla de mes idoles. Et puis, contrairement aux idées reçues, il est beaucoup plus facile de créer défensivement qu'offensivement. Quand vous attaquez, il y a une multitude de paramètres qui vous encombrent, à commencer par le ballon. Les passes doivent être millimétrées, les courses, à la seconde près. En défense, on est libre de toute entrave. En bon Toulousain, je fais souvent le parallèle avec le rugby. Pourquoi les Français ont-ils l'art de mettre si souvent les Anglais ou les All Blacks sur le cul ? Grâce au « *French flair* », à « l'intelligence situationnelle », comme disent les savants du sport. Techniquement, culturellement, ces équipes-là nous sont supérieures. Elles sont imbattables sur les canons du jeu, et c'est normal puisqu'elles l'ont inventé. Nous, il nous reste les idées, la subversion. Cet élan collectif mi-génial, mi-dingo qui, à lui seul, permet de renverser les gardiens du temple.

En handball, nos Anglais à nous, ce sont les pays scandinaves. Ils sont les garants de l'orthodoxie du jeu. Dans le classicisme, on ne rivalisera jamais avec eux. Pour rivaliser, il faut les surprendre, déconstruire leurs schémas mentaux et tactiques. Et, vlan ! « individuelle tout-terrain » ! La tête des entraîneurs adverses quand j'ai commencé à employer ce style de défense… Déjà, en championnat de France, je passais pour un illuminé, mais là, dans le carré VIP des grandes nations et des coachs agrégés du tableau noir… Il n'y a que chez les gamins des écoles de handball qu'on joue à cours après moi que je t'attrape ! Face à une telle sarabande, j'imagine la tempête sous le crâne des entraîneurs suédois, danois et autres académiciens du handball mondial : « Mais d'où ils sortent, ces gugusses ? Qu'est-ce qu'ils font de notre noble jeu ? » N'empêche, quel pied de voir une équipe emplie de certitudes soudain se fissurer jusqu'à la dislocation finale !

En 2003, nous disputons les championnats du monde au Portugal. Déjà, les jeux Olympiques d'Athènes se profilent à l'horizon. Petit à petit, j'apprivoise les exigences du poste de sélectionneur. Aux championnats d'Europe, l'année précédente, j'ai découvert à quel point la répétition quasi quotidienne des matchs pouvait bouleverser mes anciens repères d'entraîneur. À Toulouse, j'avais toute la semaine pour travailler au contact des joueurs sur nos manquements du week-end précédent. En grande compétition, il faut sans cesse aller à l'essentiel, parer au plus pressé. On peut finir un match à 22 heures et rejouer le lendemain à 18 heures. Et comment je fais, dans ce laps de temps, pour regonfler le mec qui est à la rue ? Bah ! Je bricole, je m'efforce de trouver un minimum d'équilibre dans ce grand chamboule-tout physique et émotionnel. Puisque je n'ai pas le temps de remettre cent fois l'ouvrage sur le métier, je me focalise sur un point, un seul. Et je prie pour que ce soit le bon. Je dis aux joueurs : « Les mecs, je ne suis pas certain de savoir ce qui va nous faire gagner, mais je sais ce qui risque, à coup sûr, de nous faire perdre… » Et, jusqu'au coup d'envoi, on essaye de colmater la voie d'eau.

À l'époque, si je suis encore un novice sur la scène internationale, l'équipe de France a la chance de posséder en Jackson Richardson le demi-centre le plus créatif de tous les temps. Une vraie star. Mais sans ses attributs déplaisants. Jackson est vraiment un mec bonnard, facile à vivre, au rayonnement naturel. On ne peut pas ne pas l'aimer. D'ailleurs, il est l'ami de tout le monde, au sein de l'équipe comme avec les journalistes. À trente-quatre ans, bien sûr, il est plus proche de la fin de sa carrière que du début. Mais ma mission consiste aussi à accompagner les derniers des Barjots jusqu'à leurs adieux, en 2005, date à laquelle les Bleus seront complètement relookés, dans la configuration que l'on connaît encore aujourd'hui.

Donc, Jackson est un homme lumineux sur le terrain et en dehors. Mais, à trente-quatre ans, si la tête est encore géniale, le corps, lui, a tendance à l'être un peu moins. Le physique ne suit plus les fulgurances que lui dictait, naguère, le cerveau du faiseur de tours. Bref, le génie s'éteint doucement. En club, ça ne se voit presque pas. Comme tous les champions au crépuscule, Jackson a appris à s'économiser, à choisir ses rendez-vous. Sur une saison entière, avec un match par semaine, il peut se le permettre. En équipe de France, dans la frénésie des championnats du monde, c'est impossible. Pour un entraîneur, il y a un signe infaillible qui étalonne le degré de combativité de ses troupes. Quand je suis sur le banc et que je jette un œil vers les joueurs qui sont assis à mes côtés, les nouveaux venus ont toujours le buste en avant, la tête qui sort des rangs, pour être sûrs que je les vois. On ne sait jamais si, par hasard, j'avais la bonne idée de les faire rentrer sur le terrain… Au fil des années, Jackson, lui, n'en finit plus de se cambrer en arrière, comme s'il voulait disparaître de mon champ de vision. Oh ! Pas tout le temps. Il lui arrive encore d'aller au combat, de faire le spectacle, même avec les Bleus. Et je me sers volontiers de son talent unique. Mais avec parcimonie.

Au sein de l'équipe, tout le monde sait que Jackson n'est plus tout à fait Jackson. Et personne ne songerait à lui en faire le reproche. Le respect est immense à son égard, et l'homme Richardson est tellement délicieux. Mais l'époque est révolue où il faisait gagner des matchs à l'équipe de France à lui tout seul. La plupart du temps, ce sont ses coéquipiers qui s'y collent. Pourtant, aux yeux du grand public, le handball français, c'est encore et toujours l'homme aux dreadlocks. Et le lendemain, pour illustrer leur victoire dans les journaux, les joueurs découvrent invariablement une photo de Richardson en première page. Quels que furent ses mérites de la veille. Lui n'y est pour rien. Il est juste une icône. N'empêche, je dois veiller à ce que chacun ait droit à son rai de lumière avant que les frustrations individuelles n'obscurcissent trop l'horizon. Désormais, dans les interviews, je n'aurai de cesse d'insister sur l'apport décisif d'Untel ou d'Untel, jusqu'aux remplaçants les plus discrets. Pour le bien de l'équipe. Et parce que j'y crois profondément.

Le sport de haut niveau n'a d'intérêt que s'il est exemplaire. La parabole du joueur messie qui n'est qu'image pieuse sans le dévouement de ses apôtres est l'une de ces passerelles qui mènent de mon expérience de sélectionneur de l'équipe de France à la vie de tous les jours. Certes, dans la société actuelle, la construction des trajectoires et des parcours apparaît de plus en plus individualisée. Mais elle l'est encore davantage pour des handballeurs placés en situation de concurrence permanente au cours de leur construction adolescente et post-adolescente. Des joueurs habitués à se mesurer et à se confronter constamment avec leurs pairs pour intégrer le niveau professionnel, puis la sélection nationale. Or, sur ce sujet, il m'arrive souvent d'être abordé par des chefs d'entreprise, des managers soucieux d'insuffler une dynamique positive dans une collectivité où chacun tire à hue et à dia. « Et vous, Claude, quel est votre secret pour préserver l'harmonie entre tous ces champions de caractère, dans un groupe où la compétition fait rage, sans jamais que les jalousies n'altèrent le rendement de l'équipe ? » Alors, je puise dans mes souvenirs de 2003. Je parle de Jackson et de ses camarades. J'explique qu'il n'y a pas de premiers et de seconds couteaux. J'insiste sur l'importance de valoriser ces joueurs remplaçants dont la tâche délicate consiste à accompagner et favoriser le rendement de leur numéro 1. De concurrents potentiels, ils doivent se muer en collaborateurs, en associés, en auxiliaires de performance. Sans eux, l'autre n'est plus qu'un soliste sans orchestre. Sans eux, ses habits de star ne sont plus que des oripeaux de paillettes et de vent.

Bien sûr, cette alchimie collective exige patience et longueur de temps. Le monde des Bleus n'est pas le meilleur des mondes et, dans un groupe humain quel qu'il soit, l'acceptation commune et la collaboration entre les individus ne sont pas innées ou spontanées. C'est pourquoi mon rôle consiste à orienter les conduites plus qu'à graver les Tables de la Loi. Car, même sous la contrainte, les joueurs auraient du mal à s'entendre durablement. Et tant pis si dans toutes les équipes du monde, dans tous les sports, on répète à l'envi que « le groupe vit bien ». La plupart du temps, il n'en est rien. Pour contourner cette primauté de l'individu sur l'intérêt général, il faut donc que les joueurs intègrent le message suivant : « Même si je ne pense qu'à moi, je vais m'associer avec les autres parce que ce que l'on réalisera ensemble sera toujours supérieur à ce que je pourrais réussir seul. » En termes plus triviaux puisqu'il s'agit aussi d'un sport professionnel : « Le gâteau que l'on se partagera à l'arrivée sera bien plus gros, et comme nous faisons des parts égales, ma récompense en sera bien plus conséquente… » Dès lors, ma mission consiste à accorder mes actes à ma vision platonique de la chose. C'est ainsi qu'en équipe de France, même si les joueurs ont des salaires très différents selon les clubs, de 8 000 à 30 000 euros environ, je place tout le monde sur un pied d'égalité. La star qui a planté huit buts à chaque match et le dernier des remplaçants, qui parfois n'est même pas rentré sur le terrain, touchent la même prime, au centime près.

C'est encore cet esprit d'équilibre qui me conduit parfois à jouer au méchant avec un jeune joueur précocement placé sous les feux des projecteurs. Quand celui-ci débarque en équipe de France, je veux que les cadres puissent assumer leur rôle de grands frères sans se sentir menacés dans leur statut par l'arrivée de ce jeune loup. Pour instaurer cet esprit de compagnonnage, j'impose au nouveau venu une sorte de parcours initiatique destiné non seulement à montrer aux autres qu'il ne bénéficiera d'aucun traitement de faveur, mais aussi à le forger dans le respect des règles et des codes du groupe. Son évaluation est exclusivement basée sur ces deux critères : investissement manifesté à l'entraînement et écoute des conseils proférés par les anciens. Cet apprentissage de la persévérance et de l'humilité vise également à le protéger en évitant de lui brûler les ailes par une mise à l'épreuve trop hâtive. Voilà ma façon de faire. Et même si rien n'est jamais définitivement acquis, je sais qu'elle a permis d'instaurer cette osmose qui demeure, aujourd'hui encore, le véritable carburant de nos exploits. Je ne suis pas un manager infaillible et mon équipe n'est pas composée que de joueurs exceptionnels. Mais au-delà des individualités, c'est l'état d'esprit qui nous gouverne qui, lui, est hors-norme. Sous le maillot bleu, chaque joueur voit son équipier comme un alter ego, un « autre soi-même », si je me souviens bien de mes quelques rudiments de latin.

En abordant les championnats du monde au Portugal, j'ai très vite perçu cette nécessité d'intégrer les nouveaux venus en leur faisant emprunter l'entrée de service. Car il y a un piège caché sous les lustres et le stuc de la célébrité médiatique. Nikola Karabatic déboule en équipe de

France déjà auréolé de sa réputation de joueur prodige. Il n'a que dix-huit ans et tout le monde le présente, à juste titre, comme le futur Richardson, le grand leader qui va hisser les Bleus vers de nouveaux sommets. Premier problème : je n'ai pas besoin d'un second Jackson, le vrai est encore là. Deuxième problème, autrement plus crucial pour l'homogénéité de la bande : les joueurs souffrent, en silence, de la surexposition médiatique de l'un d'eux, ce n'est pas le moment d'adouber en grande pompe celui qui va capter la lumière durant les dix ans qui viennent…

À l'époque, des jeunes joueurs comme Jérôme Fernandez, Bertrand Gille ou Didier Dinart se révèlent déjà comme des éléments déterminants dans le rendement de l'équipe. Même si les journaux font mine de n'en rien savoir, ils sont les piliers de la maison bleue, et l'heure est venue de leur rendre en notoriété ce qui leur appartient sur le terrain. Aucun d'eux n'évoque avec moi un quelconque malaise, aucun d'eux ne rechigne à l'entraînement, mais je pressens les premiers signes de frustration et d'inquiétude autour de l'arrivée tapageuse de Karabatic. Sans qu'il nécessite d'être extralucide, mon rôle de manager consiste aussi à percer cette chape de silence circonspect que le sport de haut niveau impose à ses acteurs. Les joueurs ont l'habitude de se taire, à moi d'interpréter les sentiments profonds dissimulés derrière leurs façades de muets.

Par chance, Nikola est un garçon comme on en rencontre peu à cet âge-là. Son père, Branko, aujourd'hui décédé, est un ancien international yougoslave très connu à son époque qui est venu s'installer en Alsace, avec sa famille, pour terminer sa carrière dans des clubs modestes. Nikola est son portrait craché, c'est une force de la nature, un roc policé par une éducation sans faille. Il a été élevé à l'ancienne, dans le culte de l'effort et de la parole des aînés. Depuis sa première licence, son objectif n'est pas de devenir l'un des meilleurs joueurs du monde, mais le meilleur.

Et pourtant, lors de sa première compétition internationale, je décide arbitrairement de ne pas accorder une seule seconde de jeu à notre Mozart des parquets. Tous les jours, il est assis sur le banc. Et tous les jours, les journalistes me posent la même question : « Alors, il rentre aujourd'hui ? » Non. Il ne rentre pas. Même lors de notre unique défaite du premier tour, contre la Croatie. Même quand on se frise les moustaches contre l'Argentine, l'Arabie Saoudite ou la Russie. « Alors, il rentre aujourd'hui ? » Non, non et non. Et lui, au bout d'un moment, il ne comprend pas ce qui se passe. Même lui, avec sa mentalité au-dessus de tout soupçon, commence à bouillir. Tout le monde l'aime, tout le monde lui dit qu'il est merveilleux, et il est tombé sur le seul entraîneur de handball au monde qui ne veut pas entendre parler de Karabatic ! Comment peut-il imaginer qu'en le snobant ainsi, je lui souhaite, en réalité, la bienvenue chez nous ?

Un jour, à l'entraînement, Karabatic veut me prouver ce que je sais déjà, à savoir qu'il possède des dons exceptionnels. À la fin de la séance, les joueurs s'adonnent à une séance de penalties. Rien de grandiose. Tout le monde répète ses gammes. Mais Nikola, lui, décide de saisir cette opportunité pour enfin se mettre en avant. Il veut montrer à ses équipiers ce qu'il a dans le bras droit. Et à moi, probablement, ce qu'il a autre part. Et le festival débute. Tirs aux effets les plus variés, lob, chabala (feinte de frappe lourde amortie par un cassé du poignet), n'importe quoi... À cet instant, le joueur n'est plus dans l'efficacité, mais dans le paraître. D'ailleurs, nos gardiens de but Bruno Martini et Thierry Omeyer stoppent un ballon sur deux. Je reste de marbre : « Dix pompes et tu recommences. » Et Karabatic recommence : tirs aux effets les plus variés, lob, chabala, n'importe quoi... Et je ne lâche pas : « Dix pompes et tu recommences. » Et ainsi de suite, trois, quatre, dix fois... Les autres joueurs assistent à la scène, dans un silence stupéfait. Au bout d'une éternité, enfin, Nikola consent à effectuer sobrement sa série de penalties. Je siffle la fin du bras de fer. Dans mon esprit, ça ne change rien : il est bon pour retourner sur le banc. Mais les autres joueurs, en le réconfortant, vont avoir la réaction que j'escomptais. Du genre « Oh ! Le petit, on ne lui laisse pas mettre les pieds sur la table, ça va, on peut l'accueillir à la maison... »

À cette époque, la maison est encore dans les plâtres. Tenante du titre, l'équipe de France ne conserve pas sa couronne mondiale, mais elle arrache la médaille de bronze aux dépens de l'Espagne. Notre défaite, 23-22, en demi-finale, face à l'Allemagne, ne tient pas à grand-chose. Ce pas grand-chose qui sépare les équipes véritablement dominatrices de celles qui bénéficient d'un statut en trompe-l'œil. Certes, deux ans plus tôt, les Bleus ont été sacrés champions du monde. Mais cet exploit a été réalisé dans un contexte hyperfavorable, à Paris, avec le soutien de tout un pays. On a été les plus forts pendant quinze jours.

Le reste du temps, l'équipe est encore branchée sur courant alternatif. Notre jeu manque d'épaisseur, de continuité. Il y a pourtant des moments de grâce, comme ce match contre la Russie, à Madère, lors du premier tour. On les bat, que dis-je, on les pulvérise : 31-15 ! Les Russes… Quadruples champions olympiques, triples champions du monde… Ce jour-là, notre « individuelle tout-terrain » les fait tourner en bourriques, on les piège en les obligeant à sortir de leur registre et, en deuxième mi-temps, ces joueurs que l'on croyait indestructibles finissent par s'autodétruire. Sous le regard affligé du maître entraîneur Vladimir Maximov, des géants comme Kokcharov ou Toutchkine se comportent comme des gamins qui n'auraient jamais joué au handball. À l'arrivée, seize buts d'écart ! Pour moi qui ai grandi dans la vénération de l'invincible équipe d'URSS, ce match garde une saveur particulière. Et j'ai la confirmation que notre manière de défendre en agressant l'attaque adverse peut faire perdre les pédales aux phalanges les plus implacables. C'est ainsi que bien jouer consiste, souvent, à faire mal jouer l'adversaire.

Sur le plan offensif, en revanche, on est plus neutre, moins consistant. Il y a du pain sur la planche. Il y en a toujours eu en équipe de France. C'est l'une de nos particularités. Si j'osais, je dirais qu'en attaque, et seulement dans ce cadre, on subit la contrainte de notre richesse multiculturelle. De fait, j'aligne souvent des joueurs issus d'écoles de jeu très différentes, trop différentes. Les natifs d'outre-mer avec une représentation du sport souvent axée sur l'esthétisme, le mec du Nord qui, lui, va être dans l'efficacité et le rigorisme à tout prix, sans compter les Latins, qui sont capables de dégoupiller à tout moment. Pour les uns, le ballon est une pépite avec laquelle on joue, pour les autres, un trésor que l'on doit protéger à tout prix. Tout cela fait que notre rayonnement offensif a toujours été indexé sur les exploits sporadiques et individuels plus que sur notre organisation collective.

Bref, il n'y a pas de quoi bomber le torse, mais le chantier avance doucement. Pour preuve, le président André Amiel et le bureau directeur de la Fédération ont décidé de renouveler mon contrat à la tête des Bleus pour deux saisons supplémentaires. 2004 sera une année olympique. Une année capitale. J'ai perçu comment gérer le déclin annoncé de Jackson, l'émergence prochaine de Nikola, nos carences endémiques en attaque. Les prochains jeux Olympiques me hantent chaque jour, chaque nuit, un peu plus. C'est encore loin Athènes ?

## – 4 –

## L'ENFER, C'EST TOUT SEUL

C'était donc ça, mon rêve ? Cette parenthèse d'absolu qui scande, une fois par an, notre aventure. Championnats d'Europe, du monde, jeux Olympiques… Y penser onze mois sur douze. Attendre. Jouer des centaines de matchs dans ma tête. Attendre. Regarder chaque jour qui passe comme un compte à rebours. Attendre. Et, soudain, c'est l'heure. On ne peut plus reculer. On va marcher ensemble, d'un même pas, droit devant. Pour la gloire ou l'échafaud. Huit, dix, douze matchs en deux semaines. Le temps qui s'accélère, le cœur qui cogne, les éclats de voix, les éclats de rire, les nuits trop courtes, la sueur, la chance, les coups, la fête, l'injustice, la rage, et au bout, tout au bout, l'éternité ou la petite mort. Quel voyage, mes amis ! Est-il possible de ressentir en si peu de temps tout ce qu'un homme éprouve dans une vie ? Ensuite, il y a le jour d'après. Ensuite, il n'y a plus rien. On revient sur terre. On rentre à Paris. Les joueurs vont s'égailler vers leurs clubs, d'autres matchs, d'autres émotions. Et moi, je retourne à la maison. Seul. Avec mes espoirs et mes souvenirs. À la prochaine, les gars ! C'est ça, Claude. À la prochaine… Dans un an…

C'est donc ça, être entraîneur de l'équipe de France ? Quinze jours au cœur d'un volcan en éruption et le reste de l'année sur une île déserte. Plus personne ne m'appelle, plus personne ne me parle, plus personne n'a besoin de conseils. Bien sûr, il y a la famille. Mais même la famille ne se resserre pas vraiment autour de moi. Elle a appris à s'organiser en mon absence. Marie-Hélène est au travail, Marina et Laura, à l'école. À quoi je sers ? Je repense à ce cliché du vocabulaire sportif : la pression. Tu as la pression, il a la pression, nous avons la pression… Oui, bon, ben moi, après la pression, j'ai la dépression. Je ne suis pas malade mais je suis en souffrance. Dans ma première vie d'entraîneur et de conseiller technique régional, j'avais l'habitude de faire deux métiers à la fois. Là, soudain, c'est comme si je n'en exerçais aucun. Je ne peux même pas me purger dans l'effort comme avec le club quand, au lendemain d'une défaite cuisante, on s'entraînait toute la semaine comme des damnés pour laver notre honneur le dimanche suivant. Aujourd'hui, mes joueurs sont éparpillés aux quatre coins de l'Europe et moi, je voudrais repartir tout de suite au combat. J'ai compris tant de choses durant ces quinze jours. J'ai perçu des détails qui, j'en suis sûr, nous auraient permis de remporter cette foutue demi-finale perdue 23-22 à Lisbonne, contre l'Allemagne. J'ai le code et les clés, oui, mais il n'y a plus rien dans le coffre-fort.

Alors je tourne en rond, je ressasse, je rabâche, je rumine... Bien sûr, je vais pouvoir me servir de ces enseignements pour les jeux Olympiques d'Athènes, dans un an. Avec Gille et Dinart, j'ai la conviction d'avoir trouvé un axe central performant et j'ai mon idée pour jouer de la complémentarité entre Fernandez et Narcisse. Sauf que ça ne se passe jamais comme ça. Chaque semaine, je vais vivre dans l'angoisse du coup de fil du lundi matin. Celui qui va m'annoncer la blessure de l'un de mes cadres. C'est ça, au fond, mon métier : se coltiner avec des événements sur lesquels je n'ai aucune prise. Je trouve enfin un élément de stabilité pour l'équipe ? Paf ! Coup de fil. Le joueur sur lequel je comptais est out pour six semaines. Il ne viendra pas au stage de préparation. Alors, je reprends tout de zéro. Je cogite. Une fois de plus.

J'ai vécu dans cet inconfort permanent pendant trois ans. J'ai vécu des rassemblements de l'équipe de France où je me préparais à motiver des guerriers et où je découvrais que l'un de mes meilleurs joueurs, qui avait des problèmes à la maison, était quasiment sous tranquillisants. 2 mètres et 110 kilos de guimauve que je devais transformer en lion d'ici la fin de la semaine. J'ai vécu d'illusions et de désillusions. Jusqu'au jour où j'ai décidé d'arrêter de me rendre malade pour tout un tas de choses que je ne maîtriserais jamais. Le seul élément constant de mon équipe, au fond, c'est la fatalité. Ma mission ne consiste pas à bâtir une équipe avec les joueurs que j'aimerais avoir, mais à composer avec ceux que j'ai. Je sais que j'ai signé pour un projet terriblement dangereux, excitant mais terriblement dangereux, et je fais mon deuil d'en contrôler sans cesse l'avancée. Entraîneur de club, j'avais les mains sur les manettes. Là, je caboterai au gré du vent. Le bilan de mes premières années en bleu ? L'acceptation de l'imparfait, messieurs dames ! Pour un idéaliste comme moi, ça gêne un peu aux entournures. Mais paré de cette armure, je suis prêt à repartir en croisade.

Celle que je décide de mener est cruciale pour notre avenir. Trop de joueurs sont écartelés entre l'équipe de France et les clubs, tout-puissants financièrement, qui les accaparent. La Fédération française de handball, elle, n'a pas un rond. Sur ce terrain-là, il est impossible de marchander le bon vouloir des dirigeants de Barcelone ou de Magdebourg. La partie est inégale. Et il ne faut pas compter sur les joueurs pour prendre fait et cause d'un côté ou de l'autre. Courageux mais pas téméraires. Quand leurs employeurs les libèrent pour un stage de l'équipe nationale, la plupart d'entre eux viennent me raconter toutes les avanies que leur entraîneur ou leur président leur fait subir. Et lorsqu'ils retournent dans leurs clubs, ils expliquent à leur entourage que s'ils sont sur les rotules, c'est la faute d'Onesta…

Puisque je ne peux pas acheter un minimum de coopération avec les clubs, je tente le pari d'appâter les joueurs en faisant de l'équipe de France un lieu de bien-être. Oui, je sais, ça peut paraître paradoxal quand on connaît les souffrances endurées à l'entraînement ou en match. Mais je ne veux pas transformer mon commando bleu en compagnie de curistes. Pour que les joueurs accèdent en sélection à un plaisir supérieur à celui qu'ils connaissent en club, je vais accélérer le processus d'accession aux responsabilités. Dès lors, je ne serai plus le seul garant du projet. Les joueurs auront l'impression de vivre une aventure exceptionnelle, et chacun se sentira dépositaire de notre réussite collective. D'une part, cela correspond à ma philosophie. D'autre part, il n'y a pas de plan B pour remporter mon bras de fer avec les clubs. Quand les joueurs s'engageront à fond pour l'équipe de France, ils trouveront les arguments pour résister à la pression de leurs entraîneurs ou de leurs présidents. Fini le temps du chacun pour sa pomme. Exit les pleurnicheurs qui se posent constamment en victimes. J'en ai marre de sillonner les routes et d'user mon téléphone pour quémander les faveurs de types qui finissent toujours par me rire au nez.

Il faut savoir que j'ai livré des passes d'armes homériques durant toutes ces années. Je me souviens d'avoir harcelé l'entraîneur de Barcelone, où évoluait Jérôme Fernandez, afin d'obtenir un minimum de disponibilité de mon joueur pour l'équipe de France. Au bout du fil, l'entraîneur du club catalan, Valero Rivera, un monument de notre sport, le coach le plus titré de l'époque, m'écoutait avec autant de déférence que si j'avais été une mouche bourdonnant à ses oreilles. Mon petit argumentaire de VRP fédéral disant qu'il devait me laisser Fernandez de temps en temps, que le joueur y trouverait son équilibre, que tout le monde y gagnerait, et blablabla… résonnait dans le vide, tout comme mes colères suscitées par tant d'impuissance. J'avais beau tempêter qu'il y avait des règlements et que j'allais lui mettre la Fédération internationale au cul, la réponse de Rivera tenait en ces quelques mots : Fernandez lui appartenait, il en faisait ce qu'il voulait, ravi de vous avoir parlé, *señor* Onesta. Ce genre d'embrouilles, j'en ai connu avec le club d'Hambourg pour Bertrand Gille, avec celui d'Essen pour Patrick Cazal, avec celui de Gummersbach pour Daniel Narcisse. Chez nous, on peut noter quelques solides passes d'armes avec Montpellier. Le club pense que le joueur lui appartient par le contrat de travail qui lie les parties, et la Fédération se réfugie derrière les réglements internationaux qui rendent obligatoire la participation à l'équipe nationale. Mais je pense que la solution est beaucoup plus simple. En fait, le joueur n'appartient qu'à lui-même et personne ne pourra lui imposer une position qu'il n'a pas choisie. Stop ou encore ?

Donc, un jour, j'ai réuni les joueurs de l'équipe de France et je leur ai expliqué que, dorénavant, ça serait à eux d'assumer leurs choix. Ils se sentaient bien en équipe de France ? Ils voulaient tout donner mais ils ne pouvaient pas ? Je les ai ramenés sur terre. « Eh ! Les mecs, ce sont des problèmes d'adultes, on va arrêter de se cacher derrière son petit doigt. Quand vous discutez vos contrats avec les clubs, vous ne venez pas me chercher pour savoir quelle clause vous pouvez y inscrire et combien de zéros il doit y avoir sur le chèque… Alors, maintenant, c'est à vous de vous positionner. C'est à vous de mettre sur la table votre ambition de devenir des éléments déterminants de l'équipe de France. » Ce jour-là, le tri s'est fait naturellement entre ceux qui ne pensaient qu'à leur propre intérêt et tous les autres qui allaient sceller un pacte d'engagement bâti sur leur volonté d'en être coûte que coûte.

Et même à Toulouse onze mois sur douze, j'ai commencé à me sentir un peu moins seul.

# – 5 –

## Un drapeau trop lourd

J'ai toujours eu envie que notre jeu s'améliore à l'initiative des joueurs plutôt que par la parole divine du coach. C'est la finalité de mon action. Un bon entraîneur se doit d'avoir le verbe rare. Depuis que je suis à la tête de l'équipe de France, Didier Dinart est le premier qui va conquérir une véritable autonomie d'action et de pensée sur le terrain. Lui, pour le coup, mérite déjà son surnom d'Expert. Il est notre spécialiste de la défense. D'ailleurs, il ne fait que ça. Il n'attaque jamais. Ni en club, ni en équipe nationale. Pour comprendre, il suffit de le regarder. Il est bâti comme un frigo américain. Mais il ne joue pas que de ses épaules. C'est aussi un cerveau. Un chercheur. Il réfléchit en permanence à la meilleure façon de faire évoluer son jeu. Il veut varier sa palette, défricher de nouveaux territoires. Partout où il passe, en club comme chez les Bleus, la défense finit par devenir une marotte collective au gré de ses multiples trouvailles. Un joueur pareil est une bénédiction pour moi. Je n'ai pas besoin d'édicter une quelconque hiérarchie, ses équipiers le considèrent naturellement comme le garant de notre assise défensive. Enfin presque.

Car un autre joueur tient un rôle essentiel dans notre dispositif, c'est Bertrand Gille. Même génération que Didier. Même disposition pour le corps à corps. Le genre de type capable de scorer dans un trou de souris avec trois adversaires sur le râble. Mais son rôle de pivot ne s'arrête pas là. Avec Dinart, ce compétiteur hors-norme forme aussi la clé de voûte de notre défense : l'axe central. Bertrand devant, Didier derrière. Au fil des années, l'accompagnement de ce duo va symboliser pour moi toute l'évolution de la mentalité, de l'image et des performances de l'équipe de France. Sous des contours très différents, Dinart et Gille ont la même force de caractère. Le premier, déconneur, truqueur, toujours à la limite de la règle, extrêmement performant. Le second, construit, rationnel, intransigeant, extrêmement performant. Bien entendu, ces deux-là ont une forte propension à s'affronter. Comme disait feu Thierry Roland, ils ne partiraient pas en vacances ensemble. Ils sont dépourvus d'atomes crochus, et il règne entre eux une sorte de paix armée, très subtile mais pouvant exploser à tout moment. Deux taureaux dans le même toril.

Au départ, Dinart et Gille, qui ne sont pas du genre à abdiquer au premier coup de semonce, se sont réparti les prérogatives. De toute façon, il était inconcevable que l'un d'eux obéisse à l'autre. Ce style de gouvernance partagée est applicable dans le cadre d'un schéma défensif identifié et répétitif. Et c'était le cas lors de nos toutes premières campagnes. À plusieurs reprises, nos deux taureaux ont vu rouge, et il s'en est fallu de peu pour que la corrida n'embrase le vestiaire. Puis, sous l'influence de Didier, notre défense s'est mise à évoluer, petit à petit. Et le meilleur duo du monde s'est constitué, petit à petit. Dinart et Gille ont compris qu'il était préférable qu'ils s'associent pour péter la gueule de ceux d'en face, plutôt que de se bouffer entre eux au moindre prétexte. Finalement, le premier tient la boussole, et son ancien frère ennemi, le gouvernail. Ensemble, c'est tout.

À l'image de cet armistice, l'ambiance est plutôt saine au sein de l'équipe. Je n'ai pas de problème majeur avec les joueurs. Même si la copie demeure imparfaite, mon message passe. En revanche, l'environnement est toujours aussi déstabilisant. La comparaison avec Costantini revient sans cesse comme un miroir qui ne refléterait que mes insuffisances supposées. Et dans ses interviews, mon prédécesseur ne me fait pas de cadeau. Pour moi, la feuille de route est limpide. Si je me rate à Athènes, le précipice se rapprochera à grands pas. Mais il en faut davantage pour m'effaroucher. Je préfère ne pas y penser. Je préfère vivre à fond ce moment tant attendu.

Me voici donc au pied de l'Everest. Les jeux Olympiques. Mon rêve de gosse. La quête ultime du handball français. Quel ramdam ! Pour l'occasion, la Fédération a mis les petits plats dans les grands. Une vaste campagne de communication est organisée autour de l'équipe de France. Parodiant *Le Seigneur des anneaux,* qui cartonne au même moment sur les écrans, les Bleus s'affichent en 4 par 4 dans les rues de Paris sur le thème « À la conquête des anneaux olympiques ». Rien que ça. Et le pire, c'est qu'on finit par s'habituer à cette mise en scène grandiloquente. Moi le premier. Quelques semaines avant l'ouverture des Jeux, la Fédération internationale de handball organise un sondage auprès des entraîneurs des douze nations qualifiées pour le tournoi olympique. Question : qui voyez-vous sur le podium ? Un seul répond la France. C'est d'autant plus navrant que l'entraîneur en question, c'est moi. Cette petite vexation aurait dû constituer un signal d'alarme. Positionner l'objectif de manière aussi déterminée sans être certains d'avoir résolu tous les paramètres de notre ambition confinait à l'utopie. Mais l'euphorie est telle que l'autopersuasion l'emporte sur l'analyse. L'équipe est gonflée à bloc. Moi aussi. Comme on dit en Olympie, la flamme est là.

Pour mettre tous ces fameux paramètres de notre côté, j'ai noué un pacte avec Jackson Richardson. Un pacte auquel l'équipe souscrit d'emblée. Plusieurs mois avant les Jeux, nous décidons de redonner à notre meneur de jeu son efficacité d'antan. Au fil des années, Jackson est devenu de moins en moins influent dans la finition de nos actions. Il distribue le jeu, le plus souvent à merveille. Mais il ne prend plus ses responsabilités lorsqu'il est en position de tir. Souvent, il tergiverse, il fait la passe de trop. Je ne suis pas le seul à l'avoir remarqué. Je sais que nos adversaires ont identifié cette lacune. Et qu'ils comptent bien en profiter. Le mot d'ordre a probablement circulé lors des séances vidéo des Allemands, des Russes, des Croates : « Contre la France, oublions Richardson, c'est un leurre, il n'est plus vraiment dangereux dans la zone de vérité. Et concentrons-nous sur ses équipiers. » Toute la ruse consiste donc à terrasser nos adversaires par surprise, en ressuscitant notre meneur de jeu dans un rôle inattendu de serial buteur.

Jackson a relevé ce dernier défi avec enthousiasme. Et pourtant, il y a quelque chose qui cloche. Plus les semaines passent, plus la métamorphose trépasse. Plus la compétition approche, plus son bras se crispe, son engagement se dissout. Lui, l'as de la décontraction, semble soudain porter tout le poids du monde sur ses épaules. Certes, la remise en question que je lui propose est de taille. Mais ça n'explique pas tout. En réalité, Jackson vient d'apprendre qu'il sera le porte-drapeau de la délégation française lors de la cérémonie d'ouverture le 13 août 2004. Une magnifique reconnaissance pour le handball français. Un immense honneur en forme de consécration pour l'icône des Bleus. Mais ce rôle de numéro 1 du sport français est aussi un fardeau enrubanné, un cadeau empoisonné. Avant lui, les deux derniers porte-drapeaux tricolores s'appellent Marie-Jo Pérec et David Douillet. Des légendes du sport français qui, en 1996 et 2000, ont hissé leurs noms au sommet de l'Olympe. Pérec à Atlanta comme Douillet à Sydney étaient à l'apogée de leur art et se sont couverts d'or. Jackson, lui, cherche simplement à redevenir lui-même. Chaque jour, il y travaille. Et chaque jour, il s'en éloigne un peu plus. Ce rôle de porte-drapeau rajoute à son challenge personnel au sein de l'équipe. Le sentiment de miser sa carrière à quitte ou double sur son dernier rendez-vous olympique s'accommode mal de notre audacieux pari. Et il cale.

Retour à la case départ. Pour pallier la défaillance de Jackson, nous nous réorganisons en quelques semaines. Et plutôt bien. L'équipe de France entre dans ces jeux Olympiques par la grande porte. Cinq matchs, cinq victoires. Nous corrigeons la Grèce, le Brésil, l'Allemagne, la Hongrie, et nous battons l'Égypte sur le fil, 22-21. Dans les buts, Thierry Omeyer s'impose comme le digne successeur de Bruno Martini. En attaque, tout le monde s'y colle. Fernandez, Karabatic, Girault, Anquetil martyrisent les défenses adverses. Encore trois matchs et on tutoiera les dieux. Les quarts de finale se présentent au mieux. D'autant que nous affrontons les Russes qui, eux, viennent de se qualifier à l'arraché. Une équipe d'anciennes gloires, celle que nous avons étrillée l'année précédente aux championnats du monde et que nous avons dominée à plusieurs reprises durant les matchs de préparation. Honnêtement, on ne peut pas mieux tomber. Et pour tomber, ça, on va tomber.

Que s'est-il passé ? Comment la minuterie interne d'une équipe peut-elle se dérégler en si peu de temps ? Ce jour-là, le match contre les Russes est programmé à 20 heures, dans la foulée d'un autre quart de finale opposant l'Espagne à l'Allemagne. À l'heure H, les gars sont prêts. Mais le coup d'envoi est retardé. Les Espagnols et les Allemands n'arrivent pas à se départager. En route pour les prolongations. 20 h 30. Les joueurs commencent à mijoter. Et le couvercle se referme une fois de plus. De l'autre côté du couloir, en pleine lumière, les Espagnols et les Allemands se livrent un combat homérique. Aucune des deux équipes ne veut mourir. Après les prolongations, on est bons pour la séance des penalties. Chaque minute s'étire comme une éternité. Il est près de 20 h 50 quand, enfin, l'arbitre frappe à la porte du vestiaire. Plus de trois quarts d'heure à jouer, à ne pas jouer, à jouer, à ne pas jouer… Assis, debout, assis, debout… Pendant ce temps-là, les mecs se sont vidés de leur influx, tricotant et détricotant le scénario du match à venir. A priori, ils en connaissent le déroulement par cœur. Depuis un an, on a eu le temps de les démystifier, ces Russes. On va leur mettre le feu, les faire bafouiller leur handball, les renvoyer, une fois pour toutes, au musée. On va, oui. Sauf que ça ne se passe pas du tout comme ça.

Avec leurs trentenaires, leur équipe aux crânes dégarnis et aux mille sélections, nos adversaires ont accueilli cette succession de contretemps comme une aubaine, à l'inverse de nous. Ces joueurs-là en ont connu tellement d'autres dans leur carrière. La plupart d'entre eux ont déjà remporté deux ou trois médailles d'or olympiques. Ils savent tout ce que je ne sais pas. Ils savent que le quart de finale est un moment hors du temps, le moment où tout se joue. S'il y a un match où il faut remettre les compteurs à zéro, c'est celui-là. Ce qui s'est passé avant n'existe plus. Peu importe notre démonstration de force lors des matchs préliminaires. Si tu perds celui-là, tu perds tout.

C'est une rencontre à oublier que je n'oublierai jamais. Déstabilisée par les reports successifs et notre non-maîtrise du temps, mon équipe livre une prestation atone, pas du tout à la hauteur de l'événement. On gère le match du bout des doigts, sans jamais saisir les occasions de creuser l'écart. Et dans les dix dernières minutes, l'impensable se produit. Les vieux soldats d'en face renaissent de leurs cendres. Le gardien de but Andreï Lavrov, quarante ans, un monument de ce sport mais un monument en péril, accumule plus de parades durant le *money time*, ces ultimes minutes d'un match où chaque possession de balle devient cruciale, que durant tout le tournoi. À lui seul, avec son génie de l'expérience, il écœure nos attaquants. Le temps, qui tout à l'heure n'avançait pas, nous file soudain entre les doigts. Oh ! Les gars, on se reprend, il reste trois minutes. C'est juste. C'est trop juste. La fête est finie. Tout est fini. On passe à la trappe, 24-22. Et là, c'est le séisme. Je rentre dans un vestiaire anéanti, hurlant de silence, peuplé de mecs à la dérive. Nos trois années de travail viennent de partir en fumée. Tout ce qu'on croyait avoir construit s'est effondré. Il n'y a plus d'espoir. Il n'y a plus de mots. Juste une souffrance muette que ma mémoire ne peut effacer. Aujourd'hui encore, je garde cette vieille douleur en moi. Malgré les ors et la pompe à venir, la cicatrice n'est pas fermée.

Au lendemain d'une telle Bérézina, il y a la remise en question. La mienne me suffirait mais, dans ces cas-là, tout le monde y va de son coup de pied de l'âne. Sur notre champ de ruines, un joueur se distingue du groupe. C'est Jackson. Il vient de vivre ses derniers Jeux. Et il ne les gagnera jamais. Or, cette fichue histoire de drapeau a tellement exacerbé le poids de ses responsabilités que notre échec devient son échec. Sauf s'il s'en décharge sur une tierce personne. Évidemment, je suis l'heureux élu. Il n'a pas besoin de me le dire en face, les journalistes s'empressent de le faire pour lui. Chaque jour, j'en prends pour mon grade. Et pourquoi Jackson n'a-t-il pas joué davantage ? Et pourquoi ne lui a-t-on pas fait confiance ? Des salades... Je suis encore sonné par notre élimination et on m'achève avec des procès d'intention à deux balles. Je sais ce que j'ai fait. Toute l'équipe le sait. Jackson le premier. C'est quoi ma faute ? D'avoir réajusté son rôle à l'échelle de ce qu'il avait envie de vivre ? Le reste, il ne pouvait pas l'endosser. J'ai essayé, il n'a pas voulu. Et maintenant que c'est fini, il nous dit qu'il aurait pu... C'est dingue. Oui, j'ai ma part de responsabilité dans notre élimination. Je n'ai pas pris suffisamment la mesure de ce que représentait un quart de finale. J'ai inscrit ce match dans un continuum, sur la lancée de nos sorties précédentes, et j'ai péché par inexpérience. Mais faut-il que j'expie aussi les fautes que je n'ai pas commises ? La démesure des attaques que je subis est proportionnelle à l'optimisme aveugle suscité par notre aventure olympique. Après nous avoir propulsés en haut de l'affiche, on nous expédie par le fond. Tout au fond. Dans les sous-sols de l'histoire du handball français. Les médias commencent à pointer du doigt mon incapacité à tirer le meilleur parti d'une équipe qui passe pour être opérationnelle. Le fait qu'un joueur phare soit au cœur de la polémique ne plaide pas non plus en ma faveur. Pour le reste, je ne reçois aucun soutien particulier du reste de l'équipe. Et je m'en accommode. Il n'y a pas de trahison, c'est déjà ça. J'ai appris qu'il ne fallait pas en demander plus aux joueurs. Ils sont dans un calcul permanent. Il peut y avoir de la fraternité avec eux – il y en a toujours eu et il y en aura de plus en plus – mais il n'y a pas d'amitié qui vaille. Dans les moments difficiles, ils pèsent le pour et le contre, les avantages acquis et les inconvénients à venir. Avec lui, on a ça, mais si un autre le remplace, il risque de tout remettre en question, etc. Tout compte fait, à l'époque, les joueurs préfèrent continuer avec Onesta. À défaut de me défendre, ils ne me lynchent pas. Merci les gars.

# – 6 –

## Le peloton d'exécution

Tout ça pour ça. Trois ans pour bâtir un projet qui, au lendemain d'Athènes, se retrouve cul par-dessus tête. Je vous avais prévenu : il n'y a pas de méthode Onesta. Ou s'il y en a une, c'est d'abord dans les échecs et dans la douleur qu'elle s'est forgée. À l'orée de 2005, l'équipe de France est complètement déstructurée. Et moi, passablement lessivé. Finie la conquête des anneaux olympiques, désormais, on cavale après nous-mêmes. Première étape : recoller les morceaux. Est-ce qu'on continue l'histoire avec Jackson ? Il faut que je sache à quoi m'en tenir. J'organise une rencontre avec lui au centre de thalassothérapie de l'ancien rugbyman Serge Blanco, à Hendaye. Jackson joue à Pampelune, juste de l'autre côté de la frontière, mais ça ne l'empêche pas d'être à la bourre au rendez-vous. Qu'importe, cela fait trois mois que je me pose la question de son avenir en bleu. Je suis prêt à patienter une heure de plus pour, enfin, tenir ma réponse.

– Alors, Jackson, comment tu envisages la suite avec l'équipe de France ?

Il me regarde presque désarmé, secoue ses dreadlocks en signe d'impuissance.

– Bah ! Tu sais, Claude, je n'ai vraiment pas eu le temps d'y réfléchir…

Ah ! La vache… Il n'a pas eu le temps d'y réfléchir ? Mais moi, je n'en dors plus la nuit de cette histoire ! Il n'y a pas un jour, une heure, une minute où je n'y ai pas pensé depuis notre défaite contre les Russes ! Et je me tape sept cents bornes aller-retour pour m'entendre dire ça : merci d'être venu, Claude, quand j'aurai un moment, je verrai ce que je peux faire… Certes, je le connais, mon Jackson. Au fond de lui, derrière sa nonchalance de façade, je suis sûr qu'il est malheureux de cette situation. Pas autant que moi, mais bon, il ne la vit pas bien, c'est sûr… De toute façon, il n'a jamais été du genre à exprimer clairement les choses en tête à tête. Les rapports de forces, ça n'est pas son truc. À côté de ça, c'est un bon mec. Je l'ai toujours dit dans les médias. J'ai claironné le respect que j'avais pour l'homme et le joueur. Son sens inné de la proximité en fait un de mes plus précieux relais au sein de l'équipe. Il sait se montrer généreux dans la transmission avec les nouveaux arrivants. Un chic type, vraiment. Même les quelques pages qui me sont consacrées dans ses mémoires, et qui font de moi le pire entraîneur qu'il ait rencontré durant sa carrière, n'arrivent pas à me le rendre antipathique. Je pense que c'est un intuitif…

peu enclin à l'analyse. Ce qui peut le rendre facile à manipuler par des coquins ou des salopards.

Quelques jours plus tard, je reçois un coup de fil d'un journaliste du *Parisien*. A priori, aucun rapport avec Jackson. Guéric Kervadec, notre pivot, un ancien des Barjots, vient d'annoncer qu'il arrêtait sa carrière, et le journaliste me demande de lui rendre un petit hommage. Je m'exécute bien volontiers. Jusqu'au moment où, pour clore notre conversation, mon interlocuteur me glisse quelques infos sur Richardson. Selon lui, Jackson est O.K. pour continuer avec les Bleus mais il lui sera impossible d'être ponctuel au rendez-vous du prochain stage de l'équipe de France, car il a programmé des vacances familiales à la Réunion et il ne pourra nous rejoindre qu'avec quelques jours de retard… Il ne manquait plus que ça ! J'encaisse, et je conclus comme ça me vient : « Si le problème de Jackson, ce sont les vacances, alors ça ne peut pas coller… » La boulette. La grosse boulette. Dès le lendemain, mes propos font la une des rubriques sportives, repris et déformés. Du style : « Si Richardson veut des vacances, qu'il y reste ! » Signé Onesta. Une demi-heure sur Kervadec, une phrase sur Jackson, et le piège s'est refermé. Instantanément, le petit monde du handball prend feu. J'appelle le journaliste, je le traite de tous les noms. Lui ne moufte pas.

« Tu l'as dit ?

– Ouais, je l'ai dit, mais…

– Y a pas de mais, tu peux me traiter de menteur, j'ai l'enregistrement… »

Quel con je suis. Je faisais confiance aux journalistes et je viens de comprendre que certains d'entre eux n'ont aucun état d'âme et guère plus de morale. Par la suite, je n'adresserai plus la parole à ce type, et même lorsqu'il se rapprochera pour écouter mes réponses à ses collègues, je deviendrai silencieux. Il s'est finalement résigné à ne plus suivre le handball.

En attendant, me voilà reparti pour un nouveau psychodrame. Une réunion d'urgence est organisée avec Jackson, toujours à Hendaye, mais avec, en sus, le président de la Fédération, André Amiel, et le directeur technique national, Philippe Bana. Cette fois, ça ne rigole plus. Moi aussi, j'en ai ma claque. Dès mon arrivée, je donne le tempo.

« Messieurs, j'ai une question. Si j'obtiens la réponse, la réunion durera dix secondes. Si je n'ai pas de réponse, ça ne se prolongera pas davantage, je me tire… »

Et je m'adresse à Jackson :

« Ton histoire de congé à la Réunion, je ne sais pas d'où ça sort, ma seule préoccupation est de savoir si tu envisages d'être, oui ou non, au rendez-vous de l'équipe de France, le mois prochain. »

L'air incrédule devant tant d'émoi, le joueur époussette la polémique d'un revers de la main. Mais bien sûr qu'il sera là ! Et motivé comme un junior ! D'abord, c'est quoi tout ce pataquès ? Comment ai-je pu douter une seule seconde de ses résolutions ? La crise ? Quelle crise ? Un grand sourire éclaire son visage. Qu'importe si l'on doit ce revirement soudain à la présence de notre aréopage fédéral. D'un coup, d'un seul, tout le monde se détend. Moi le premier. J'ai toujours eu une relation très riche et, la plupart du temps, des rapports de confiance avec Jackson. Honnêtement, je me réjouis de sa décision. Honnêtement aussi, la souffrance de cette période postolympique va laisser quelques traces, chez moi comme chez lui.

Après avoir surmonté ces quelques menues contrariétés parmi tant d'autres, l'équipe de France est attendue en Tunisie pour les championnats du monde. En ce mois de février 2005, cinq mois à peine après les jeux Olympiques, les grands blessés d'Athènes sont encore en pleine convalescence. Au fond de moi, je garde un vague espoir de relancer la machine. Mais ça ne va pas durer longtemps. Après une promenade apéritive contre les Canadiens, 44-16, le deuxième match du tournoi nous oppose à la Grèce. Et là, j'assiste impuissant à ce qui demeure l'une des pires contre-performances des Bleus depuis – ouh ! là… – depuis très longtemps. Le cauchemar dans toute sa splendeur. Un but des Grecs à la dernière seconde. Une défaite sur le fil, 20-19. Le fantôme d'Athènes est toujours dans nos têtes. On est tellement fragilisés qu'on a beau essayer de construire des trucs, la moindre difficulté nous fait vaciller. Pour se remettre en confiance, il y a le match contre la Tunisie. Mais là encore, ce n'est pas le grand carrousel. Les mecs s'accrochent tant bien que mal et on arrache le match nul, 26-26. Certes, depuis le début de ces championnats du monde, les Tunisiens, devant leur public, sont euphoriques. Mais il n'y a pas de quoi sabrer le champagne. Et donc, nous voici rendus au dernier match de poule contre le Danemark qui, sur le papier, passait pour être l'autre équipe archi-favorite du groupe. Avec la France. Sauf que les Danois ne sont guère mieux lotis que nous après leur défaite surprise contre la Tunisie. En clair, l'équipe qui perdra ce France-Danemark sera éliminée et rentrera à la maison avec le goudron et les plumes.

C'est curieux, mais ce match de mauvais élèves, disputé à Radès, dans un stade à moitié vide, reste l'une des dates les plus importantes de mes treize années à la tête des Bleus. Sans doute le tournant de l'aventure. Je me souviens de l'avoir abordé dans une ambiance de tribunal militaire. La veille, lors de la conférence de presse, le journaliste de *L'Équipe* m'a mis en joue : « Et à partir de demain soir, Claude, tu sais quel métier tu vas faire ? » Sympa. Autour de moi, les rangs sont de plus en plus clairsemés. De tous ceux qui me soutenaient naguère il ne reste pas grand monde. En fait, il ne reste que le staff, même si notre intendant, Michel Barbot, toujours prévoyant, a déjà bouclé les sacs et réservé les billets d'avion pour Paris. Alors que je fais mine de m'agacer de ce défaitisme, ce bon Michel m'explique que, dans la débâcle ou face à la menace d'effondrement moral d'un groupe, mieux vaut parer à tout… Le match, en lui-même, n'a rien de très spectaculaire. Aucune invention tactique particulière. On le domine du début à la fin, et on le gagne sûrement, 32-26, mais je suis bien incapable de ressortir la performance d'un joueur. L'essentiel est ailleurs. C'est l'histoire d'un groupe qui, dans un dernier souffle, repousse l'inéluctable dénouement. On se l'était promis dans les vestiaires : « Eh ! Les gars ! On n'a pas traversé tout ce qu'on a traversé pour finir médiocrement… Si on doit y passer, ce sera les armes à la main ! » La fierté pour ultime recours. Non, on ne va pas mourir à Radès. Pas ici. Pas maintenant.

Du coup, l'équipe de France accède, in extremis, au deuxième tour. On n'a plus grand-chose à perdre. On bat les Russes 25-22, les Tchèques 31-26, et un match nul, 26-26, contre la Slovénie nous propulse en demi-finale. Pour des revenants, c'est du bonus. Là, on s'incline à la régulière, 35-32, face à une équipe de Croatie plus homogène, plus sûre d'elle-même que notre troupe de miraculés. Mais on livre une solide prestation. Il nous reste à mettre un dernier coup de collier pour essayer de ramener un petit souvenir en bronze de cette quinzaine dans l'au-delà. Le match pour la troisième place nous oppose, une nouvelle fois, à la Tunisie. Entraînés par un Croate, Sead Hasanefendic, les Tunisiens sont en passe d'accomplir la meilleure performance jamais réalisée par une équipe non européenne dans un championnat du monde. Leur odyssée embrase la FIERTÉ de tout un peuple. On s'attend à ce qu'ils nous rentrent dans le chou. Et on n'est pas déçus. Dès le coup d'envoi, les Tunisiens nous expédient dans les cordes. Moi le premier. J'ai beau tenter de doucher leurs ardeurs à grand renfort de temps morts et de rotations de joueurs pour casser le rythme du match, l'incendie se propage à la vitesse grand V. On se fait ballotter, transpercer, éclater. Au bout d'un quart d'heure, le match est déjà plié, 11-4. Et là, le sort funeste que tout le monde nous prédisait une semaine plus tôt me revient en pleine poire. Mon esprit s'évade presque malgré moi. J'imagine la une de *L'Équipe* tirant à boulets rouges sur notre sursaut d'orgueil sans lendemain. Je me vois en conférence de presse, tout à l'heure, le jour de mes quarante-huit ans, face au peloton d'exécution. Stop ! Il ne faut pas que j'y pense. Pas encore. Je dois revenir au match. Car, sur le terrain, il se passe quelque chose de presque imperceptible. Comme dans ces films de boxe où le héros, roué de coups, balance enfin son uppercut au dixième round. Titi Omeyer aligne deux ou trois parades et brandit son poing serré en signe de défi au public et à la Terre entière. Les attitudes, les regards changent. Didier Dinart roule des yeux comme un guerrier maori. Les Tunisiens se mettent à surjouer et vendangent quelques occasions toutes faites. Ils commencent à râler contre les arbitres. Le public gronde. Les débats s'équilibrent. Mieux, on grignote notre retard. À la mi-temps, on n'est plus menés que 14-10. Certes, on va sûrement perdre ce match, mais le spectre de la débâcle s'éloigne. À moins que ? Oui, c'est ça… Au retour des vestiaires, tout s'emballe. Dans un vacarme assourdissant, à sept contre dix millions de Tunisiens, la peur change de camp. Mickaël Guigou étincelle en attaque, et l'écart s'amenuise encore. 15-17, 19-20, puis 22-22 à la 52e minute. Quel beau métier que le mien, monsieur le journaliste de *L'Équipe* ! Une ultime perte de balle du gardien adverse, à quinze secondes du coup de sifflet final, nous offre la victoire, 26-25, et, du même coup, la médaille de bronze. Un tel retournement de situation, à ce niveau-là, on en voit un tous les dix ans. En une mi-temps, les mecs ont repeint l'enfer en un paradis bleu azur. C'est une belle fin de carrière internationale pour Jackson, Greg Anquetil et Guéric Kervadec qui, à ma demande, avait accepté de faire une ultime pige lors de ce Mondial. C'est surtout la révélation, pour moi, que de grandes et belles choses nous attendent désormais. Deux fois, face au Danemark et à la Tunisie, l'équipe a renversé le cours de son destin. Le naufrage était annoncé, les chaloupes à la mer, mais l'orchestre jouait encore. Et si notre histoire qui devait s'achever sans fleurs ni couronnes ne faisait que commencer ? Quelque chose me dit que si nous ne sommes pas morts là, nous ne mourrons plus jamais.

# – 7 –

## Un honnête homme

Je suis né d'une famille communiste. Mon père, Auguste, l'était. Ses parents italiens l'étaient. C'est même pour ça qu'ils ont dû quitter leur pays au début des années 1930. Sous la botte de Mussolini, l'air était devenu irrespirable. Originaires de la région des Marches, petits propriétaires terriens, ils ont tout abandonné pour recommencer leur vie au Brésil. Communiste, anticlérical, ça n'était pas la bonne façon de penser dans l'Italie du Duce.

Pourquoi parler de ma famille ? Peut-être pour rendre justice à une mère, Ginette, qui n'est jamais citée dans mon parcours. Une mère disparue trop vite, emportée par la maladie. Elle avait cinquante ans, j'en avais vingt-cinq. Une mère aimante, colonne vertébrale de la famille, chérie par tous. Une épreuve terrible qui apprend à graduer les malheurs et à profiter de ceux qui vous sont chers. Une absence dont on ne se remet jamais vraiment. Pourquoi parler de ma famille et pourquoi maintenant ? Peut-être, aussi, parce que l'histoire de mes ancêtres, cette fidélité absolue à leurs convictions et à un idéal de société, m'a aidé à rester moi-même durant mes premières années à la tête de l'équipe de France. Dans la tempête, je n'ai jamais courbé l'échine. En dépit des critiques, je ne me suis jamais renié. Quitte à tout perdre. Se renier, c'est pourtant ce que font la plupart des managers lorsque leurs innovations tardent à porter leurs fruits et que leur statut est menacé. En arrière toute ! Ils en reviennent à des schémas classiques, approuvés, validés par les autorités dites compétentes. Si ça marche, tant mieux. Et, en cas de faillite persistante, les censeurs ne pourront s'en prendre qu'aux acteurs de terrain incapables d'appliquer des consignes gravées dans le marbre de l'orthodoxie. Quoi qu'il en soit, le chef, lui, aura sauvegardé son plumage, quitte à avoir sacrifié son ramage en chemin. Ce n'est pas comme ça que l'on m'a appris à vivre. Je préfère périr avec mes idées que subsister avec celles des autres. Comment pourrais-je inspirer l'éthique, orienter les conduites, si je n'étais pas moi-même convaincu, voire habité, par les valeurs que je prône ? Je peux m'arranger de beaucoup de choses. Mais je ne peux pas m'arranger avec moi-même. Pas là-dessus.

Aujourd'hui encore, j'entends ces mots de mon père qui me serviront de grammaire pour le restant de mes jours : « fierté », « honneur », « lutter », « résister »… Je le revois me prendre par l'épaule : « Plus tard, mon fils, tu feras ce que tu veux, mais tu n'as pas le droit de te coucher ! » C'était ça l'éducation de mon père. C'était ça une éducation à la Onesta. Sacrée famille... Sacré nom de famille... Ce n'est pas rien de s'appeler comme ça. Onesta : « honnêteté » en italien. Quand on se regarde dans le miroir, mieux vaut être en accord avec soi-même.

L'exil de mes aïeux au Brésil a fait long feu. Sans le sou, mes grands-parents ont trimé comme des esclaves dans les champs de coton pour nourrir leurs enfants et se payer le billet de retour vers l'Europe au bout de trois ans. Ils ont débarqué en Lorraine, au pays des aciéries, vers le milieu des années 1930. Le climat n'y étant pas vraiment le même qu'en Italie ou au Brésil, mon grand-père est rapidement tombé malade. C'est comme ça que ma famille a fini par planter ses racines en terre albigeoise, pour y chercher un peu de soleil. Au commencement, elle y a surtout trouvé de la chaleur humaine. Mon grand-père travaillait dans une usine de viscose, aux côtés de nombreux réfugiés italiens, espagnols, polonais. Tout le monde habitait la même cité ouvrière. Le soir, il y avait de grandes tablées où, dans un français approximatif, les conversations s'embrasaient en rêvant de lendemains qui chantent et de la révolution prolétarienne. La vie était dure mais les idées et les cultures bouillonnaient. Mon père, qui à l'époque était un jeune adolescent, en a toujours conservé un souvenir ému. Quand il me racontait sa jeunesse, j'avais l'impression d'être plongé dans le bouquin de Cavanna *Les Ritals*...

Je suis né dans le Tarn, j'ai toujours vécu à Toulouse, sauf les week-ends où nous allions à Albi pour cultiver nos racines. Mes parents ont fait construire une maisonnette dans une sorte de lotissement entre les quartiers Jolimont et Roseraie. Aujourd'hui, c'est presque le centre de Toulouse mais, à l'époque, on avait le sentiment d'habiter à la campagne. Au milieu des champs, c'est à pied que nous allions chercher notre lait dans les fermes environnantes. En fait, mon père et une vingtaine de ses collègues s'étaient regroupés pour acheter quelques lopins de terre, faire bâtir, et habiter, ainsi, les uns à côté des autres. J'ai donc grandi dans un petit village qui n'en portait pas le nom et qui était exclusivement peuplé d'employés des PTT. Au sein de cette communauté ouvrière improvisée, j'ai eu une enfance comme on n'en fait plus. Une enfance au grand air, entourée d'une multitude de copains de mon âge, scandée par les parties de ballon et de rigolade.

Le sport a toujours tenu une place importante dans la famille. Bruno, mon frère aîné, avait commencé à jouer au handball au lycée puis en club, mais ce drôle de petit ballon rond n'était pas ma préoccupation première. Je lui préférais une espèce d'olive à laquelle je voue encore beaucoup d'intérêt. L'exemple, une fois de plus, descendait tout droit de mon père. Il était treiziste. Joueur de rugby à treize, pour les profanes. Sûr qu'avec son tempérament, les placages devaient être appuyés… D'une certaine façon, le sport était sa seconde raison de vivre. Après la politique. Dès mon plus jeune âge, j'ai été nourri à ces deux mamelles. Il n'y a pas de meilleur maître d'apprentissage que la passion.

Comme ses propres parents, mon père a toujours fait passer ses convictions avant ses intérêts personnels. Il était engagé jusqu'au bout des ongles. Jusqu'au bout du bout. PC et CGT à fond. Dans le plus pur respect de la ligne du Kremlin. Tout ce qui était difficile à justifier n'était que le fruit de la propagande capitaliste. Personnage excessif mais généreux, tellement généreux… Ma mère aussi était une femme de gauche, en moins radicale, ce qui n'était guère difficile. N'empêche, à la maison, c'était tous les jours la construction d'un monde meilleur. Les amis d'un autre bord politique étaient rarement invités chez nous car cela pouvait très vite tourner au vinaigre. Même si sur la fin de sa vie mon père était devenu inséparable de Roger, notre voisin d'en face, facteur à la retraite et homme de droite par fierté d'obéissance aux puissants. Ce binôme Don Camillo-Peppone a donné quelques représentations réjouissantes de truculence et de mauvaise foi. Mon père savait rire. Pas transiger.

Il s'est toujours fichu de payer le prix de son engagement dans son évolution professionnelle. Certes, il était plus facile d'être communiste dans la France des années 1960 que dans l'Italie de Mussolini, mais la vie n'était pas, pour autant, un tapis de roses sous la surveillance zélée des fonctionnaires des renseignements généraux. Mon père assumait ses choix, comme tous ses amis du PC et de la CGT qui défilaient à la maison. Derrière leurs positions parfois caricaturales, je garde un profond respect pour ces hommes d'une fidélité et d'une intégrité absolues. Aujourd'hui, il arrive que des patrons m'invitent à leur table. Mais je sais d'où je viens. Je suis issu du monde ouvrier et je lutterai toujours pour que ces gens-là ne restent pas au bord de la route. Avec mes moyens, ma conscience, mon petit début de renommée. Ce n'est pas un hasard si je suis rebelle à l'autorité et prompt à la remise en cause de la hiérarchie quelle qu'elle soit. Même si je n'ai jamais été encarté, je me revendique comme un homme de gauche dans toute l'acception du terme. Il m'arrive même de penser que je le suis plus que ceux qui ont la charge de l'incarner. Pour le reste, mon refus de la soumission ne fait pas de moi un si mauvais manager. C'est même pour moi probablement l'une des clés de ma réussite.

Gamin, il y a tout de même quelques personnages qui se sont imposés à moi sans que je songe à remettre en cause leur légitimité. Une bande de pieds-noirs qui avaient créé la section handball de l'ASEAT (Association sportive des établissements aéronautiques toulousains) en 1964. Autour de François Garrido, entraîneur mythique des Spartiates d'Oran, ils ont redonné vie à leur passion et ont contribué à faire naître la mienne. Le gymnase où ils se rassemblaient était proche de chez moi. Alors à onze ans, j'ai pris ma première licence. La première d'une longue série. Sous le magistère de François Garrido, tout était cadré, organisé à la perfection, ce qui me changeait du foutoir du club de rugby où je m'entraînais chaque jeudi. Par la suite, je n'ai jamais totalement abandonné le ballon ovale. Lors de mes études de prof de gym, à l'UEREPS de Toulouse, avec les Lanta, Chadebech et consorts, on a joué deux finales de championnat de France universitaire. On a surtout bien rigolé et j'ai même formé une deuxième ligne redoutable avec Élie Baup, futur entraîneur des footeux de l'Olympique de Marseille et originaire de Saint-Gaudens, un fief du jeu à treize. Mes copains rugbymen m'ont souvent sollicité pour franchir le Rubicon. Mais c'était trop tard. J'avais choisi le handball. J'avais choisi ma famille. Dans ces années-là, un autre personnage m'a conforté dans mon désir de porter plus d'attention aux relations humaines, c'est Maurice Mandin, mon entraîneur en équipe de France espoirs. Lui avait compris que l'on réussissait avec les autres, jamais contre eux. Ses contemporains, spécialistes de la technique et des outils pédagogiques, regardaient d'un air narquois ce coach qui préférait s'intéresser aux hommes. Maurice Mandin a aujourd'hui près de quatre-vingt-dix ans, et nombreux sont les entraîneurs actuels qui s'arrêtent dans son fief gardois de Saint-Paulet-de-Caisson pour lui claquer la bise. Les outils des autres reposent au musée. Merci Maurice…

Sur les terrains de handball, j'ai toujours joué à gauche, naturellement. Arrière gauche. Plutôt rugueux, plutôt grande gueule. Très prolifique, aussi. Allez savoir pourquoi, mais je marquais beaucoup de buts. À dix-sept ans, j'ai intégré l'équipe senior qui évoluait en première division. Dois-je préciser qu'en ces temps d'amateurisme marron, je n'ai jamais touché un centime de ma carrière de joueur et que je n'ai connu qu'un seul club dans ma vie ? Le genre de cursus qui, aujourd'hui, prête à sourire. C'est d'ailleurs l'arrivée plus ou moins honteuse de l'argent dans le handball qui a marqué le début du déclin de l'ASEAT. Le club est descendu en deuxième division. Bien sûr, les sommes de l'époque étaient dérisoires, mais à l'échelle de ce sport structuré et dirigé par le monde enseignant, ce sport de gauche, n'ayons pas peur des mots, c'était une petite révolution. Pour ma part, je n'ai jamais conçu comme une frustration ou un regret le fait de ne jamais avoir empoché la moindre prime, le moindre salaire déguisé pour jouer au handball. Bien au contraire. C'était important pour moi de ne pas être dépendant de ma pratique sportive. Vivre gratuitement de ma passion m'a construit dans mon désir de liberté.

Pour autant, je n'ai jamais envisagé mon avenir professionnel en dehors du milieu sportif. À l'époque, il n'y avait pas trente-six façons d'y parvenir. C'est comme ça que je suis devenu prof d'EPS. Avec les espoirs et les désillusions que l'on connaît. Six ans ont passé sous la dictature des matières dites nobles avant que je demande ma reconversion comme CTR (conseiller technique régional) de la Fédération française de handball pour la région Midi-Pyrénées. En ce temps-là, les ministères de l'Éducation nationale et de la Jeunesse et des Sports étaient regroupés, ce qui autorisait ce genre de passerelles. Une aubaine, car ce métier de pure passion était fait pour moi. Durant plus de quinze ans, j'ai pensé, développé, organisé la pratique du handball chez les jeunes. Et j'ai adoré mon dévouement à cette cause qui n'était rien en comparaison de l'altruisme des dirigeants bénévoles que je croisais au quotidien. Les présidents-entraîneurs-masseurs, les mamans capables de parcourir 100 kilomètres pour accompagner leur gamin et ses copains au match, tout ce tissu associatif maillé d'anonymes qui constitue la vraie richesse du sport français. Aujourd'hui encore, je suis profondément attaché à ce monde amateur qui, en définitive, m'est beaucoup plus cher que celui des pros.

Et ma vocation d'entraîneur dans tout ça ? Elle ne m'est pas apparue à trente ans, quand j'ai commencé à diriger l'équipe première de Toulouse en parallèle avec mon métier de CTR. Joueur, déjà, je m'intéressais à ce qui se passait de l'autre côté de la ligne de touche. Et, souvent, le staff sollicitait mon avis. Mais il faut, sans doute, remonter bien plus loin. Est-il possible de naître entraîneur ? Dans ma tête, j'ai l'impression de l'avoir toujours été. Je me rappelle nos jeux d'enfants dans la cour d'école. Un ballon, deux buts, une vingtaine de copains. Et quelqu'un, toujours le même, pour faire les équipes. C'était moi.

# – 8 –

## LA VICTOIRE DES AFFRANCHIS

Il fallait que j'en passe par là. Il fallait qu'on grave notre épitaphe et que le corbillard se mette en branle pour que l'équipe secoue, enfin, ce cortège funèbre qui nous escortait depuis Athènes. Puisque tout devait finir et que tout recommence, je décide de couper les derniers liens qui entravent encore mon action. Au retour des championnats du monde en Tunisie, je réclame les pleins pouvoirs auprès du président de la FFHB, André Amiel. Bien sûr, j'ai l'autorité sur le terrain. Mais je sais que, loin de Paris, à Toulouse ou à l'autre bout de l'Europe, je n'ai pas toujours le dernier mot dans les couloirs de la Fédération. Il y a trop de voix autorisées, ou considérées comme telles, qui pensent détenir la vérité et influent sur la marche de l'équipe de France. J'ai passé quatre ans à essayer de m'accommoder des avis discordants, à chercher le consensus, à faire le grand écart. Et au bout du bout, je me suis retrouvé tout seul. J'ai survécu, par miracle, et mon projet a échappé de peu aux flammes. Je veux bien tout assumer. Je veux bien prendre des coups. Mais pas avec les deux poings ligotés.

En rencontrant le président Amiel, à Marseille, j'en profite pour lui dire toute ma reconnaissance. C'est un fidèle. Et quand il n'en restait qu'un, il a été celui-là. Ce natif de la Canebière, ancien dirigeant bancaire à la retraite, est un homme de parole, un sage mâtiné d'humanisme à la Pagnol. Il n'a jamais cédé à la tentation de la facilité et du placement à court terme quand il lui aurait été si facile de me remplacer par un autre à la tête de l'équipe de France. Il croit en mon projet. Lorsque j'exige d'avoir les coudées franches pour aller au bout de mes idées, il répond banco sans hésiter.

En cette fin d'année 2005, les joueurs se retrouvent, eux aussi, face à leurs responsabilités. Les derniers des Barjots sont partis à la retraite. Désormais, l'aventure appartient à leurs successeurs. Bien sûr, il leur est arrivé de regimber devant ces anciens qui captaient toute la lumière. Mais il y avait aussi des avantages à se réfugier dans l'ombre des stars vieillissantes dès que la tempête s'annonçait. Qu'on le veuille ou non, l'équipe fonctionnait sous la coupe bienveillante de ses glorieux aînés. À partir de maintenant, il va falloir se répartir les rôles différemment, mettre en conformité les actes et les promesses. C'est un nouveau chapitre, voire un nouveau livre, qui s'ouvre devant nous.

À cette époque, tout ce qui se dit, tout ce qui s'écrit sur l'avenir de l'équipe de France s'apparente à du pain bénit pour peu que l'on voie un peu plus loin que ce pessimisme obtus. Les oracles de malheur se pressent, en effet, à notre chevet. À leurs yeux, les Bleus n'existaient qu'à travers le prisme des anciens Barjots, il est donc logique qu'orphelins de Richardson et de ses acolytes, nous n'ayons aucun avenir. Cette défiance généralisée va me servir de ciment pour bâtir la cohésion et le supplément d'âme qui nous manque encore. Dos au mur, il serait vain de vouloir seulement gérer l'héritage. Je me retrouve avec les joueurs dans une démarche d'entreprise et de conquête. Une démarche au long cours. Qu'importe les préjugés, nous allons leur montrer. Cette histoire, plus que jamais, est la nôtre.

Première étape : les championnats d'Europe, en Suisse, début 2006. Après une entame sans histoire face à la Slovaquie, 35-21, nous passons un test face à l'Espagne, la grosse équipe du moment. Et ce test est loin d'être probant. Au-delà de la défaite, 29-26, nous prenons une leçon dans tous les secteurs du jeu. Le faible écart au tableau d'affichage tient du miracle car nous n'avions que le courage à opposer aux combinaisons huilées et percutantes de nos adversaires. La compétition vient à peine de débuter et, déjà, la galère se profile. Nuit blanche. Réveil avec la bouche en carton. Ce soir, une rencontre capitale nous attend contre l'Allemagne, et je compte sur les joueurs, notamment sur le nouveau capitaine Olivier Girault, pour décréter l'état d'urgence. Au petit déjeuner, les mecs ont les traits tirés, eux aussi. Dans la foulée, ils partent faire une balade à pied comme il est de coutume, dans les sports collectifs, quand on veut resserrer les rangs. En attendant le point presse de

11 heures, je tue le temps en discutant avec une poignée de journalistes, autour d'un café, dans le hall de l'hôtel. Je suis donc aux premières loges pour voir les gars qui reviennent de leur promenade. Et à contempler ce défilé de visages maussades et d'épaules courbées, je comprends que le déclic tant attendu ne s'est pas produit. J'intercepte Girault au passage :

– Vous avez débriefé le match d'hier ? Tu as remis les choses au point pour ce soir ?

Lui, l'air embarrassé :

– Non, coach, pas vraiment. On n'a pas eu le temps...

Les joueurs ont regagné leurs pénates, les micros sont branchés dans la salle de presse et là, sur une impulsion, je décide d'envoyer valser l'ordre établi et de me livrer à un exercice que je n'affectionne pas vraiment. La thérapie de choc. Le coup de poing sur la table. La thalasso des ego. Oui, je veux favoriser le dialogue, la délégation des pouvoirs, l'épanouissement des individus. Non, je ne m'imagine pas dans la peau d'un leader tutélaire et omnipotent. Mais il y a des moments où il faut en revenir, malgré soi, à la figure du chef et au discours rédempteur du censeur. Et je sens que ce moment est venu. Je demande aux joueurs de rappliquer sans attendre dans la salle de réunion. Et là – comment dire ? – je les massacre. Je les tue. Un par un. Les fautifs et les moins fautifs. Les joueurs cadres et ceux qui ne le sont pas. Encore une fois, cette séance n'a rien de prémédité. Dix minutes plus tôt, je pensais me rendre devant les journalistes pour les défendre aussi énergiquement que je me retrouve à les flinguer, là, subitement. « Hé ! Les mecs, tout le monde nous observe, tout le monde nous attend au coin du bois et, au bout de deux matchs, on rame déjà comme des chiens ? Mais à quoi ça sert de se promettre qu'on va survivre au départ de Jackson, de Greg, pour se coucher à la première difficulté ! » Et j'enchaîne en « individuelle tout-terrain ». Je n'oublie personne, de l'ailier gauche au gardien de but. Je démonte méticuleusement toutes les carapaces. « Vous, les mecs de Montpellier, vous vous prenez pour des cadors parce que vous avez remporté la Ligue des Champions il y a trois ans ? Mais quand vous disputez un match de Coupe d'Europe à l'extérieur, vous n'en gagnez pas un ! Vous êtes des blaireaux ou quoi... », « Et toi, tu flambes quand c'est facile, champion du monde des matchs amicaux, oui, parce que face aux Espagnols, y avait plus personne ! », « Toi, tu es toujours en train de faire semblant, même à l'entraînement, tu crois que ça se voit pas, tu crois que tes belles paroles me suffisent ? » Toi, toi, toi... Je les ai tous recadrés au napalm. Je suis allé loin. Je suis allé là où il fallait. Cinq minutes plus tard, quand je débarque en salle de presse, les journalistes me sautent dessus pour savoir ce qui s'est passé. Ils ont vu les joueurs sortir de la réunion avec des têtes de zombies, le regard vide. Ils ont dû croire que je leur avais annoncé la mort d'un proche.

Je ne sais pas comment chaque joueur a reçu cette volée de critiques. Il y en a sans doute qui l'ont mal pris, d'autres qui ont entendu des vérités nécessaires. Ce que je sais, en revanche, c'est qu'ils vont transformer cette décharge d'électricité en une source d'énergie inextinguible. Car à partir de ce moment-là, ce groupe devient imbattable. Im-bat-ta-ble ! Jusqu'au terme de la compétition. Les Allemands s'inclinent devant une horde transfigurée, 27-25. Au deuxième tour, ça monte encore en puissance. Les Slovènes, les Polonais et les Ukrainiens retournent aux vestiaires avec plus de trente buts dans la trousse de secours. J'ai l'impression que mon équipe s'ouvre enfin comme une fleur qui a tant tardé à éclore. On passe dans une autre dimension. Et pour longtemps. Les timides, les velléitaires, les éclopés de naguère se transforment en un commando revanchard et implacable. En demi-finale, la Croatie implore grâce, 29-23. Ce jour-là, les champions olympiques d'Athènes qui, l'an dernier, en Tunisie, nous avaient toisés au même stade de la compétition butent sur un Thierry Omeyer en état de grâce. Notre gardien repousse 21 tirs sur 43, autant dire un sur deux, du jamais-vu face à des bombardiers du style Ivano Balic. À l'unisson de ce super-Titi, toute l'équipe hisse son engagement et, fatalement, son niveau de jeu. Jérôme Fernandez régule l'attaque en briscard, Michaël Guigou réussit un sans-faute aux jets de 7 mètres, les frangins Gille se sentent comme à la maison dans l'arène surchauffée de Zurich. Et déjà les journalistes étrangers cherchent désespérément des renseignements sur le petit nouveau, notre ailier droit, Luc Abalo, dont le talent éclabousse cet Euro. Symboliquement, c'est au capitaine Olivier Girault, entré sur le terrain pour les dernières minutes, que revient l'honneur de sceller le score de ce France-Croatie. Ce coup-ci, on y est. Pour la première fois de son histoire, l'équipe de France est sûre de ramener une médaille des championnats d'Europe. Et comme la spirale de la victoire est une mécanique aussi huilée que l'engrenage de la défaite, les joueurs en veulent encore plus.

En finale, le champion du monde, l'Espagne se dresse à nouveau face à nous. Autant dire que l'armada du meneur de jeu de Barcelone, Iker Romero, ne va pas reconnaître les gentils tripoteurs de ballon qu'elle avait renvoyés à l'école de handball la semaine précédente. On les brise, on les éparpille, on les balaye de la première à la 60$^{e}$ minute. Et ça aurait pu continuer comme ça toute la nuit. Score final, 31-23. Omeyer confirme, à cette occasion, qu'il est le meilleur gardien du monde, Karabatic explose au grand jour, 11 réalisations sur 14 tirs, et la défense réussit l'exploit de tenir quinze minutes en infériorité numérique sans encaisser le moindre but, suite à la disqualification de Guillaume Gille. Plus que l'addition des performances individuelles, c'est la force de caractère de cette équipe qui annonce des lendemains qui chantent. Je suis persuadé que ce torrent de détermination prend sa source dans la blessure mortelle d'Athènes et dans la survie de Radès. On avait tellement espéré ces moments qu'on ne croyait jamais pouvoir vivre… Désormais, l'équipe est portée par une confiance irrésistible qui n'a d'égale que les quatre années de souffrance qui ont précédé. Dans cette métamorphose, je suis bien incapable de mesurer la part exacte de la réunion de crise que j'ai provoquée au matin de France-Allemagne. Mais je crois que le savoir d'un coach, au-delà de tout bagage théorique, consiste aussi à suivre son intuition. Ce jour-là, une petite voix m'a intimé l'ordre de vaincre mes réticences et de bousculer mes joueurs. Je n'ai pas réfléchi. C'était le moment, voilà tout.

Enfin, les honneurs ! Je ne suis pas spécialement douillet mais, après les bourre-pif, j'apprécie ces quelques caresses protocolaires. Le ministre des Sports Jean-François Lamour salue « une équipe exemplaire, unie et combative ». S'il savait, au juste, d'où l'on revient… Au nom des joueurs, le capitaine Olivier Girault écrit une lettre ouverte aux téléspectateurs français pour expliquer que les Bleus partagent leur indignation suite à la non-diffusion de la finale sur le service public. Le handball a dû, en effet, s'incliner devant la programmation d'un match du Tournoi des Six Nations sur France 2. J'ai beau aimer le rugby, j'en profite pour rendre la monnaie de leur pièce à quelques stratèges de salon de la Fédération incapables de faire la promotion de notre sport. Dès qu'un micro se tend, je joins ma voix au concert de protestations : « Nous disposons d'un véritable produit de luxe qu'on ne sait pas vendre ! » Difficile d'imaginer, alors, que nous rallierons plus de sept millions de téléspectateurs lors de nos futures campagnes victorieuses.

Car ce titre de champion d'Europe inaugure une ère nouvelle. Lors de nos cinq derniers matchs face au gratin du handball continental, donc mondial, les joueurs ne se sont pas contentés de collectionner les succès. Ils ont châtié leurs adversaires. Ils se sont remplis d'assurance. Ils se sont nourris de cette sensation de force et de puissance qui les habite encore aujourd'hui. Pour ma part, je baigne pendant quelques jours dans une sorte de paix intérieure confinant à la béatitude. J'avais connu la victoire à Toulouse, en Coupe de France, où j'avais eu le sentiment de redonner de la fierté au club, aux vieux dirigeants, à une famille habituée jusque-là à baisser la tête. À mon retour de Suisse, je retrouve un peu de cet état d'apesanteur. Le fait de remporter le titre suprême dans une compétition d'où la France n'avait jamais ramené la moindre médaille me conforte dans la vision d'une aventure qui appartient à tous mais qui n'est dirigée que par nous. Si tant est que je possède quelques compétences, je viens de les légitimer. Les mecs, eux, ont prouvé qu'il y avait une vie après les Barjots. Enfin, on va pouvoir ne plus vivre seulement dans le costume des autres.

Pour autant, je ne veux pas m'enivrer de ce sentiment de revanche ni le faire vrombir comme le moteur principal de notre quête de performance. Sur la durée, ça ne mène jamais loin. Dans un groupe, l'excès de tension, même si celle-ci est dirigée vers l'extérieur, finit toujours par être destructeur. Mon projet consiste à accoucher d'une équipe de champions responsables, sûrs d'eux-mêmes et de leur destin collectif. C'est la condition sine qua non pour se maintenir au haut niveau. Car, d'une certaine façon, le plus dur commence. On ne va pas nous dérouler le tapis rouge indéfiniment. En Suisse, nous avons braqué la banque par surprise. Quelque chose me dit que nos cagoules et nos pieds-de-biche ne suffiront pas à rééditer le fric-frac lors des championnats du monde en Allemagne.

En ce mois de janvier 2007, un sacré comité d'accueil nous attend à Magdebourg, Dortmund et Cologne où, durant quinze jours, nous allons défendre notre nouveau statut de puissance montante du handball mondial. Dès le début de la compétition, je découvre que notre jeu a été passé à la moulinette des analystes vidéo. Les trois points névralgiques que sont le système défensif, l'organisation offensive et le jeu rapide, à savoir les remontées de balle, ont été épluchés dans les moindres détails. Les hommes clés, les circuits de transmission, les variations les plus infinitésimales, tout a été radiographié. J'ai parfois l'impression que nos adversaires nous connaissent mieux que nous-mêmes. Il suffit de voir l'importance qu'a prise cette préparation à la vidéo dans des sports comme le football ou le rugby pour imaginer l'efficacité d'un tel espionnage ramené aux dimensions réduites d'un terrain de handball. Si votre style de jeu est figé dans des principes et des schémas intangibles, vous êtes morts. Pour prendre l'exemple de l'équipe de France, nous possédons une quinzaine d'enclenchements d'attaque dans notre besace tactique. À écouter les joueurs, je devrais planifier la première, la deuxième, la troisième, la quatrième phase de toutes ces options. Ce type de canevas les rassure. Comme il rassure les entraîneurs de tableau noir. Moi, pas. Au-dessus des systèmes, je place l'esprit d'initiative. À la répétition, je préfère l'intention. C'est sans doute ce qui différencie le savoir des techniciens attitrés de ma vision de manager.

Lors de ces championnats du monde, nous remportons cinq de nos sept premiers matchs pour accéder in extremis au tableau final. Les défaites contre l'Islande et l'Allemagne me confirment ce que je savais déjà. À la manière dont nos rivaux nous neutralisent en attaque, je me rends compte qu'ils connaissent tout de nous, jusqu'à la marque de mes cigarillos. Par chance, notre force se situe essentiellement en défense. Et celle-ci est tellement atypique qu'elle en devient quasi indéchiffrable. Dans ce secteur, j'ai confié les clés à Didier Dinart et je sais que ceux d'en face ne sont pas près d'obtenir un double du trousseau. Son secret ? Il est capable de nous faire défendre contre tous les principes établis depuis les origines de ce jeu chez les Inuits du

Groenland ! Il est tellement fort qu'au lieu d'ériger une barricade dans l'axe central pour éviter que les tireurs adverses se retrouvent face au but grand ouvert, il demande à ses équipiers de les laisser s'engouffrer dans la brèche. Et il se charge du reste. L'équipe de France est la seule au monde à défendre comme ça. Dès les benjamins, on vous apprend à repousser les attaquants sur les ailes pour fermer au maximum l'angle de tir. Dinart, lui, invite nos adversaires à rentrer par la porte principale pour mieux la leur claquer au nez. Immanquablement, les types d'en face s'enfoncent avec gourmandise dans cette sorte d'entonnoir et Didier, avec ses bras comme des tentacules, les étouffe. L'axe central qui, pour tous les entraîneurs sachant entraîner, représente la zone d'efficacité maximale, devient chez les Bleus le cimetière des meilleurs attaquants de l'équipe adverse. Quand ils sont pris à ce piège, nos rivaux se débattent en vain, tentent des passes impossibles, et nous récupérons ainsi d'innombrables ballons de contre-attaque.

C'est comme ça que nous finissons par rendre fous les artilleurs croates, en quarts de finale, pour nous imposer 21-18. Mais de la même façon, quelques années plus tard, cette organisation inspirée par le génie de Dinart précipitera notre échec au mondial en Espagne. Didier, en bout de course, finira par être victime des pièges qu'il tendait. Les systèmes doivent rester au service du projet collectif. En demi-finale, l'histoire est moins réjouissante : nous retrouvons les Allemands qui, chez eux, dans un pays où le handball est une religion, n'envisagent pas une seule seconde de ne pas être sacrés champions du monde. Nous abordons ce match dans une ambiance plus qu'hostile, mais c'est la règle du genre en pareille circonstance. Six ans plus tôt, la France n'a-t-elle pas, elle aussi, bénéficié du vacarme populaire pour se hisser sur la plus haute marche du podium ? Ce qui est moins habituel, lors d'une rencontre aussi importante, c'est que la Fédération internationale fasse sortir de son chapeau deux jeunes arbitres suédois qui, jusque-là, n'ont jamais officié dans un tournoi final. Ces messieurs Hakansson et Nilsson vont graver leurs noms de manière indélébile dans l'histoire du handball. Pour notre plus grand malheur. Mais à la satisfaction des dignitaires de la Fédération internationale qui ont tant œuvré pour que l'Allemagne, pays d'accueil de ces championnats du monde, berceau de la petite balle, soit récompensée par le titre suprême.

Avant que les arbitres entrent en scène, déjà, nous ne combattons pas à armes égales. Les Allemands alignent un joueur supplémentaire tant il est admis que les vingt mille supporters de la bien nommée Aréna de Cologne constituent le « huitième homme » de la Mannschaft. Autant dire que nos novices du sifflet ne vont pas être insensibles à ce climat irrespirable. Durant le temps réglementaire, les deux équipes se rendent coup pour coup, au propre comme au figuré. Mes joueurs font preuve d'un cœur énorme et d'une belle lucidité. Les Allemands s'engluent régulièrement dans les mailles de notre défense. Ils ne cèdent pas à la panique mais ils laissent en route quelques certitudes. L'écart au score n'excède jamais deux buts en faveur d'un camp ou de l'autre. Une heure de handball sur le fil du rasoir. 21-21. Prolongations. Et déjà les arbitres se sont distingués en permettant à nos adversaires d'arracher ce sursis sur un dernier but plus que litigieux. Mais ce n'est qu'un début. À la mi-temps des prolongations, le mano a mano continue. 27-27.

À chaque fois que les Allemands croient pouvoir enfoncer le glaive, mon équipe détourne la lame et plante un contre sanglant. Autour de moi règne un vacarme si assourdissant qu'il me faudrait un mégaphone pour me faire entendre durant les temps morts. Qu'importe, mes joueurs ne vont pas lâcher maintenant. Encore vingt secondes à jouer. Les Allemands mènent 32-31 grâce à un penalty-cadeau accordé par les duettistes suédois. Et on les rattrape au collet, une fois de plus. Le compte à rebours a commencé, Michaël Guigou intercepte une passe dans notre camp, part en dribbles, traverse le terrain à la vitesse de l'éclair, et crucifie le goal allemand Henning Fritz pour égaliser 32-32, presque sur la sirène. Je n'ai même pas le temps de jubiler. Je pense déjà à la séance de penalties qui s'apprête à sceller le sort de la rencontre. Qui va tirer le premier ? Qui va… Oh ! Non… Pas ça ! Pas maintenant ! Dans le tumulte, je n'ai même pas entendu le coup de sifflet des arbitres. Et même si je l'avais entendu, qu'est-ce que j'y aurais compris ? Il n'y a rien à comprendre. Si ce n'est que le plus grand hold-up de l'histoire du handball se déroule à l'instant, sous les yeux d'un public médusé. Dans la confusion la plus totale, le but de Guigou est refusé. Quelle faute a-t-il commise ? Aucune, messieurs dames, *Herren und Damen*, aucune… La preuve, c'est que les arbitres donnent la balle à l'équipe de France pour la remise en jeu. Il leur a donc fallu inventer une faute des Allemands, ne pas laisser jouer l'avantage, nous priver d'un but valable, pour parvenir à un résultat conforme aux souhaits des plus hautes autorités de ce sport. Car, évidemment, quand la partie reprend, il ne reste plus qu'une poignée de secondes à jouer et les Allemands ont posé les barbelés en défense.

Ils l'ont fait. Ils ont osé. Dans les heures qui suivent le casse de Cologne, nous hurlons notre indignation devant les journalistes de l'Europe entière qui se précipitent à notre chevet. Olivier Girault, le capitaine si pondéré, ouvre les vannes avec un sourire narquois : « On a vu ce qui se fait de plus pittoresque et de ridicule en termes d'arbitrage et d'organisation d'une compétition mondiale ! Tout a été mis en œuvre pour placer une équipe dans les meilleures conditions et se foutre de la gueule des autres nations. Ces Allemands-là vont devenir les premiers champions du monde à n'être respectés par aucune équipe. Dès qu'ils vont sortir de leur pays pour aller jouer à l'extérieur, ils vont se prendre des tôles, des dix buts d'écart ! C'est à mourir de rire. Ou de honte… » Sous le coup de la déception, je ne mâche pas mes mots, moi non plus. J'accorde un long entretien à *L'Équipe* : « Tout le monde sait que les Allemands tirent les ficelles de la Fédération internationale. Ils font partie de toutes les commissions, dictent leur loi, imposent leurs vues. C'est une mafia. » Et j'aurais pu continuer à charger la barque, comme ça, encore un bon bout de temps. Honnêtement, c'était facile. Tout le petit monde du handball, excepté nos amis d'outre-Rhin, était révulsé par ce qui s'était passé. En France, les gens m'arrêtaient dans la rue pour me témoigner du réconfort. Au panthéon des injustices sportives, mon équipe rejoignait d'autres Bleus, ceux du football, la bande de Michel Platini et Patrick Battiston, battus et abattus, une nuit de l'été 1982 à Séville, par les Allemands – déjà eux ! – du terrible Harald Schumacher. Oui, le courant de sympathie autour de nous était si fort, si doux, que j'aurais pu me complaire longtemps dans le rôle plaisant du martyr.

Il m'a fallu moins d'une semaine pour me rendre compte qu'il ne servait à rien de hurler ainsi avec les loups. Et pourtant la situation est, à tout le moins, inédite : j'ai perdu et, ô miracle, pour la première fois, personne ne me rend responsable. Mais j'ai la conviction qu'il faut assumer cette défaite et ne pas se cacher plus longtemps derrière le paravent du scandale. Certes, nous avons été vaincus pour des raisons politiques plus que sportives. Mais je veux croire que si nous avions été plus forts, nous aurions pu surmonter cette machination. Et je commence à lister, en mon for intérieur, toutes nos insuffisances. « Ça, on n'a pas su le faire », « Là, on n'a pas été bons », etc. Une succession de petits riens dont l'addition, j'en suis persuadé, peut s'avérer déterminante pour notre avenir. Et plus j'y pense, plus la solution me paraît évidente. Risquée, mais évidente. Puisque, par définition, je ne maîtriserai jamais l'extra-sportif, si j'agissais sur le seul territoire qui m'appartient, celui du jeu, et sur les hommes ? Dès maintenant. À dix-huit mois des Jeux de Pékin. À dix-huit mois du rêve d'une vie. C'est une lourde décision. Un voyage sans retour. Cinq cents jours pour disséquer nos moindres insuffisances et tout remettre à plat. Ne pas se laisser bercer par notre titre européen et notre réputation grandissante. Ne pas ressasser le parcours du combattant que nous avons dû emprunter pour en arriver là. Désosser notre jeu, phase par phase, ligne par ligne, joueur par joueur. Et repartir de zéro. Je n'ai aucun mal à imaginer le travail de titan que ça représente. À commencer par l'orgie de vidéos qui attend mes adjoints si l'on veut réellement pointer toutes les caractéristiques de notre handball, en stigmatiser les forces et, surtout, les faiblesses indécelables à première vue. Cette plongée en apnée dans les eaux profondes des archives de l'équipe de France nécessite autant de souffle que de compétence. Ai-je le droit de leur demander cela ? Ai-je raison de vouloir tout casser pour mieux reconstruire ? J'appelle Sylvain Nouet, mon alter ego, et Vincent Griveau, l'analyste vidéo de l'équipe de France. « Les gars, j'ai un truc à vous proposer, il y en a pour des mois, vous allez peut-être me prendre pour un fou… » Ce jour-là, il leur a fallu trente secondes pour accepter la mission. Et l'instant d'après, je suis sûr qu'ils étaient déjà scotchés à l'écran de leur ordinateur.

Six mois ont été nécessaires pour que mes deux adjoints s'acquittent de cette tâche gigantesque et bâtissent une banque de données sans équivalent. Sur nous. Et sur les autres. Car, tant qu'ils y étaient, je ne leur ai pas seulement demandé d'éplucher le jeu des Bleus. Ils ont passé au même révélateur toutes les nations susceptibles de nous priver du titre suprême à Pékin. À savoir l'Espagne, la Croatie, le Danemark, l'Allemagne, la Russie et l'Islande. Les îles Féroé, aussi. Non, là, je plaisante. Il faut bien plaisanter un peu. Car, franchement, je n'aurais pas voulu être à la place de nos deux forçats. Sylvain et Vincent ont ressorti des placards les trois dernières grandes compétitions auxquelles la France avait participé. Tous nos matchs ont été passés au crible, ainsi que ceux de nos adversaires. Il en est ressorti 10 kilos de statistiques collectives et individuelles. Qui fait quoi, dans quelle zone du terrain et dans quelles circonstances ? Tout a été mis en équation, joueur par joueur, ligne par ligne, équipe par équipe. Pour que les conclusions soient encore plus lisibles, ils ont même confectionné des camemberts comme dans les soirées électorales. Et, finalement, on découvre des évidences qu'on ne soupçonnait même pas. Tel enclenchement d'attaque est le plus fréquemment utilisé par les joueurs, puisque 27 % de nos offensives sont impulsées de cette manière avec un taux de réussite finale de 42 %. Cette autre combinaison, en revanche, qu'on ne pratique qu'une fois sur vingt, débouche dans 86 % des cas sur un but. Et ainsi de suite. Preuve à l'appui. Montage vidéo en exergue. Pourquoi exiger de mes adjoints un travail si précis, si fastidieux, un brin scolaire ? Parce que je connais mes joueurs. Je connais les joueurs en général. Par nature, ils pensent qu'ils savent tout faire. Et à la perfection. Si je veux qu'ils adhèrent au grand ménage de ce printemps 2007, il faut que je puisse leur apporter les éléments irréfutables justifiant la remise en question. « Ça, tu sais le faire ? Bah ! Non, tu le fais mal, regarde… » À ce niveau-là, croyez-moi, il faut envoyer du lourd pour déconstruire les croyances.

Bref, au bout de six mois, on a une vision exhaustive de notre jeu et de celui de nos adversaires, façon puzzle. Il y a des dizaines d'enseignements à tirer de ce travail, mais celui que je vais mettre en avant, lors de la présentation faite aux joueurs, concerne notre faiblesse dans le jeu rapide. Sous ce vocable, on désigne la vitesse et la précision avec lesquelles une équipe est capable de remonter la balle vers le but adverse. Son agilité à se projeter vers l'avant quand elle passe d'une phase défensive à une phase offensive. Or, dans ce secteur, l'analyse de Sylvain et Vincent démontre que nous pâtissons d'une certaine lourdeur, d'un manque de rapidité. Il n'y a pas de miracle : tout est dans tout. Ce défaut de vivacité n'est que la contrepartie de notre excellence défensive. Dinart, par exemple, qui est un roc et le totem de notre système, ne se déplace pas sur le terrain comme une ballerine. Et il ne s'agit pas de le lui reprocher. Il est le joueur de référence, celui sans qui rien ne serait peut-être arrivé. On ne va pas le mettre sur la touche pour pallier notre faiblesse. Mais on peut inventer des complémentarités nouvelles, adouber des joueurs plus spécifiquement portés sur la contre-attaque. On peut surtout bosser sans relâche pendant un an. C'est ce que je dis aux joueurs au moment de sceller ce pacte qui nous engage de manière irréversible : « C'est un pari, les gars. Soit on ne touche à rien parce qu'on n'est pas si mauvais que ça, parce que, avec un peu de chance, ça peut suffire. Soit vous acceptez d'ouvrir le chantier et ça va sûrement foutre le bordel. Mais si on progresse dans les secteurs identifiés par Sylvain et Vincent, on sera meilleurs à Pékin. Et si à Pékin, on est meilleurs qu'aujourd'hui, je vous garantis que la médaille d'or ne sera pas loin… » Voilà comment j'ai balayé les réticences individuelles au nom de l'excellence collective. Voilà comment la cordée des Bleus a gravi l'ultime versant de son ascension, celui qui sépare les grandes équipes de la meilleure équipe du monde. Car cette révolution que rien ni personne n'imposait inaugure un cycle de domination absolue, à tout le moins l'ère des triomphes à répétition.

## – 9 –

## L'ESPRIT CLUB

À part moi, qui connaît l'importance de Jean Weber dans cette obsession de la remise en question qui me gouverne et qui, par mon intermédiaire, est devenue le fil conducteur de l'aventure des Experts ? Personne, et c'est bien là le cadet des soucis de ce jeune homme de soixante-dix ans. Jean Weber est plus qu'un ami, c'est mon guide. Et, croyez-moi, je n'ai pas une nature à faire allégeance au premier mentor venu. Mais avec Jean, c'est différent. Il incarne Toulouse, le club, la famille. C'est l'aîné qui m'a inspiré, formé, forgé dans le creuset de son exigence inflexible et tellement humaine. Quand j'étais jeune joueur, il était déjà mon entraîneur. Sentant ma vocation poindre, il m'invitait à joindre ma voix, souvent discordante, aux réflexions du staff. Tout naturellement, quand j'ai plié le maillot, à trente ans, il a accompagné mes premières années sur le banc avec

Alain Raynal. Il m'a dégrossi, il m'a construit alors que je bouillonnais d'idées mais que celles-ci partaient dans tous les sens. Jean est le mentor qu'il me fallait, à moi le rebelle, le réfractaire à l'ordre établi. Un homme structuré, dur, ouvert, intelligent. Oui, tout cela dans le même être, c'est possible. Jean Weber m'a appris une chose essentielle dans ce métier, peut-être même la seule chose essentielle : l'art de voir plus loin. Plus loin que les apparences, plus loin que le bout de son autorité. Quel que soit le déroulement du match, victoire ou défaite, la seule réflexion qui lui venait aux lèvres était la suivante : « Qu'est-ce qu'on aurait pu faire et que l'on n'a pas fait ? » Aujourd'hui encore, je ne connais pas de meilleure façon d'assumer ses responsabilités. Jamais d'autosatisfaction, aucune excuse facile. Après la défaite en Allemagne, quand on venait de se faire voler comme au coin d'un bois, et malgré notre cote d'amour au zénith, c'est à Jean que j'ai pensé. O.K., les arbitres… Bien sûr, les manigances des instances internationales… Mais qu'est-ce que j'aurais pu faire et que je n'ai pas fait ? Comment éviter que mon équipe se retrouve à la merci des turbulences extérieures ? Et c'est ainsi que j'ai eu envie de redessiner les plans de la maison bleue de la cave au grenier. Jamais, dans toute la carrière de Jean, autant dire de toute sa vie, je ne l'ai entendu pester contre les joueurs, ni employer la phrase bouclier de tant d'entraîneurs : « Putain ! Ces cons-là, ils n'ont pas fait ce qu'on avait dit ! » Le classique d'après-vestiaires dans toute sa splendeur. Le faux-fuyant tel que Jean les a toujours exécrés. Avec lui, ce type d'esquive était impossible. Et c'est toujours le cas aujourd'hui quand je lui fais part des aléas de ma vie de manager. Un type ne respecte pas les consignes ? Et si c'était ma faute ? Peut-être ne sont-elles pas suffisamment claires ? Sans doute n'ai-je pas su faire passer le message ? Et même quand le fautif recherche délibérément l'affrontement avec le staff, est-ce que je peux me dédouaner de mes responsabilités ? Si un joueur pro agit ainsi, c'est que mes demandes ne lui correspondent pas. Et, d'une certaine façon, c'est aussi mon problème.

Voilà le message de Jean. Voilà le noyau dur de ma pensée managériale. Ne t'occupe pas des autres, cherche la solution en toi-même. Va au-delà des faits de jeu, du gardien qui a des mains en mousse, de l'arbitre qui a des yeux de taupe, et demande-toi comment tu aurais pu immuniser ton équipe contre ses inévitables péripéties. Au début, il m'est arrivé de vouloir échapper à cette riche mais douloureuse introspection. Je râlais en mon for intérieur. J'en avais marre de me flageller intellectuellement. Mais à chaque fois que j'essayais de prendre une voie de contournement, le maître me rattrapait par le cerveau. « Viens là, Claude, on va réfléchir… » Ah çà ! Pour réfléchir, j'ai réfléchi. Et aujourd'hui, je sais que je ne lui serai jamais assez reconnaissant de m'avoir transmis cette intransigeance dans un monde où tout le monde essaye de mettre la poussière sous le tapis du voisin.

Au-delà de l'influence primordiale de Jean Weber, les liens affectifs qui me rattachent à mon club font partie intégrante de mon parcours et de ma longévité à la tête de l'équipe de France. Dans un métier comme le mien où tout est disproportionné, l'honneur comme l'infamie, dans ce microcosme du sport professionnel où tant de gens ne me côtoient, et accessoirement ne m'apprécient, que de manière spécifique, c'est essentiel d'arrimer mes pieds sur terre et de garder le cœur au chaud. Mes copains d'aujourd'hui sont ceux d'hier et même d'avant-hier. Je n'ai connu qu'un seul club dans ma carrière et je suis avec la femme de ma vie depuis plus de trente ans. Elle est mon équilibre. D'un regard ou d'un mot, elle repositionne les priorités. Elle protège les siens des autres mais aussi d'eux-mêmes. Pendant la tempête, elle a beaucoup écopé et, aujourd'hui, quand tous les autres approuvent, elle peut me dire que je fais fausse route en m'éloignant de l'essentiel. Mes racines sont là, à Toulouse, plus vivaces que jamais. Au sein de cette cellule, je me rassure et je me régénère. Aucune médaille ne vaut le sacrifice de ces valeurs sacrées. Il n'y a pas de métal plus précieux que la fidélité aux siens et les amitiés d'une vie. Avec Jean, Fifi, Pierre, Alain, Bernard, Jean-Louis, Marcelo, Fanfan – les filles, mon côté rital fait que j'ai cité vos mecs, mais vous faites pleinement partie de cette cellule de cœur –, je sais qu'au retour d'une énième campagne internationale, peu importe que la presse me fête en héros ou qu'elle me jette aux lions, l'accueil sera le même. Il y aura toujours une bouteille de rosé au frais. Et peut-être même deux. La vraie vie, quoi.

De l'affectif, il y en a aussi en équipe de France. Notre collectivité n'a rien d'une bulle aseptisée, ni d'un corps d'élite obnubilé par la seule performance. Au départ, il y a les joueurs. Ils sont au centre de toutes les attentions. À la limite, le grand public les connaît presque aussi bien que moi. Omeyer ? Un compétiteur hors pair capable de se hisser dans les moments clés à un niveau supérieur de son talent. Fernandez ? Merveilleux soldat, il s'offre à l'équipe et peut lui apporter une performance offensive exceptionnelle. Karabatic ? Seul au monde sur le plan athlétique et mental, il l'est aussi souvent sur le terrain. Bertrand Gille ? L'exigence personnifiée. Il veut briller dans tous les secteurs du jeu et d'un regard il oblige chacun à s'investir totalement. Son frère Guillaume ? Pas un joueur de génie mais le coordinateur indispensable pour créer du lien. Narcisse ? Sûrement le plus doué de tous mais branché sur courant alternatif, ce qui fait de lui l'homme des moments clés, ou pas. Girault ? Construit par le travail, capable de s'offrir en pâture pour le bien de l'équipe. Dinart ? Le patron défensif qui rayonne sur la compétition mais pas toujours sur l'entraînement. Guigou ? Même si je peux dire que nous ne sommes pas très proches et que son fonctionnement a pu m'agacer, j'ai un immense respect pour son génie. Abalo ? L'homme de l'art, l'inventeur. Il peut réaliser ce que les autres ne réaliseront jamais, ce qui lui fait parfois rater le plus simple. Je ne les citerai pas tous, mais ils sont à jamais réunis pour avoir construit cette aventure formidable. Aujourd'hui, tout ou presque a été dit sur ces Experts devenus, au fil des ans, les héros récurrents du plus gros feuilleton à succès du sport français. Sauf ceci, peut-être : pour moi, il y a plus important qu'eux. Il y a les hommes de l'ombre, ceux dont on ne parle jamais, mais sans qui l'aventure n'existerait pas.

Autant les joueurs sont des acteurs presque interchangeables, autant la solidité de mon staff est, de mon point de vue, irremplaçable dans la perspective d'une performance durable. C'est le point d'ancrage de notre réussite autour duquel les joueurs ne font que s'agréger. Je me suis souvent demandé si je devais privilégier la compétence à tout prix ou opter pour le statu quo et cet équilibre humain si subtil qui nous rassemble et nous donne de la force. Les membres de mon staff ne sont pas vraiment des jeunes diplômés de l'Université du sport business, ni des parangons de modernité et de gagne assistée par ordinateur. Certains voguent allègrement vers les soixante ans, à commencer par moi. Et il y a sûrement plus brillant et plus pointu qu'eux dans leurs domaines de prédilection. Et pourtant, à chaque fois que la tentation m'a effleuré de substituer un peu de savoir théorique et de froide efficacité à cette tribu hétéroclite, j'ai décidé de rester fidèle aux hommes et à notre histoire. À mes valeurs, aussi.

Je ne m'étendrai pas sur ma longue collaboration avec Sylvain Nouet. Sa finesse d'analyse et sa capacité à corriger pour obtenir la précision sont des biens précieux dont profite l'équipe de France à l'entraînement et lors des séances vidéo. Pour voguer en solitaire, il lui manque la capacité à diriger les autres, à tenir la barre par gros grain. Sylvain a donc accepté le rôle d'adjoint même si parfois le manque de valorisation est, pour lui, synonyme de blessure. Il sait pourtant que nous sommes dans une phase de transmission et que notre lumière sera de plus en plus tamisée. À côté de ça, il y a tant d'autres artisans méconnus de notre belle vie en bleu dont je voudrais tresser l'éloge. À commencer par notre intendant, Michel Barbot, un vieux de la vieille, ex-adjoint de Costantini, personnage merveilleux qui a voué son existence au bon fonctionnement de l'équipe et au contentement des moindres besoins des joueurs.

À n'importe quelle heure du jour ou de la nuit, il s'empressera de satisfaire, avec le sourire, les requêtes les plus agaçantes des uns et des autres, qu'il s'agisse de changer un billet d'avion pour la cinquième fois ou de dégoter une paire de chaussures de sport taille 49 fillette. Le paradoxe de cette vie de dingue que nous pouvons lui faire mener, c'est que Michel n'est pas de la première jeunesse, que sa vue baisse, que sa santé, parfois, vacille. L'entourage m'a souvent interrogé sur son efficacité et sur le moment de son remplacement par un logisticien plus jeune, plus dynamique, plus branché... Plus quoi, au fond ? Les joueurs adorent Michel, et si demain je me privais de ses services, cette décision, apparemment anodine, foutrait un bordel monstre. Je créerais un malaise général, tout le monde trouverait ça dégueulasse. Et sur l'autel de la sacro-sainte compétence, j'aurais ébranlé la principale fondation de l'aventure : ce ciment indicible qui nous unit.

Il y a Vincent Griveau, aussi, notre analyste vidéo, celui à qui j'ai confié la tâche éreintante de décortiquer notre jeu et celui de nos principaux adversaires en vue des Jeux de Pékin. C'est peut-être le seul contre-exemple de l'empirisme bonhomme qui nous gouverne. Vincent, que les joueurs surnomment « Luc Besson », est un technicien de handball, CTS (conseiller technique sportif) en Midi-Pyrénées et responsable du pôle espoirs de Toulouse. Un hyperspécialiste de son secteur au point d'avoir développé un logiciel d'analyse de match nommé Dartfish spécialement dédié au handball. À l'heure où nos adversaires commençaient seulement à maîtriser ce secteur de la préparation tactique, mon « troisième œil » jouait déjà avec ses images comme avec les pièces d'un jeu d'échecs, leur donnant un maximum d'impact et de sens avec la haute définition et des accompagnements musicaux – de U2 à la bande-son de *Pirate des Caraïbes* – destinés à maintenir en éveil le cortex cérébral des intéressés. Grâce à cette banque de données exceptionnelle constituée par Vincent, j'évite de plus en plus de dispenser des cours magistraux à l'équipe réunie au grand complet, dont une bonne moitié de mecs qui dorment... J'ai fait en sorte que les joueurs s'approprient l'outil. On les a dotés d'un disque dur externe pour qu'ils ne soient plus passifs mais qu'ils puissent piocher, selon leurs besoins, des montages spécifiques dans notre bibliothèque vidéo. Libre à chacun, ensuite, de se passer et de se repasser sur son ordinateur l'analyse du jeu de son vis-à-vis du lendemain. Moi aussi, je m'enrichis de manière très personnelle de ce magot documentaire. Ce ne sont pas les matchs en entier de nos adversaires qui m'intéressent. Je ne cherche pas à décrypter toutes leurs tactiques, ni à pointer leurs forces et leurs faiblesses de manière exhaustive. Je me focalise sur les moments clés, les points de bascule. On ne va pas s'infliger un match d'une heure à la vidéo pour en conclure : « Ah ! ouais, qu'est-ce qu'ils sont forts ! » En revanche, même quand une équipe gagne avec dix buts d'écart, il y a un moment où elle a piétiné, où un joueur phare a perdu ses repères. Et c'est là que je me concentre. « Tiens, pour quelle raison, pendant cinq minutes, ils ont été dans la merde ? » Bref, Vincent est, de nous tous, celui qui dort le moins en compétition. Et cela ne s'est pas arrangé depuis l'intégration du très pointilleux Didier Dinart dans le staff... On finira peut-être par les pacser.

Donc, Michel Barbot, Vincent Griveau, indispensables. Pierre Sébastien, Jean-Christophe Mabire et Patrick Kersten, notre staff médical ? Sans égal. Ces trois-là auraient été capables de remettre sur pied l'armée napoléonienne au retour de Moscou. Commençons par le Doc. Là encore, ce n'est pas le profil habituel, genre médecin du sport diplômé de la faculté du quadriceps. Ex-rugbyman, Pierre Sébastien n'a jamais joué au hand. Je l'ai connu à Toulouse par l'intermédiaire d'un autre compagnon de route et ami fidèle, René Vernet, et je l'ai invité à nous rejoindre en 2005, quand son prédécesseur en équipe de France a passé la main. En fait, je l'ai fait venir une fois, et les joueurs n'ont plus jamais voulu qu'il reparte. Pierre est un médecin généraliste à l'ancienne, le roi du diagnostic, un type droit, consciencieux, bon vivant. Le compagnon de route idéal au sein des Bleus ou en dehors. D'ailleurs, j'en ai fait mon ami et mon médecin traitant. Ce pur passionné, du sport, de son métier, d'autrui, peut se targuer de la confiance aveugle des joueurs. Quand ils sont dans leurs clubs, les mecs l'appellent d'Espagne, d'Allemagne, pour avoir son avis sur les 38 de fièvre du petit dernier. Ils lui racontent, parfois, des choses qu'ils ne me diraient pas. Et il peut même arriver au Doc de m'en faire état. Mais ce n'est pas mon informateur. Pierre sait faire le tri entre la blessure physique, voire psychologique, qui risque d'influer sur la bonne marche de l'équipe et le pépin qui n'appartient qu'à l'intimité du joueur. Souvent, dans le sport de haut niveau, la relation du manager avec son staff médical est faussée. La tentation est grande, chez des spécialistes prêts à tout pour préserver leur statut, de calquer leurs ordonnances sur les exigences de l'entraîneur en chef. Avec Pierre, il n'y a aucun souci de ce genre. Il est capable de protéger les gars mais aussi de leur faire violence si l'idée saugrenue leur venait de jouer aux malades imaginaires. Et quand il me dit : « Celui-là, il ne peut pas jouer », j'obtempère sans négociation. À cet instant, c'est lui le patron.

Autre membre du staff médical, Jean-Christophe Mabire est un ancien de l'ère Costantini. Il connaît parfaitement la maison bleue. Le handball coule dans ses veines. Tour à tour joueur, entraîneur, dirigeant puis kiné, il fait preuve de beaucoup de compétence et d'une grande proximité avec les joueurs, ce qui n'exclut pas une fidélité totale à sa mission dans le staff. Au-delà de son rôle de kiné, c'est un stabilisateur et un régulateur dans la vie du groupe. Il perçoit les degrés de danger, et ses alertes sont toujours fondées. Autre corde à son arc, son implication dans la logistique de l'équipe. En cas de besoin, Jean-Christophe est le premier à soulager Michel Barbot.

Patrick Kersten éprouve peut-être quelques difficultés pour se déplacer, mais autour de sa table de massage c'est un surhomme. Compagnon très discret, peu bavard, il ne revendique rien pour lui-même. Il est en revanche d'une exigence totale concernant l'équipe et vit dans l'angoisse que l'une de ses erreurs puisse interférer sur sa performance. Nos victoires nourrissent son besoin d'évaluation. Lors des grands soirs, au moment des plus belles émotions, il nous est arrivé de le voir sourire. Oh ! De manière discrète, un sentiment échappé, mais on savait qu'il était pleinement heureux. Personne ne doute de la compétence de Patrick. Le reste, on s'en accommode. Et chacun, s'il le faut, lui porte assistance. Je crois que c'est aussi grâce à ce genre de détails de notre vie quotidienne que notre équipe est forte. Je n'ai pas besoin d'exalter en permanence les valeurs d'altruisme et d'entraide mutuelle. La solidarité est réelle sur le terrain parce qu'elle existe naturellement en dehors.

Qui d'autre ? Alain Quintallet, notre préparateur physique, soixante-cinq ans, une musculature de dieu du stade. Encore un autre registre. Lui, c'est le bagarreur, le type qui n'hésite pas à rentrer dans le chou des joueurs. Il en impose à tout le monde. Moi compris. Il est terriblement investi, les gars lui vouent une confiance totale, et il peut leur imposer des charges de travail titanesques. Notre Hercule multiplie les séances individualisées. Et il lui arrive même de proposer ses services aux journalistes ou aux femmes des joueurs... Cela lui confère une grande notoriété et pourrait le rendre un brin manipulateur. Mais avec ses gros souliers, je le vois arriver à des kilomètres. Il est somme toute assez logique que le plus commerçant d'entre nous soit celui qui affirme le plus vertement que son cœur est à droite. Là-dessus, on le pilonne allègrement. Même si, en ce moment, j'avoue qu'on est plutôt discrets.

Je dois aussi citer ceux qui, à mes côtés, assurent une forme d'autorité, avec beaucoup de souplesse. Philippe Bana, le directeur technique national, qui chapeaute et fournit les moyens de notre fonctionnement. Un vieux compagnon de route rencontré sur les bancs de l'équipe de France juniors. Philippe nous accompagne sur les compétitions et assure le lien avec les instances. Homme de réseau et d'influence, il est un allié solide. Connu sur les mêmes bancs de sélection, notre chef de délégation, Jacky Bettenfeld, est, avant tout, un avocat de renom. Vice-président de la Fédération, grand défenseur de l'équipe de France, c'est un sage au cœur du volcan. Il est notre interprète auprès du monde fédéral. Accessoirement, il sait se montrer un solide compagnon de Michel Barbot pour aller faire les courses…

Et la fonction sensible d'attaché de presse ? Entretenir les liens avec les médias… Attaché, liens : des mots qui détonnent avec mon besoin de liberté. Ce fut d'abord notre ami Philippe Soubrane qui s'y est collé. « Soubi » nous a accompagnés jusqu'à Pékin et il a vraiment fait partie des fidèles quand le navire tanguait. Sa bonne humeur flotte encore parmi nous. Il a été remplacé par Nadège Coulet, bien plus jolie que lui, ce qui je dois l'avouer m'a inquiété au début. Fallait-il laisser monter une femme dans le bus ? Oui, et c'est l'une des plus grandes réussites dans l'évolution de notre staff. En grande professionnelle, Nadège a organisé notre relation aux médias alors que nous étions de plus en plus sollicités. Elle a su faire barrage, limiter les exigences des journalistes, et souvent obtenir de moi des accords difficiles. Avec diplomatie, elle est parvenue à une relation apaisée. Mais dans les moments de tension extrême, elle a toujours su qu'elle était d'abord au service de l'équipe de France.

Pour terminer, une petite mention spéciale à la dernière arrivante, même si elle ne vit avec nous que de manière très occasionnelle. Il s'agit de notre secrétaire, Emmanuelle Mousset. En amont, c'est elle qui prépare toute notre logistique en fonction des différents scenarii de compétition. Une perle rare qui me fait gagner un temps précieux. Quand je lui pose une question, Manu l'a déjà anticipée et la réponse est sur la table. Aussi discrète qu'efficace. Aussi indispensable que tous les autres.

Voilà donc le pittoresque équipage que nous formons et qui roule carrosse depuis si longtemps. Une banale addition de qualités et de défauts à l'image de n'importe quelle société humaine. L'équipe de France est loin d'être une franc-maçonnerie uniquement composée de premiers de la classe. Parfois, c'est un peu le bordel, ça gueule, ça tangue. Mais ça vit. Ça rit. Et ça me correspond bien. À vouloir tout aseptiser, on finit par rendre les situations inconfortables. Je ne m'imagine pas une seule seconde comme l'épicentre d'une galaxie d'étoiles brillantissimes. Les gens brillantissimes, ça ne met pas les mains dans le cambouis. Ça ne fait pas don de sa personne dans l'intérêt supérieur de la collectivité. Tant pis, ou plutôt tant mieux, si cette philosophie jure avec la pensée unique du sport d'élite. Tout manager qui se respecte devrait, paraît-il, prendre les meilleurs à chaque poste, sur le terrain comme dans la coulisse ? Eh bien, avec moi, il n'y a pas de casting… Je prends Michel, Vincent, Sylvain, Pierre, Alain, Patrick, Jean-Christophe, et, tous ensemble, nous irons au bout du monde. Ou à Cuges-les-Pins, pour faire un barbecue. Pour moi, les meilleurs à chaque poste, ce sont eux. Parce que ce sont eux qui font de l'équipe de France ce qu'elle est : une tribu fusionnelle, éruptive, qui se chambre en permanence, et où une bonne dose d'autodérision se doit d'apparaître en première ligne sur le CV.

Ainsi, avec nos tronches de grognards, nos malles remplies de victuailles et de boissons apéritives, nous ressemblerions d'assez loin à l'idée que les ayatollahs de la science sportive se font d'un laboratoire de la performance. Quelle chance ! J'ai toujours voulu importer chez les Bleus un peu de cet esprit club qui réchauffe ma vie depuis mes plus tendres années. Lorsque nous arrivons dans un hôtel, la plus grande chambre n'est jamais pour un joueur, ni pour moi. Elle est pour notre bon Michel, l'intendant de l'équipe. Et c'est là que nous déballons notre cantine : machine à expresso, pastis, whisky, vin, saucisson, foie gras. Bon, il paraît que ça sent un peu la bouffe à l'étage et que, parfois, les autres délégations se pincent le nez en passant dans les couloirs. Mais c'est notre façon de vivre en compétition. Et on n'est pas près d'en changer. Quelle que soit la tournure des événements, on sacrifie rarement l'occasion de prendre l'apéro. La chambre de Michel est notre havre de décompression. Ça rentre, ça sort, ça discute, ça déconne. Les joueurs les plus anciens, les Fernandez, les Narcisse, y ont leurs habitudes. Dans les grands championnats, tout le monde est tout le temps à fond. Pourquoi se priver de boire un coup ? C'est une façon de dire : « Il n'y a pas que le handball dans la vie. » Non seulement nos performances ne s'en ressentent pas, mais ça apaise les joueurs. Sous le camouflage « cour des Miracles » se cache une véritable machine de guerre…

Nous avons bien d'autres habitudes qui n'appartiennent qu'à nous. Et la plupart visent à faire ressembler notre expérience en bleu à une annexe de la vraie vie plutôt qu'à un rassemblement de surhommes egocentrés. C'est ainsi qu'à la veille de chacun des jeux Olympiques j'organise un stage de l'équipe de France avec femmes et enfants. On se rassemble pour une petite semaine du côté de Strasbourg, où nous disputons rituellement notre dernier tournoi de préparation, début juillet. Entre les matchs, les gars vont se distraire en famille juste de l'autre côté de la frontière, à l'Europa Park, une sorte de Disneyland allemand. Tout le monde apprend à se connaître. Et surtout les femmes des joueurs vivent au plus près notre aventure. J'ai toujours pensé qu'il était capital qu'elles comprennent ce qui guidait notre quête toujours recommencée. Certes, mesdames, on va partir loin, mais j'ai besoin de vous. On a tous besoin de vous. À distance, vous êtes celles qui vont réguler le bien-être de vos compagnons et le succès de notre entreprise. La sérénité que mes joueurs ressentiront au téléphone au lieu de s'inquiéter de la gestion d'un quotidien pas toujours évident pour leurs épouses ou la poussée de fièvre d'un des enfants n'a pas de prix. Ça peut paraître simplet, vu comme ça, mais qu'est-ce que je n'ai pas entendu lors de ces premiers rassemblements familiaux… « Comment ! Un stage avec femmes et enfants ! Mais tu es fou… Et si elles se crêpent le chignon entre elles ? Et si un gamin met un bourre-pif à un autre môme ? Comment vas-tu gérer tout ça ? » Sans parler des scientifiques de la chose qui s'arrachaient les cheveux en pensant qu'à moins d'un mois des jeux Olympiques nous étions capables de sacrifier quatre ou cinq séances d'entraînement pour aller faire les zozos sur des toboggans en mousse. Eh bien, oui, nous l'avons fait. Et en pensant à tout le travail accompli pour en arriver là, j'ai presque envie de m'offrir une barbe à papa.

# – 10 –

## Une intuition en or

Aujourd'hui encore, je garde un souvenir exaltant de toute l'année qui a précédé notre victoire aux jeux Olympiques de 2008. Sur la route de Pékin, les joueurs ont donc accepté de se remettre en cause et de modifier les fondements de notre style de jeu. C'est la Longue Marche version handball. Durant ces douze mois, il y a trois rassemblements qui doivent me permettre d'étalonner l'avancée du chantier : les deux semaines de tournois internationaux à la Toussaint 2007 et à Pâques 2008 et, entre les deux, les championnats d'Europe en Norvège. Sans oublier le stage de préparation spécifique, à deux mois des Jeux, où le compte à rebours sera déjà enclenché. Il pourrait y avoir de la nervosité face à cette révolution sportive et humaine. Or, toute cette période se déroule dans une ambiance de travail intense et de réflexion partagée. L'équipe de France est transformée en une sorte de laboratoire permanent. Chacun bosse ses points faibles, chacun donne son opinion. Et tout le monde écoute tout le monde, avec une seule grande et belle idée en tête : la médaille d'or olympique. Au-delà de ses bienfaits techniques et tactiques, ce travail a une conséquence primordiale pour le manager que je suis. Cette fois, les joueurs s'approprient définitivement le projet. Cette aventure les valorise. Ils ne sont plus considérés seulement comme des acteurs mais comme des inspirateurs. Ce sentiment va décupler leur degré d'engagement, de mobilisation, et transformer, pour le meilleur, nos relations.

Bien sûr, j'ai pris garde d'annoncer la couleur dans les couloirs de la Fédération et dans les médias. J'ai expliqué le chantier auquel nous avions décidé de nous atteler et l'objectif qui était le nôtre. J'ai accroché la pancarte « En travaux » sur la devanture de l'équipe de France, et tout notre entourage l'a parfaitement admis. Puisque tel est le prix à payer pour décrocher l'or à Pékin, les journalistes nous accordent, par avance, les circonstances atténuantes pour les championnats d'Europe, six mois plus tôt. Cette année préolympique se déroule donc sous des auspices bénis, dans un contexte dédramatisé qui sert notre ambition et nous dédouane, provisoirement, de toute obligation de résultat.

Bon, même en rodage, même motivée à 80 %, l'équipe de France, ce n'est pas non plus les Petits Chanteurs à la croix de bois. Lors de ces championnats d'Europe, début 2008, en Norvège, nous livrons quelques prestations prometteuses. Si notre jeu n'est pas encore totalement en place, plusieurs séquences de match démontrent que nous sommes sur le droit chemin. Finalement, la Croatie nous barre l'accès à la finale d'un rien, 24-23. Il s'ensuit un match pour la troisième place où, à titre exceptionnel, les joueurs vont chercher au fond d'eux-mêmes une raison supérieure d'écrabouiller l'adversaire. Inutile, à ce moment-là, de leur demander de travailler pour l'avenir ou d'en garder sous le pied. À l'idée d'affronter l'Allemagne, les mecs sont toujours remontés à bloc. Surtout après le scandale de Cologne, l'année précédente. Le capitaine Olivier Girault n'a-t-il pas déclaré à la Terre entière que ces Allemands-là n'étaient que des champions du monde en carton ? Qu'ils allaient se prendre des raclées par huit, dix buts d'écart dès qu'ils se frotteraient à des équipes un peu costaudes ? Eh bien, c'est exactement ce qui se passe. Les joueurs de la Mannschaft ont beau vouloir faire rendre gorge à ces Français qui les ont traités publiquement d'imposteurs, on les malaxe de la première à la 60e minute. Score final : 36-26. Girault avait vu juste. Et c'est doublement réjouissant. En handball, une victoire sur les Allemands a toujours une saveur particulière, c'est un peu notre France-Angleterre de rugby. Mais au-delà de la revanche sur les mauvaises manières de l'année précédente, ce succès valide notre volonté de changement. Nous repartons avec une médaille de bronze d'une compétition où on n'avait guère d'autres ambitions que de procéder à des réglages. C'est de bon augure, de très bon augure.

Désormais, je dois me livrer à l'exercice délicat du métier de sélectionneur. Il est temps de choisir les joueurs que j'emmènerai à Pékin. Pour l'essentiel, il n'y a pas de grande surprise à attendre de cette liste. Je ne vais rien inventer. Ces deux dernières années, l'ossature de mon équipe a prouvé sa solidité. Omeyer, Karabatic, Fernandez, Dinart, Abalo, Guigou, les frangins Gille et Narcisse feraient le bonheur de n'importe quel coach étranger. Non, je ne vais rien inventer. Mais je vais quand même surprendre mon monde en glissant le nom de Cédric Burdet parmi ceux des quatorze élus. À trente-trois ans, le Montpelliérain n'a rien d'une révélation spontanée ni d'un perdreau de l'année. Ce n'est pas un joueur qui éclabousse les foules de son talent. Plutôt, un mec de devoir, régulier, cohérent, mais pas génial. Un remplaçant qui vivait déjà dans l'ombre des Bleus à l'époque des Barjots. Pour ne rien arranger, Burdet pâtit d'une réputation de « chat noir » auprès des autres joueurs. C'est comme ça. En 2001, quand l'équipe de France est devenue championne du monde, et en 2006, lors de notre titre européen, il était sur le flanc. De là à penser que la victoire nous sourit quand Burdet n'est pas là, et qu'à l'inverse sa présence nous porte la guigne, il n'y a qu'un pas, que certains de ses équipiers franchissent allègrement. La réalité du sport de haut niveau est cruelle et, pour se rassurer, les joueurs adoptent souvent ce type de vision manichéenne des événements. À tort. Mais comme il ne s'agit pas de refaire le monde, juste de composer une équipe de handball, l'étiquette de maudit ne plaide pas spécialement en faveur de la sélection du Montpelliérain.

Un autre élément pourrait me pousser à me dispenser des services de Cédric Burdet. Lors des récents championnats d'Europe en Norvège, le malheureux a passé les deux tiers de la compétition cloué au lit par un lumbago. À force de volonté et grâce au travail acharné du staff médical, il a réussi à se remettre sur pied à l'amorce des phases finales. Mais comme ce n'est pas un athlète très explosif, plutôt un diesel qui a besoin de temps pour atteindre sa vitesse de croisière, j'ai préféré que mon équipe finisse les championnats d'Europe comme elle les avait commencés. Sans lui. Et là, ce joueur discret, ce garçon plutôt lisse, a pété un câble. Je le revois débouler, le soir, dans ma chambre d'hôtel pour me balancer tout ce qu'il trimballe dans son sac à malheurs : « Je ne comprends pas… Je fais des efforts et on ne me respecte pas… » Et Burdet de tourner les talons en claquant ma porte, chose que peu de joueurs se sont autorisée avec moi en treize ans de compagnonnage. Les jours qui suivent, quelques articles de presse vont faire état de sa crise d'urticaire. Le joueur persiste et signe sur le thème : « On m'a pris pour un con… » Autant dire que ce soudain déballage n'aide guère à sa popularité au sein de l'équipe.

Pour moi aussi, Burdet a trahi. À tout le moins, il s'est mis hors-jeu. Et pourtant, en dépit de tous les handicaps plus ou moins objectifs que sa candidature présente, je décide de l'associer à notre aventure olympique. Je le retiens car j'ai l'intime conviction que ce pur gaucher peut jouer un rôle majeur à un moment précis de la compétition. La Croatie est, en effet, l'un des adversaires qui nous réussissent le moins sur la scène internationale, et nous allons fatalement croiser le chemin de Balic et consorts sur la route du titre. L'un des problèmes essentiels que nous pose cette équipe tient en sa « défense de zone ». J'explique. Ce type de défense est concentré dans le secteur du ballon et se déplace collectivement au gré des passes de l'adversaire.

Pour avoir une chance de la transpercer il faut donc que le ballon se déplace plus vite que ce bloc humain. Or, pour des raisons purement biomécaniques, un gaucher est capable d'accélérer la circulation de balle parce que la passe de la droite vers la gauche lui est plus naturelle que pour un droitier. C'est le cas de Burdet. À mes yeux, cela suffit à justifier sa présence dans le groupe. Je décide donc de suivre mon intuition et de braver l'impopularité d'un tel choix, au grand dam des observateurs et, disons-le tout net, de certains de ses équipiers.

Il me reste à solder l'incident du championnat d'Europe pour réaffirmer mon autorité vis-à-vis des joueurs et ne pas laisser accroire que je me renie en sélectionnant celui qui a balancé dans la presse. Au premier jour de notre stage de préparation, je prends Burdet bille à bille devant tous les joueurs. « Ici, il n'y a pas de tricheurs et personne ne prend l'autre pour un con. Si tu n'as pas joué en Norvège, c'est ma décision et celle du staff. Après, tu as choisi de parler à l'extérieur. Tu l'as fait une fois. Tu ne le feras pas deux… » Devant le mutisme de mon interlocuteur et les têtes baissées de l'assistance, je juge que le message est passé. Et on en restera là. Je n'aurai plus de relations très cordiales avec Burdet. Mais je lui ai offert la possibilité de participer à l'aventure, ce que personne à ma place n'aurait envisagé. Pour le reste, je n'ai pas besoin de venir entraîner l'équipe de France pour me faire des potes.

Il serait vain d'entretenir un suspense de pacotille. À Pékin, tout s'est passé comme dans un rêve. Comme dans ce rêve que j'étais le seul à faire et qui m'avait conduit à sélectionner Burdet, le mal-aimé. Oui, nous avons rencontré la Croatie dans un match décisif, en demi-finale. Non, Fernandez, le titulaire au poste d'arrière droit ne l'a pas joué, car il était blessé. Oui, j'ai titularisé Burdet. Oui, les Croates l'ont pris pour un jambon. Oui, oui, et oui, l'ex-chat noir de l'équipe de France a été l'un des principaux artisans de la victoire. Sans lui, il est probable que nous n'aurions jamais été champions olympiques. Que dire de mieux ? Par la suite, Burdet a pris sa retraite internationale et nous n'avons jamais reparlé de tout ça. Lui pensait que si je lui avais fait confiance plus tôt, il aurait pu déjà réaliser cette performance. Et ça, je ne le croyais pas. Je me souviens qu'après ses faits d'armes, quand tout le monde se congratulait, il me serrait la main avec défiance. Je me souviens de ces journalistes qui avaient fait la moue à la lecture de son nom sur la liste des sélectionnés et qui soudain se battaient pour l'interviewer. Je me souviens que ses équipiers, ceux-là mêmes qui le traitaient comme un porte-guigne, lui sautaient au cou et le fêtaient comme un héros. Mais si je les avais écoutés, tous ces zigotos, ce ne sont pas des larmes de joie qui auraient coulé sur leur visage ! Ils auraient pleuré, oui, mais de rage, au pied du podium… Dans ces moments-là, je n'ai eu que le sentiment d'avoir bien fait mon métier. Mon métier, ce n'est pas de sélectionner celui dont tout le monde parle, mais de sélectionner Cédric Burdet. Mes amis me disent souvent que je devrais discuter avec lui de la Norvège, de Pékin, de nos malentendus de jadis : « Tu es con, Claude, c'est un mec intelligent, il a sûrement compris ta position de l'époque… » En parler ? Dans quel but ? Pour se faire du bien ? Ce n'est pas important parce que, l'un comme l'autre, nous avons su dépasser nos différences pour réaliser notre mission. Le reste ne compte pas. Toute ma vie d'entraîneur, je me suis construit pour me protéger de ces émotions-là.

De toute façon, rien ne pourra jamais altérer le souvenir de notre épopée victorieuse de 2008, cette sensation de plénitude absolue qui s'est emparée de mon équipe durant presque trois mois. Du 11 juin, premier jour de notre stage de préparation olympique, au 24 août, épilogue des Jeux de Pékin, nous avons vécu ensemble, au coude à coude, sans qu'il y ait le moindre accroc, sans un mot plus haut que l'autre. Ni de l'encadrement vis-à-vis de l'équipe, ni des joueurs entre eux. Pas une seule fois je n'ai eu besoin de dire aux mecs : « Allez, là, faut y aller ! » Au contraire, j'ai dû sans cesse m'employer à les freiner : « Doucement, doucement… » Lors des séances de musculation, Karabatic, Gille, Dinart levaient de la fonte comme des haltérophiles en furie. Les observateurs se demandaient : « Mais d'où ils sortent, ces gus ? C'est qui, ces animaux ? » Quand ils partaient faire des séances sur la piste d'athlétisme, chacun allait au bout de lui-même. À l'arrivée, certains vomissaient mais tous se tapaient dans la main. Solidaires. Jamais une plainte, pas une parole de travers. Chacun avait identifié son parcours, sa propre responsabilité, les efforts à fournir. Personne n'était dans l'attente d'un staff qui dirige la manœuvre. Les joueurs se prenaient totalement en charge. Tout le travail effectué depuis un an se matérialisait, jour après jour, sous mes yeux. Plus tard, d'autres champions de la délégation française m'ont même avoué qu'ils cherchaient à puiser de la force et de la sérénité en se servant du rayonnement qui émanait de notre groupe. « Quand on vous croisait dans les allées du village olympique, à la cafétéria, on avait vraiment la sensation d'un truc indestructible… » Moi aussi, j'ai éprouvé cette impression d'invulnérabilité aux commandes de cette machine de guerre sans états d'âme. C'est comme ça que j'ai compris qu'il me fallait inventer un ennemi invisible pour nous maintenir en éveil.

En compétition, je crois savoir faire preuve d'imagination. J'essaye de me glisser dans la peau de l'entraîneur adverse, d'anticiper les situations de match les plus inédites… Mais, à Pékin, tout cela est vain. Dès le tour préliminaire, la colonne bleue broie et disperse tout ce qui se trouve sur son passage. Le Brésil, la Chine, mais aussi la Croatie et l'Espagne déposent les armes sans même nous menacer. J'ai beau chercher, on est tellement forts qu'il ne peut rien nous arriver. Alors, je cherche encore. Et je finis par trouver. L'invincibilité n'existe pas, c'est de la science-fiction. Dans la vie, il y a toujours un grain de sable qui peut tout foutre en l'air. Comme on est intouchables sur le terrain, j'en déduis que l'imprévu se cache ailleurs, dans notre environnement. L'extra-sportif, voilà le danger ! Il faut que je traque le moindre début de commencement de quelque chose. Ne me demandez pas quoi, je n'en ai aucune idée. Je vais passer la totalité des jeux Olympiques dans la peau de celui qui doit percevoir les signes avant-coureurs d'une catastrophe dont il ignore tout. Quinze jours de parano aiguë. La veille de notre quart de finale, en conférence de presse, le journaliste de *L'Équipe*, celui qui voulait me faire changer de métier trois ans plus tôt, me pose une question anodine, plutôt louangeuse, et je lui saute au visage. « Pourquoi tu m'as parlé comme ça ? » s'indigne-t-il le lendemain. Je ne sais pas. Enfin si, je sais. Je ne veux pas qu'on s'approche de mon équipe. Et surtout pas pour lui flatter l'encolure. Sinon je mords. Je connais trop bien l'histoire du type qui s'approche du Graal et qui, dans l'euphorie, trébuche sur la dernière marche avant de s'en emparer. Je me méfie comme de la peste des familles, des commentateurs, de ces amis de toujours ou d'hier qui suivent, tout ébaubis, notre aventure. Bien sûr, on est à 10 000 kilomètres des nôtres et les journaux arrivent au compte-gouttes au village olympique. Mais il suffit de faire un tour sur Internet pour se laisser bercer par les grandes orgues de l'épopée. « Bravo les Bleus… », « C'est fabuleux ce que vous faites… »

Non, il n'y a rien de fabuleux ! Le fabuleux, c'est pour après ! Qu'est-ce qu'ils nous emmerdent tous avec leurs trémolos ? Je ne veux pas de cette lumière. Pas maintenant. Je me mets à la place du joueur qui commence à divaguer : « Ouah ! Si on est champions olympiques, ça va être énorme ! Le retentissement, la notoriété… » Cette émotion, c'est à moi de la terrasser avant qu'elle ne nous tue. Alors, je construis un discours, presque une fable, que je vais resservir à mes joueurs tous les soirs avant de passer à table. Au menu, la guerre de 14-18. « Les mecs, nous, on n'en a rien à foutre de tout ce qui fascine les autres, on s'en bat des paillettes… On est dans la boue, il y a de la merde partout… Moi je veux des ombres, des taupes, des types qui rampent jusqu'à la tranchée adverse et qui sont prêts au corps à corps. Demain, la tranchée adverse, c'est l'Espagne… » Puis la Pologne. Puis la Russie. Et puis, et puis… Au fil des jours, et des succès, cette leçon d'Histoire devient un feuilleton à épisodes. Les joueurs me voient arriver dans la salle de restaurant. « Dis donc, Claude, on a bien regardé, il n'y avait rien, pas la moindre pépite d'or dans la tranchée des Russes… » Je garde mon sérieux : « Faut continuer jusqu'à la tranchée suivante, les gars ! Demain, c'est les Croates… » On en pensera ce qu'on voudra, mais ce rituel nous appartient. Et il possède l'immense mérite de mettre sous le boisseau l'apothéose qui se profile.

Au fil des jours, cette bulle qui nous sépare du monde extérieur est devenue de plus en plus inviolable. Pour le meilleur et pour le pire. Chaque soir, je parle au téléphone avec ma femme. Enfin, je parle… Il y a presque trois mois que je suis parti de la maison. Marie-Hélène me raconte sa journée, elle me donne des nouvelles des filles, de la chaudière qui fait des siennes. J'ai honte, mais plus ça va, moins je supporte ces conversations. Je lui ai avoué, plus tard : « J'avais l'impression que tu me coupais de mon équipe pendant dix minutes, et c'était déjà trop… » Et elle : « Parce que tu crois que je ne me suis pas rendu compte qu'il n'y avait personne au bout du fil… »

Il n'y a personne au téléphone, mais sur le terrain, c'est autre chose. Cette osmose exceptionnelle qui nous rassemble transforme mon équipe en un bloc sans failles. En quarts de finale, nous dominons les Russes, 27-24, après avoir mené au score toute la rencontre. Pour moi, cette victoire n'est pas anodine. Elle efface l'un de mes pires souvenirs d'entraîneur, à Athènes, quatre ans plus tôt, quand les mêmes adversaires nous avaient sortis au même stade de la compétition. Le parallèle est d'autant plus saisissant que les Russes, dans un ultime sursaut d'orgueil, viennent nous chatouiller, 22-21, à neuf minutes de la fin du match. Mais cette fois, mon équipe gère parfaitement le money time qui nous avait été fatal en 2004. En quatre ans, c'est fou comme nous avons grandi. Lors de ce match, les attaquants de l'équipe de France prouvent à tous les observateurs que les Bleus ne se résument plus à leur défense hors-norme. Dans le sillage d'un Daniel Narcisse inspiré et auteur de neuf buts, les roucoulettes (type de tir utilisé par les ailiers lorsque le gardien se positionne de manière à fermer l'angle ; le joueur imprime un fort effet de rotation sur la balle avec un geste du poignet ; la trajectoire de la balle est nettement modifiée au moment du rebond en direction de la cage, contourne le gardien et s'oriente vers le deuxième poteau) d'Olivier Girault et les kung-fu (actions où le tireur reçoit la balle alors qu'il se trouve en suspension au-dessus de la zone adverse et doit tirer en direction du but avant de toucher le sol) de Luc Abalo mettent le feu aux tribunes et au tableau d'affichage. Une belle soirée, vraiment. Bon, bien joué les gars ; maintenant, on se calme. Demain, c'est la tranchée croate…

La suite, on la connaît. Burdet vit son heure de gloire en inscrivant six buts, dont cinq en première mi-temps quand les Croates n'ont pas encore décrypté le piège que nous leur avons tendu. Omeyer, l'homme des grands matchs, stoppe deux penalties. Malgré l'enjeu, Narcisse et Guigou joignent l'utile à l'agréable en réussissant quelques combinaisons interspatiales. Score final : 25-23. Désormais, il ne nous reste plus qu'à aller planter le drapeau bleu-blanc-rouge derrière les lignes islandaises. Si près, si loin. En conférence de presse, je douche les ardeurs de tous ceux qui volent à la rescousse de la victoire. « On n'a pas fait le plus dur. Le plus dur, c'est demain ! » S'il y a bien un moment où il faut maintenir la vigilance maximale, nous y sommes. Enivrés par notre épopée, les médias clament sur tous les tons que notre accession à la finale des jeux Olympiques constitue déjà un morceau d'Histoire. C'est seulement la troisième fois qu'une équipe française de sport collectif se hisse sur ces sommets après les basketteurs en 1948 à Londres et en 2000 à Sydney, et les footballeurs en 1984 à Los Angeles. Bref, à les écouter, l'exploit est déjà derrière nous. Et puis quoi encore ?

Malgré la dimension exceptionnelle de l'événement, cette finale contre l'Islande n'est que la répétition des matchs précédents. Nous ressortons, une dernière fois, les casques lourds. Nous restons indifférents aux amis, aux familles parfois, qui nous ont rejoints. Nous ne prenons pas garde à l'atmosphère de kermesse qui règne dans le National Indoor Stadium, où tous les athlètes de la délégation française se sont déguisés en supporters, puisque notre finale marque aussi la clôture des jeux Olympiques. La machine de guerre s'ébranle sans le moindre hoquet et les surprenants Islandais brandissent le drapeau blanc au bout de dix minutes. 15-10 à la pause. Pour symboliser notre belle aventure humaine, tous les remplaçants entrent sur le terrain en deuxième mi-temps. L'honneur leur revient de sceller le triomphe de la bande. 28-23 au coup de sifflet final. Le reste ne m'appartient plus. Je vais mettre quarante-huit heures à comprendre que ça y est, c'est fini, on ne peut pas grimper plus haut. J'ai mené ma mission à son terme : l'équipe de France est championne olympique de handball pour la première fois de son histoire. Mais je ne perçois rien de tout ça. J'ai tellement pourfendu l'émotion, ces derniers temps, que mon être est devenu aussi glacé qu'un paysage islandais. Tandis que les autres célèbrent la médaille d'or, je ne pense qu'aux formalités qui nous attendent. Le podium, *La Marseillaise*, les trompettes de la renommée me passent au-dessus de la tête. Je suis comme ces soldats japonais égarés sur une île du Pacifique qui se croyaient en guerre vingt ans après l'armistice. Et puis, de retour au pays, je vais découvrir tous ces messages de gratitude, ces mots simples de Français anonymes qui nous remerciaient d'avoir vécu un peu plus fort pendant quinze jours. Elle est là, l'émotion. Je l'ai retrouvée. Notre réussite ne se mesurera jamais à l'aune des médailles accumulées mais dans ces miettes de bonheur partagé. Maintenant, je sais.

Moi aussi, j'ai envie de continuer à vivre un peu plus fort. Je suis prêt à repartir en campagne. Tout de suite. Maintenant. Je veux conquérir de nouveaux trophées, cueillir d'autres bonheurs dont nous distribuerons les pétales à tous nos supporters. En même temps, je sais que ce n'est pas gagné. Six mois après le sacre de Pékin, nous sommes appelés à défendre notre nouveau statut lors des championnats du monde en Croatie. Et ce n'est pas un corso fleuri qu'on nous promet, mais un voyage au bout de l'enfer. En dépit de ses galons fraîchement cousus, mon équipe est loin d'être la favorite de cette compétition. Les favoris, ce sont les Croates, nos meilleurs ennemis du moment. Tout le monde en convient, ce rendez-vous est déjà taillé à leur mesure. À domicile, transcendés par la ferveur du public le plus chaud de la planète handball, le titre ne peut pas échapper aux équipiers du génial Ivano Balic. C'est ce que je pense aussi.

Depuis trois ans, les hommes au maillot à damiers sont nos plus coriaces adversaires. En demi-finale des jeux Olympiques, nous avons remporté notre bras de fer mais, contre eux, nous n'avons aucune marge de sécurité. Et je ne vais pas refaire cent fois le coup de Burdet. C'est un fusil à une balle, ce genre de stratégie. Je ne vais pas non plus remettre des coups de pioche dans notre plan de jeu et reconstruire une nouvelle équipe de France comme je l'ai fait avant Pékin. Ce serait du gâchis. Le travail accompli durant cette année préolympique est encore valable, et nous n'en avons récolté que les premiers fruits. Je ne suis pas pour le coup d'État permanent. J'aime surprendre. Je n'aime pas inventer pour le simple plaisir d'inventer. Et même si ma réputation naissante de grand architecte de la maison bleue devait me monter à la tête, je serais bien en peine de la conforter en ce mois de janvier 2009. Car, pour rendre notre mission encore plus délicate et annihiler toute velléité de fantaisie managériale, mon équipe est décimée par les forfaits. Au retour de Pékin, Bertrand Gille, l'un des piliers de notre défense, a exprimé son besoin de souffler un peu et s'est offert une année sabbatique. Le capitaine Olivier Girault, lui, a choisi de se retirer au sommet de l'Olympe. Et pour faire bonne mesure, l'omnipotent Didier Dinart va se blesser dès l'entame de ce tournoi mondial. Autant dire que je ne fanfaronne pas et que je n'ai nul besoin de ramener mes joueurs à la modestie, en dépit de l'euphorie suscitée par la légende naissante des Experts. À la vérité, on n'en mène pas large. On a même un peu la trouille.

La trouille, oui, cette bonne vieille trouille, que nous n'avions même pas ressentie lors de notre aventure olympique. Cette peur qui resserre, qui mobilise et qui, dans des têtes bien faites, finit par sublimer les énergies plutôt que de les ankyloser. Dans l'inconscient des joueurs, la taille de cette montagne croate, nos grands absents, toutes ces hypothèques censées grever notre aptitude à tenir notre rang vont libérer un formidable instinct de survie. L'ampleur du défi les remet en ordre de conquête. Avec le recul, je suis persuadé que si ce championnat du monde postconsécration olympique s'était déroulé au Qatar, jamais mon équipe, si amoindrie, n'aurait su se faire violence à ce point. N'importe où ailleurs qu'en Croatie, nous en serions ressortis vivants, mais vaincus.

Comme à chaque championnat du monde, la première phase nous amène à croiser quelques équipes exotiques qui me permettent de mettre la machine en route sans grand danger. Nous rôdons nos automatismes face à la Roumanie, l'Argentine, l'Australie et la Slovaquie, que nous étrillons en inscrivant trente à quarante buts par match. Les joueurs que je lance dans le grand bain pour pallier les absences des héros de Pékin, à commencer par le pivot parisien, Cédric Sorhaindo, ou l'ailier gauche du Tremblay-en-France, Sébastien Ostertag, se mettent d'emblée au diapason. Une ultime victoire,

27-22, face à la respectable Hongrie nous permet de sortir invaincus de ce tour préliminaire. Invaincus et modestes. Car dans l'autre partie de tableau, comme attendu, les Croates ont, eux aussi, aligné cinq victoires en cinq matchs. Mais ils en ont profité, au passage, pour corriger deux nations majeures du concert mondial, l'Espagne et la Suède, écrivant ainsi les premiers chapitres de leur chronique d'un triomphe annoncé. Partout dans les campagnes de Croatie, des écrans géants ont poussé sur les places de villages pour permettre aux populations les plus reculées de participer à cette kermesse nationale. La fièvre populaire est presque comparable à celle engendrée par un Mondial de football dans l'un de ses bastions d'Amérique latine. En Croatie, le hand est une religion. Les vedettes de ce sport, les Balic, Vori et autres Metlicic, sont des célébrités de premier rang. Depuis le coup d'envoi de la compétition, ce jeune pays obnubilé par le désir de bâtir son histoire vit au rythme des exploits de son équipe.

L'heure est venue de nous frotter, une première fois, à nos redoutables hôtes. Mais c'est pour du beurre. Lors de ce second tour, nous avons déjà fait le job en remportant nos deux premiers matchs face à la Suède et à la Corée du Sud, ce qui suffit à valider notre accession aux demi-finales. Face aux Suédois, les gars ont été particulièrement convaincants et inspirés. Nous avons pris huit buts d'avance en première mi-temps et nous ne les avons quasiment plus lâchés. Les patrons, enfin ceux qui restent, sont là. Omeyer et Karabatic ont secoué leurs adversaires dès les premiers ballons. Dans le sillage de ces deux monstres, Sorhaindo a fait preuve d'une belle sérénité. Le reste appartient aux artistes. Dribbles de Guigou dans la forêt des géants suédois, passe dans le dos pour Narcisse et ses mains de soie : but ! Je crois que sur ce coup-là, même les supporters croates qui ne jurent que par les leurs ont applaudi devant les écrans géants. Score final : 28-21. Dans la foulée, notre promenade face aux Coréens, 30-21, nous permet d'aborder le dernier match avec notre billet pour les demi-finales déjà poinçonné. Face à nous, les Croates sont, eux aussi, invaincus et qualifiés. Match au sommet, donc, mais totalement honorifique. Sauf que nos hôtes le prennent très au sérieux. Depuis deux semaines, ils prennent tout très au sérieux. C'est presque une obligation, une cause nationale. Ils veulent aussi venger l'affront de Pékin quand Burdet et ses nouveaux amis les ont laminés. Cela fait beaucoup pour une rencontre sans autre enjeu que de prendre ses marques avant de se retrouver éventuellement trois jours plus tard, en finale. Je décide donc de faire tourner mon effectif. Dinart et Fernandez pointent à l'infirmerie, Karabatic et Narcisse restent sur le banc durant la quasi-totalité du match. Des joueurs comme l'arrière gauche montpelliérain Franck Junillon, dont le nom n'est connu que des spécialistes, en profitent pour étrenner leurs habits d'Experts. Et mon équipe de bleusailles s'en sort plutôt bien face à la furia croate. Nos adversaires creusent l'écart en première mi-temps, 11-7, profitant de notre manque de cohésion, mais nous ne sombrons pas. Sans puiser dans nos réserves, malgré l'incroyable pression du public de Zagreb, nous encaissons le choc. Et si la défaite, 22-19, met un terme à notre série d'invincibilité entamée au premier jour des Jeux de Pékin, elle n'a pas d'autres conséquences que de donner du grain à moudre aux amateurs de statistiques. Mon esprit est déjà tourné vers la demi-finale qui va nous opposer au Danemark, à Split. Ce match, nous pouvons, nous devons le gagner. Ensuite, nous retrouverons, sans doute, les Croates, quatre millions de Croates, et, là, nous ferons ce que nous pourrons…

J'ai beau commencer à m'habituer à entraîner quelques-uns des meilleurs handballeurs du monde, ces types m'étonneront toujours. Face au Danemark, mon équipe, même rafistolée, ne laisse aucune place au doute ni aux attaquants adverses. Dois-je, une fois de plus, vanter les mérites d'Omeyer qui, depuis le début de ce tournoi, tourne à 40 % de réussite dans ses duels avec les tireurs d'en face, et qui écœure à lui seul Mikkel Hansen et ses copains ? J'entraîne une équipe formidable. Un joueur tombe, un autre le relève, une star est absente, une autre se révèle. Ce jour est celui de Luc Abalo, l'ailier droit de Ciudad Real, qui se joue de la pesanteur et du marquage serré des Danois pour réussir un sans-faute, 7 sur 7 en attaque. Sa seule erreur, il la commet en allumant la tête du gardien adverse sur un penalty, ce qui lui vaut une disqualification immédiate à dix minutes de la fin du match. Les Danois en profitent pour revenir à 24-20 alors que nous menions par huit buts d'écart. Simple péripétie. Karabatic expédie un ou deux obus de sa fabrication et nous renvoyons les champions d'Europe en titre à la maison, 27-22. C'est une nouvelle finale qui se profile à l'horizon, la troisième sous mon mandat mais, cette fois, j'ai l'impression que la marche est trop haute. Dans l'autre demi-finale, les Croates ont fait voler en éclats, 29-23, les vaillants Polonais. Il va falloir retourner à la Zagreb

Arena, au cœur du volcan, et tenter d'éteindre l'incendie populaire avec nos seaux, nos têtes et nos peurs. Cela mérite que j'y réfléchisse un peu.

« Ce match, les gars, on ne va pas le dominer. » C'est comme ça que j'entame ma causerie au matin du 1er février 2009, à quelques heures de la finale. Bientôt nous serons chez les fous. Enfin, les fous, au bon sens du terme, si je peux me permettre… Seize mille fondus d'amour pour le handball, pour leur pays, tous revêtus du fameux maillot à damier rouge et blanc. Une foule qui tangue, qui chante, qui nous siffle et nous conspue une heure avant le coup d'envoi. J'en ai vu des ambiances hostiles dans ma carrière, mais je n'ai jamais vécu ça. On est au-delà du pesant. On est dans l'oppressant. Dans l'inquiétant. Ce n'est pas une banale logique de supporters et de match à l'extérieur. C'est une logique où l'on pressent le danger. En même temps, je ne connais pas de moment de sport plus merveilleux. Si l'on s'entraîne comme des idiots, comme des damnés, depuis si longtemps, n'est-ce pas, aussi, pour vivre et dompter ce genre de situation extrême ?

Évidemment, on ne peut pas dominer ce match. Je ne cherche pas à décourager mes joueurs en énonçant cette vérité. Bien au contraire. C'est une simple question de bon sens. Plus tard, certains assimileront cette causerie à un sommet de stratégie, voire à une illustration de ma pseudo-prescience. Bof… Moi, je pense que j'ai juste analysé de façon cartésienne les rapports de forces. Une équipe de Canal+, qui nous suit depuis le début du championnat du monde pour réaliser un documentaire du style *Les Yeux dans les Bleus*, a enregistré ce fameux discours au matin de la finale. J'avoue que quand j'ai découvert le film à la télé, j'ai moi-même été surpris par la précision avec laquelle je déroule le fil des événements tels qu'ils vont se produire quelques heures plus tard. On dirait que j'ai déjà vu le match. De mémoire, ça donne ça : « Ce match, les gars, on ne va pas le dominer. C'est impossible. On n'est pas assez forts pour prendre le score dès les premières minutes et repousser tous les assauts croates pendant une heure. Si on est devant, ces types vont utiliser tous les moyens, même les moins académiques, pour revenir à notre hauteur. Ils vont nous pourrir le match, mettre la pression sur les arbitres, ce sera intenable. Voilà ce qu'on va faire. En première mi-temps, on ne va pas surjouer ni chercher à rivaliser à tout prix. On va essayer de les accompagner, un ou deux buts derrière eux, jamais plus. On ne domine pas, mais on est calmes, solidaires. C'est une corrida, ce match ! Mais une corrida dont le taureau va sortir vainqueur. Si je fais des remplacements, vous ne laissez pas le nouvel entrant se perdre dans la fournaise. Vous allez le récupérer et vous vous serrez les coudes. Quand vous ratez un truc, vous l'oubliez dans la seconde et vous vous reconcentrez sur ce qu'il y a à réussir derrière. Tout va se jouer en début de deuxième mi-temps. C'est entre la 30$^{e}$ et la 45$^{e}$ minute qu'il faut être meilleurs qu'eux. Ils vont revenir sur le terrain pour plier ce match. Ils s'y verront déjà. Toute la Croatie s'y verra déjà. Sauf qu'on va leur rendre coup pour coup. Je veux qu'ils sentent notre souffle dans leur cou. Et on va les amener là où on veut les amener. Là où ce qui était écrit ne l'est plus. Là où la peur s'installe. La peur de décevoir tout un peuple, de rater l'événement du siècle… Ces types, on va les braquer quand ils n'auront plus le temps de se reconstruire ! Après, il ne vous reste plus qu'à devenir des tueurs sans âme. Et ça, vous connaissez… »

Je ne vais pas raconter le match, ce serait presque répétitif. Mais que de souvenirs… Je me rappelle que les murs des vestiaires tremblaient sous les décibels qui déferlaient des gradins en fusion et que, dans ce tonnerre, j'ai choisi de ne pas aligner l'équipe la plus brillante en première mi-temps, mais la plus froide, la plus hermétique, préférant la lucidité d'un Guillaume Gille aux fulgurances d'un Daniel Narcisse. Je revois les hommes roulant à terre, les quintaux de muscles qui se rentrent dans le buffet, les plaquages de rugby, les prises de judo, l'incroyable face-à-face entre les deux meilleurs joueurs du monde, Ivano Balic et Nikola Karabatic, à la suite d'un énième corps à corps. Nikola qui avait dit dans la presse croate : « J'arrêterai Balic devant les siens… » Balic qui avait répondu : « Si Karabatic m'arrête, j'arrête le handball ! » Et là, à la 45e minute du match, alors que tout s'est déroulé comme prévu et que nous venons de nous hisser à la hauteur des Croates, 18-18, les deux monstres sacrés qui se toisent, front contre front, l'invective aux lèvres. Et Nikola qui ne recule pas d'un pouce et qui sourit, narquois, sous les huées. Ça dure cinq ou six secondes, mais c'est interminable. Après, il n'y a plus de match. La frustration de Balic contamine tous ses équipiers, qui commencent à dégoupiller. En attaque, Gille se fait matraquer comme un manifestant chinois. Penalty de Guigou, qui en a converti 7 sur 7 dans l'après-midi. Et puis Karabatic, dans la lucarne, comme un symbole. Et puis Narcisse, en suspension. 21-18. Pendant dix minutes, les Croates n'ont pas réussi à marquer un seul but ! Vexé, leur géant Igor Vori fait mine de balancer la balle dans le visage de l'arbitre. Carton rouge. Une pluie de briquets, de téléphones portables s'abat sur le terrain. C'est l'Apocalypse. C'est n'importe quoi. C'est magnifique. Abalo, Fernandez et Narcisse exécutent le contrat jusqu'au bout. Des tueurs sans âme. Score final : 24-19. Après le titre européen de 2006, la médaille d'or olympique de 2008, nous voilà champions du monde… Aucune équipe française, dans n'importe quel sport que ce soit, n'a jamais réussi ça. Titi Omeyer est le premier à me tomber dans les bras :

– Le triplé, Claude ! On a fait le triplé !

J'esquive un ou deux objets volants.

– Je crois qu'il ne me reste plus qu'à prendre ma retraite, dis-je avec un sourire béat.

À mes heures, je sais aussi être rigolo.

# – 11 –

## Temps mort

Qu'il soit ou non champion olympique, du monde, d'Europe, voire les trois en même temps, le manager d'une équipe de handball s'offre, à chaque match, un superbe morceau de bravoure. Ah ! L'imagerie flatteuse de l'entraîneur, filmé en gros plan, micros ouverts, lors d'un temps mort… Les traits déformés par l'urgence, mais le costard impeccable, il éructe trois consignes à la seconde, noircit son ardoise de figures cabalistiques, houspille les tire-au-flanc : « Allez, les gars, ça n'est pas fini ! » Du haut de son magistère, tel un guide suprême, le grand homme sera-t-il capable d'inverser le cours immuable du destin ? Bah, non ! Cela n'était qu'une parenthèse de gloire éphémère à l'usage des profanes. Mais quel beau moment de télévision ! Le public raffole de ces mini-psychodrames où l'œil impérieux des caméras le plonge, l'espace d'un instant, dans l'intimité d'une équipe aux abois. Les journalistes aussi, qui continuent de propager la légende de ces fameux temps morts qui peuvent faire basculer un match. Au risque de les décevoir, plus ça va, moins j'y crois. Au début de ma carrière, je me suis laissé griser, moi aussi, par ces habits de *deus ex machina*, ce sentiment de toute-puissance qui m'envahissait en pensant qu'à la force du verbe je pouvais remettre mon troupeau égaré sur le droit chemin. Mais en hurlant ainsi au visage de chacun, je ne parlais à personne. Et en voulant tout dire, je ne disais rien.

La dramaturgie un brin surjouée qui entoure le moindre temps mort doit beaucoup à l'omniprésence de la télévision et aux effets de mode inhérents. C'est comme cette histoire de *Marseillaise.* Avant un match, je ne la chante jamais. Ou plutôt, je la chante en mon for intérieur. Quand je suis en fonction, c'est ma façon de vivre l'hymne national le plus intensément, le plus respectueusement possible. Au stade de France, pour un match de rugby, en revanche, je peux brailler avec les 80 000 spectateurs. Mais quand mon équipe joue et qu'un caméraman me dévisage, je garde tout pour moi. Que je sache, je ne suis pas à l'Opéra. N'empêche, voilà que les nouveaux arbitres des élégances médiatiques me tombent dessus. « Vous avez vu Onesta ? Il ne chante même pas *La Marseillaise* ! » Comme si l'amour du maillot et du pays se mesurait, désormais, en décibels. Mais qui se souvient des matchs internationaux d'il y a vingt ans, quand caméras et micros n'étaient pas encore sur les terrains ? Dans quelque sport que ce soit, personne ne chantait *La Marseillaise* à tue-tête. Et devant son écran, aucun censeur ne scrutait les lèvres des joueurs et de l'entraîneur pour distribuer les bons points de patriotisme.

Tout ça n'est que de l'esbroufe. Du spectacle. Un show de circonstance comme celui du coach qui, lors d'un temps mort, brandit son ardoise couverte de flèches en tous sens sous le nez de ses joueurs hagards. En regardant certains collègues à la télévision, je me marre. Paf ! Paf ! Paf ! À grands coups de stylo-feutre, le type tire deux traits, trois croix, quatre flèches : même moi, je suis paumé… Observons les joueurs, maintenant. Les deux à côté de lui sont bien obligés de jeter un œil sur l'ardoise, mais les autres, derrière, souvent les joueurs majeurs ? Ils n'écoutent même pas ! Et pour cause, la plupart du temps, les mecs sont abrutis de fatigue. La fonction du temps mort n'est pas de les accabler de consignes ou de les téléguider comme des jouets mécaniques. Encore moins de leur transmettre son stress et ses angoisses. Ce qui compte, c'est de casser le fil du match. D'imposer le retour au calme. Ou de débrancher l'euphorie du camp d'en face. Il suffirait parfois de profiter de cette interruption et de ne rien dire pour que les mecs jouent mieux… Dans le cas de l'équipe de France, je limite le message de mes adjoints, je laisse les joueurs s'exprimer et je m'efforce de conclure par une consigne unique. Et je prie pour qu'ils aient retrouvé un peu de souffle et de lucidité. Je reconnais que, pour un entraîneur directif, le temps mort peut s'apparenter à un moment essentiel de management. Mais, en ce qui me concerne, je ne me vois pas prôner sans cesse la prise en charge et la responsabilisation, tout en exigeant de mes joueurs qu'ils se mettent au garde-à-vous six fois par match.

Avec le temps, sur le terrain comme en dehors, j'ai appris à faire un usage de plus en plus modéré de la parole. Ce n'est pas que je craigne grand monde à l'oral. Les auditoires ne m'impressionnent pas. Je crois que je sais rassurer, motiver, distiller les messages. Mais je ne me complais pas dans cet exercice. Aux discours magistraux je préfère l'intimité des conciliabules. Il peut y avoir des contre-exemples, comme le savon que j'ai passé aux joueurs au matin de France-Allemagne lors des championnats d'Europe 2006. Mais je pense qu'en multipliant ce genre de grand-messe, on banalise l'exception. Et l'on risque de créer une dépendance chez le joueur, qui va désormais attendre son électrochoc coutumier pour se secouer.

En équipe de France, la parole circule le plus librement possible. Et il y en a pour tous les goûts dans le magasin des Bleus. Les aboyeurs, Dinart et Gille, les rassembleurs, Fernandez et Omeyer, sans oublier celui qui parlait peu mais qui touchait juste, l'ancien capitaine Olivier Girault. Dans ce concert souvent haut en couleur, mon rôle consiste à jouer les chefs d'orchestre. J'essaye de réguler un ensemble parfois discordant. Évidemment, plus les hommes et les certitudes s'installent, plus il est facile de se tenir, ainsi, en retrait. Si je communique avec parcimonie en interne, avec les médias, en revanche, j'y vais gaiement. J'ai compris tout le bénéfice que je pouvais en tirer pour faire passer des messages à l'extérieur comme à l'intérieur de mon équipe. Dans l'approche d'une compétition, notamment. Si je m'aperçois que les joueurs ont du mal à s'imprégner de mon discours, j'utilise la communication externe pour parvenir à mes fins.

Quitte à sauter quelques étapes, je vais prendre un exemple récent : notre victoire aux championnats d'Europe début 2014, au Danemark. Plusieurs mois avant l'échéance, mon équipe se positionnait tout naturellement dans un statut confortable de favori qui ne me convenait pas. Mais comment reprocher à des joueurs qui ont tant et tant gagné de céder à la routine du premier de la classe ? Alors, je me suis servi des médias pour réveiller les consciences. J'ai insisté sur le fait que nous comptions des blessés et que nous ne maîtrisions pas tous les éléments à l'approche de cette compétition. J'ai pilonné notre position d'outsider sur tous les tons. Un outsider ambitieux, mais un outsider tout de même. Du pur conditionnement mental. Car, à force d'entendre et de lire les mêmes réserves de la part de tous les commentateurs, les joueurs ont fini par se mettre, eux-mêmes, au pied du mur. Et c'est cet état d'esprit que je voulais faire naître en eux.

Reprenons. Si mon message ne passe pas par la porte des vestiaires, je le fais rentrer par la fenêtre de l'opinion publique. Mais ce procédé ne vaut que pour la mobilisation du collectif. Quand je dois remettre un joueur en cause personnellement, je n'utilise jamais de coup de billard. Il est hors de question qu'il apprenne par la presse ce que je pense de lui. Ma transparence doit être totale, au risque, sinon, de trahir le pacte de confiance qui nous unit. Cette dignité, cette pudeur font aussi partie de notre contrat. Pour le reste, il peut m'arriver de percevoir des défaillances individuelles, en match ou à l'entraînement, sans chercher à les corriger dès le retour aux vestiaires. La vie sportive ne s'écrit pas sur du papier à musique. À vouloir régler tous les problèmes par anticipation, on finit par pasteuriser l'aventure humaine. Si je régente les moindres détails, je paralyse la prise en charge, je ne résous rien. Enfin, rien de manière durable. C'est pourquoi je pense qu'il faut savoir accepter de gagner de manière imparfaite. De perdre, aussi, parfois. Une défaite en passant, ça n'est pas la mort. Plutôt une chance. Dans ces manquements, nous irons chercher une mobilisation supérieure pour le prochain match. À la limite, face aux errements d'un joueur, la première chose à faire est de ne rien faire. Attendre. Observer. Pour pouvoir lui dire une bonne fois : « Depuis trois jours, je te regarde à l'entraînement, tu es approximatif, pas étonnant que tu te sois déchiré en match. Maintenant, tu sais ce qui te reste à faire... » Le joueur peut s'en défendre : « Ah bon, pourquoi tu dis ça ? » Et moi : « Je te dis ça parce que je te connais... » Et ainsi de suite. Ainsi va la vie du groupe au gré de ces perpétuels réajustements et de ce fragile Meccano psychologique. À condition qu'elles ne soient pas rédhibitoires pour sa survie, les défaillances sont presque indispensables à l'équilibre de notre équipe. Du coup, je n'éprouve pas le besoin de sacraliser mon laïus. Si je dois remonter les bretelles d'un joueur, il n'y a pas de bristol avec accusé de réception. Je lui glisse sa vérité du moment à l'improviste, en le croisant dans les couloirs. « Ah bon, pourquoi tu dis ça ?... » La suite lui appartient.

Moins je parle, mieux l'équipe se porte. Et réciproquement. En guise de cérémonial, je m'en tiens finalement à une petite causerie le matin du match, avant le dernier entraînement. Et à une brève piqûre de rappel au moment de monter dans le bus. J'évoque rarement le jeu, sauf quand la stratégie l'impose, comme lors de ces championnats du monde dans l'enfer de Zagreb. Je préfère parler des enjeux. Situer la dimension du match sans créer trop d'émotion. Le mettre en perspective avec notre propre histoire. Je détaille son importance dans la construction de la compétition. J'explique pourquoi une défaite, à ce moment-là, pourrait nous fragiliser. Bref, j'intéresse la partie. Je sais qu'à leurs yeux tous les matchs se ressemblent mais qu'ils ne se valent pas. Je connais la façon dont chacun se prépare. Je connais les mecs qui préféreront en garder sous la semelle parce que, deux jours plus tard, il y a une rencontre au sommet. Mais si tout le monde en garde sous la semelle, on est mal barrés... Alors, j'en sensibilise certains pour mieux en investir d'autres lors du rendez-vous suivant. Chaque match, même le plus anodin, est un révélateur de notre ambition. Chaque match recèle sa part de vérité qui va bien au-delà du tableau d'affichage et des sacro-saintes statistiques individuelles. Qu'est-ce qu'on doit se prouver ce soir ? Dans quel secteur l'équipe peut-elle se montrer plus mature ? Quelle image faut-il renvoyer pour que les autres nous craignent ? Il y a tant de choses visibles et invisibles qui vont se jouer, tout à l'heure, sur ce rectangle de 40 mètres de long. Un match de handball, ce n'est pas qu'une partie de ballon. À moi de les en convaincre. À moi de les guider jusqu'aux confins d'eux-mêmes. « Allez, les gars, on sait ce qu'on a à faire. Et maintenant, on va le faire... » La première qualité d'un entraîneur n'est-elle pas d'être entraînant ?

# – 12 –

## Le dire ça fait rire, le faire ça fait taire

Après notre victoire au Mondial 2009 en Croatie, tout devient nouveau, pour moi comme pour les joueurs. En trois ans, mon équipe s'est emparée des trois sceptres les plus prestigieux : champions d'Europe en 2006, champions olympiques en 2008, champions du monde en 2009. Qui dit mieux ? Personne à l'échelle du sport français, c'est une certitude. Sur la planète handball, il faut remonter à la mythique URSS des années 1980, voire à la grande équipe de Roumanie dans les années 1960, pour trouver trace d'une semblable domination. Forcément, la notoriété médiatique des Experts suit la courbe exponentielle de notre palmarès. Désormais, des journalistes qui ignoraient jusqu'au nombre de joueurs composant une équipe de handball se passionnent pour la chose. Ils nous parent de vertus plus ou moins justifiées, dissertent gravement sur la poursuite, ou non, de notre série victorieuse comme si le sort de la nation en dépendait. Pour le handball français, le palais de l'Élysée devient un lieu de pèlerinage annuel. Tout le monde vole à la rescousse du succès. On sollicite mon avis sur la politique, l'économie, mes collègues des autres sports – ah ! la grève des Bleus de Domenech à Knysna… Je suis, nous sommes devenus le contre-exemple de cette France qui a tant de mal à mettre ses grandes paroles en concordance avec ses actes. Au final, ça ne bouleverse pas tant que ça ma vie. Je suis relativement insensible aux honneurs. Après les J. O. de Pékin, le président Sarkozy a décidé d'attribuer la Légion d'Honneur aux joueurs et à leur entraîneur. Je n'ai pas souhaité qu'on me la remette, estimant ne pas vouloir me dissocier de mon staff. Pour moi, c'est tous ou aucun. Je ne m'intéresse guère aux records en tout genre, aux livres d'or, et la peopolisation me fait horreur. Mon souci principal concerne plutôt les joueurs, qui eux pourraient se perdre dans le labyrinthe de la célébrité. Je ne cesse de relativiser les trémolos et les flatteries de nos récents adorateurs. Je n'ai pas de problème pour piquer les joueurs et les faire revenir à nos affaires courantes. Dès que je retrouve mon équipe, je dis : « Les gars, on a beaucoup travaillé pour en arriver là. C'est bien. Mais dans notre contrat, bien, c'est normal. » Heureusement, la plupart sont des compétiteurs hors-norme. Je ne me vois pas motiver des sportifs professionnels à longueur de journée, pour qu'ils aient envie de gagner des titres. Autant les motiver pour qu'ils respirent. Moi, au lendemain de notre victoire en Croatie, j'ai déjà le regard tourné vers les championnats d'Europe 2010 en Autriche.

Je ne pense qu'à ça. Tout est nouveau mais, au fond, tout est pareil.

Depuis que le grand public s'enthousiasme pour notre aventure, un homme émerge des rangs serrés des Experts : Nikola Karabatic. Pour monsieur Tout-le-monde, le dieu des Bleus et du handball, c'est lui. Les gens résument presque les performances de l'équipe de France à son seul rayonnement. Dans une moindre mesure, j'avais déjà connu le même phénomène avec Jackson Richardson lors de mes débuts de sélectionneur. C'est le jeu et la rançon de notre ascension médiatique. Les journalistes ont besoin de mettre en lumière des icônes pour élargir le cercle des fidèles au-delà du petit contingent des spécialistes. Car des vrais connaisseurs, en handball, il n'y en a pas beaucoup.

À la vérité, Nikola Karabatic joue un rôle moins important au sein de l'équipe que ne le lui prête l'Histoire. Sa puissance physique et son mental de fer en font bien évidemment un élément déterminant lors de nombreux matchs. Mais au sein du groupe, sa personnalité ne s'impose pas pour autant de façon irrésistible. D'un naturel plutôt taiseux, il n'a guère de propension à bousculer la hiérarchie. Certes, au tournant des années 2010, il commence à faire entendre sa voix dans nos débats internes, mais d'autres joueurs prennent beaucoup plus de place que lui, à commencer par Bertrand Gille, Didier Dinart ou Jérôme Fernandez. Soyons clairs, je n'égratigne pas, ici, le talent ni le tempérament de guerrier de Nikola. Je veux juste gratter cette étiquette de joueur omnipotent que l'opinion publique lui colle un peu schématiquement. Lui-même n'est pas dupe. C'est un type intelligent, qui n'a pas de problème avec le vedettariat et qui témoigne de beaucoup de considération pour ses aînés et les joueurs cadres. Je crois d'ailleurs que ce respect qu'il leur voue contribue à rendre plus douce, aux yeux des autres, la lumière qu'il attire.

Ce n'est pas toujours facile d'incarner l'inamovible tête de gondole d'un sport et d'une équipe aux mérites si partagés. Karabatic sait discerner les moments où il doit se faire discret face aux journalistes afin de renvoyer l'ascenseur à ses camarades de l'ombre. Sur le terrain aussi, il sait se montrer altruiste. Il possède cette force des plus grands qui consiste, les jours où il n'est pas bon – ça arrive, même à lui… –, à mettre son ego sous l'éteignoir. Ce n'est pas une diva exaspérante, de celles qui vont tout faire pour tirer un profit personnel de chaque match, au mépris de l'intérêt collectif. Quand ça ne va pas, quand le traitement de faveur que lui réservent tous nos adversaires finit par annihiler la moindre de ses initiatives, il sait redevenir un simple soldat et se mettre au service des autres sans barguigner. D'un match à l'autre, il est capable d'endosser un rôle secondaire, contrairement à Balic, par exemple. Dans la déconfiture, les joueurs vedettes ont tendance à se protéger en se centrant sur eux-mêmes. Karabatic, lui, n'a jamais confondu son costume à paillettes et son bleu de travail.

On l'aura compris, pour des raisons déontologiques, voire philosophiques, je n'ai pas d'appétence particulière pour le statut de star. C'est une image réductrice qui tire trop vers le sport-spectacle et n'illustre qu'une part infime de la subtile alchimie qui gouverne la vie d'une équipe de haut niveau. Pour autant, Karabatic n'a pas volé non plus sa réputation de joueur majuscule. Sur le terrain, plus la tempête gronde, plus il s'avance en première ligne. C'est sans doute ce qui le différencie de Daniel Narcisse, qui, avec un potentiel tout aussi impressionnant, veut être parmi les plus grands mais ne cherche pas à être le premier. De toute façon, une star ne sera jamais le résultat d'une équation mathématique. C'est une gueule, un panache de héros, ce que le personnage inspire aux siens, mais aussi aux autres. Je pense là à nos adversaires pour qui Karabatic est tout sauf une idole de carton-pâte. Son sens du sacrifice et la constance de son engagement sont au moins aussi essentiels que l'excellence de ses statistiques individuelles. Quelle que soit sa performance, son impact est réel sur le sentiment d'impuissance que les équipes les plus redoutables éprouvent quand elles nous affrontent.

C'est peut-être ce qui me frappe le plus durant toute cette période où nous commençons à régner sur notre petit monde. J'ai encore un sentiment de fragilité, je trouve qu'on est loin d'être parfaits, je sais qu'on a des failles, mais tout se passe comme si les autres ne les percevaient pas. À la limite, ce sont nos adversaires qui nous rendent la vie facile. Ils essayent en début de match, puis dès que ça se muscle un peu, ils abdiquent. On gagne des matchs sans souffrir, moins par la qualité de notre jeu que par le manque de combativité de nos rivaux. C'est donc cela être la meilleure équipe du monde ? Avoir un ascendant psychologique qui s'exerce aussi bien sur les Croates, les Suédois, les Danois ou les Allemands que sur les arbitres ? Je ne vais pas le crier sur les toits, mais je constate que, dans l'esprit de tout le monde, il est devenu normal que l'équipe de France gagne. Et il arrive que les arbitres, sans même s'en rendre compte, accompagnent ce qui leur paraît normal. Ce n'est pas du favoritisme. Ça reste impalpable. Ça joue sur des détails : le carton jaune qu'ils brandiront moins facilement à l'encontre de Karabatic que d'un autre, la petite décision qui va nous propulser dans le bon sens à un moment crucial du match…

Quitte à remettre l'église au centre de notre village, il y a un joueur qui, plus que tout autre, plus encore que Karabatic, symbolise cette impression que mon équipe avance comme un rouleau compresseur quelles que soient les circonstances. J'ai nommé Thierry Omeyer. Plus la compétition devient âpre, plus notre gardien de but est fort. Nos adversaires ont déjà du mal à se dépêtrer de notre défense, ils dépensent des monceaux d'énergie et de technique pour se retrouver, en face à face, avec notre goal et l'autre, à bout portant, est capable de détourner un missile Tomahawk. Pour moi, Titi est vraiment l'homme qui fait croire à nos adversaires qu'ils n'y arriveront jamais…

Les championnats d'Europe 2010, donc. En Autriche. Au moins, là-bas, nous serons à l'abri de la pression populaire. Vienne n'est pas Zagreb. N'empêche, nous sommes attendus au tournant. Les journalistes ont plongé la tête dans les archives et ils en sont ressortis tout émoustillés. Certes, les Danois, qui se sont imposés en 2008 alors que nous étions en pleine préparation olympique, sont les champions sortants. Mais si nous parvenons à leur ravir la couronne continentale, nous deviendrons la première équipe, tous sports confondus, à détenir simultanément les trois titres majeurs. 2008, 2009, 2010. Champions olympiques, du monde et d'Europe. La totale. Le Grand Chelem. Encore une fois, pour moi, tout cela n'est que de la mousse médiatique, l'écume des choses. Ce qui m'intéresse, ce n'est pas d'avoir rencart avec l'Histoire, c'est l'horlogerie interne de mon équipe. Et, de ce point de vue, je sais que les ressorts du succès sont en place. En triomphant en Croatie dans des circonstances dantesques, les joueurs m'ont prouvé que le chantier entamé après l'injuste défaite de 2007 en Allemagne avait été mené à terme. Désormais, mon équipe est imperméable aux aléas et aux imprévus de la compétition. Le triplé historique et tous ces falbalas, je m'en fous. Je n'ai qu'une préoccupation en tête, bien plus modeste, bien plus complexe. Comment fait-on pour gagner la fois d'après, sachant que les autres vont tout mettre en œuvre pour nous faire échouer ? C'est cette espèce de rébus qui, intellectuellement, me passionne. Pour un bon bout de temps.

En début de tournoi, j'avoue que le rébus peut paraître un peu ardu vu de l'extérieur. Dans une atmosphère autrichienne presque émolliente en comparaison de nos récentes campagnes, mon équipe n'est que la pâle copie de l'escadron de gladiateurs tant vanté. Après son année sabbatique, Bertrand Gille a besoin de temps pour retrouver ses repères. Pendant les rencontres, les gars ont des sautes de concentration, comme s'ils savaient, en leur for intérieur, que cette première semaine de compétition n'était qu'un trompe-l'œil dans l'attente des matchs au couteau. Au tableau d'affichage, ça se traduit par un score nul contre la Hongrie, 29-29, une victoire contre les Tchèques, 21-20, et un autre nul face à l'Espagne, 24-24. J'aperçois déjà quelques sourires dans les rangs. C'est ça le « rouleau compresseur » ? Et elle est où la fameuse impression qu'il ne peut « rien nous arriver » ? Elle est là, mes amis. Je sais qu'on bafouille notre handball, qu'on ne peut pas jouer plus mal, que Dinart et Guigou, entre autres, sont méconnaissables, mais malgré cela, on ne perd pas. Et en face, l'Espagne, la Hongrie, ce ne sont pas non plus les vétérans de Livry-Gargan… N'empêche, je saisis publiquement la balle au bond. Je martèle qu'on est une bonne petite équipe quand chaque joueur cadre est au maximum de ses possibilités. Mais là je n'y peux rien si Dinart, Guigou, Karabatic, et même Omeyer ont les pieds coulés dans le béton ! Les journalistes abondent goulûment. Les mêmes qui, quelques jours plus tôt, nous présentaient comme des « Galactiques » dépeignent déjà la fin d'une belle histoire avec des larmes de crocodile. Sachant que les joueurs sont plus sensibles que moi aux questions de palmarès et à l'objectif grandiloquent du « triplé historique », j'en profite pour les atteler à un défi plus hormonal : « Vous voyez les gars, tout le monde pense que, pour nous, ça va s'arrêter maintenant. Même la logique voudrait ça… Eh bien, on va leur montrer. Avec nous, non ! » Auprès d'eux, j'ai toujours insisté sur le fait que notre destin n'avait qu'un rapport lointain avec l'aventure telle qu'elle se racontait autour de nous. Ç'a toujours été ma façon de gouverner. Je ne crains pas l'usure, ni la grosse tête, car je ne nous laisse jamais nous prendre pour d'autres. À chaque fois que les superlatifs sont employés, je dégonfle le truc, je ramène ça à un discours convenu de gens qui n'y connaissent rien. Dès qu'ils peuvent se laisser griser, je les emmerde. À l'inverse, quand on nous compare à des moribonds, c'est presque un cadeau qui m'est fait. Je sais comment ressusciter mes joueurs. « Vous avez vu, les gars ? Il paraît que c'est cuit… Eh bien, on va leur montrer. Avec nous, non ! »

À partir de là, il n'y a plus qu'une seule équipe dans ce tournoi. La mienne. Chaque matin, au petit déjeuner, j'avais des joueurs qui toussotaient, qui éternuaient, qui se massaient un genou, l'air préoccupé. Je me serais cru dans la salle d'attente de mon médecin. Comme par enchantement, les voici qui débarquent sourire aux lèvres, en se chambrant, le regard brûlant rien qu'à l'idée d'en découdre. On bat l'Allemagne 24-22, la Slovénie 37-28 et la Pologne 29-24. Je me garde de sauter au plafond. « Y a du mieux… », dis-je sobrement en conférence de presse. Bertrand Gille, qui s'est fait opérer du tendon d'Achille durant son année sabbatique, est forfait pour la demi-finale. Naguère, l'équipe y aurait laissé une part de sa confiance. Plus maintenant. À chaque fois que je fais appel à lui, Cédric Sorhaindo est solide comme un roc, et j'inclus le jeune arrière de Chambéry, Xavier Barachet, sur la feuille de match pour pallier les défaillances. Au fil du deuxième tour, les grands frères de l'équipe, les Karabatic, Dinart, Omeyer, approchent la bonne carburation. La machine de guerre marche au diesel, mais quand les gros matchs se présentent, c'est comme si je l'entendais rugir. Je ne tremble pas à l'idée d'envoyer les remplaçants au feu, les Barachet, les Joly, les Junillon, car je sais que les anciens sont là, et bien là, pour les encadrer. En externe, pourtant, je ne dévoile rien de cette sérénité. « L'Islande, un gros morceau », dis-je en grimaçant face aux journalistes à la veille de notre demi-finale. Le gros morceau est dévoré 36-28. Les Islandais possèdent un petit génie de vingt ans, Aron Palmarsson, qui nous fait quelques misères en première mi-temps. Puis Dinart lui rappelle qui est le patron en deux, trois coups d'épaule et le petit Mozart retourne à ses gammes jusqu'au coup de sifflet final. Sur ce match, Karabatic plane au-dessus de tout le monde. Il tire neuf fois vers les cages adverses et il marque neuf fois. Dans toutes les positions. Une fois de plus, nous y voilà. Une fois de plus, nous allons jouer pour une autre médaille d'or. La deuxième demi-finale oppose la Croatie à la Pologne. Je n'ai pas de préférence. À la manière dont les Islandais, qui voulaient prendre leur revanche sur la finale des Jeux de Pékin, se sont décomposés dès que nous avons musclé les débats, j'ai senti ce fameux ascendant psychologique qui tombe sur nos adversaires comme une chape de plomb. En rentrant à notre hôtel, dans la périphérie de Vienne, je jette un œil sur la télé. Les Croates sont en train de rosser les Polonais. Mon Dieu, quelle surprise ! Une finale France-Croatie, pour changer.

Il aura suffi d'une poignée de victoires pour que les journalistes ressortent leur plus belle plume d'oie, celle qui chatouille l'ego et vous caresse dans le sens du poil. En découvrant les unes de la presse, au lendemain de notre troisième sacre en trois ans, j'aurai l'impression de lire *Les Contes et Légendes des Experts*. « Le retour des

Titans », « Un terrible bras de fer », « Au bout du suspense »… Sur mon banc de touche, je n'ai pas vécu le même match qu'eux. Bien sûr, les Croates nous ont secoués en début de rencontre. Mais, sincèrement, ce n'était pas le combat de manivelles de Zagreb. Juste un match de très haut niveau avec une défense acharnée, des contre-attaques ultrarapides de nos adversaires et un gardien, Alilovic, en état de grâce. Karabatic nous a maintenus à flot durant toute cette période et l'on est retournés aux vestiaires sur un 12-12 un brin flatteur. C'est cela, en vérité, qui m'a marqué, la mi-temps. Le retour aux vestiaires. Il fallait traverser le stade, arpenter un dédale de couloirs : une vraie expédition. Et pendant tout ce temps-là, on marchait côte à côte avec les Croates. Rien qu'à les regarder, j'ai su qu'on allait gagner. Et même qu'on avait déjà gagné. Visages marqués, têtes basses, regards vides. Ils venaient de nous dominer pendant trente minutes et ils tiraient des gueules d'enterrement. Une attitude de vaincus. Les gars l'ont remarqué aussi. J'ai rarement connu un vestiaire aussi tranquille, aussi confiant, durant une mi-temps. On est revenus sur le terrain, le tableau d'affichage marquait 12-12, et on s'est seulement dit : « Bon, ben, maintenant, on va finir le boulot… » Et ils ont fini le boulot. Je crois que c'est vraiment ce jour-là que j'ai pris conscience de la spirale de la victoire. Comme si les autres perdaient leurs moyens rien qu'en nous regardant. Je me souviens que Dinart a pris les journalistes à témoin : « Même si on a fait deux matchs nuls au départ, là, c'est merci, au revoir et on s'en va ! » Guigou a ajouté : « La semaine dernière, on se rendait compte qu'on n'était pas à notre niveau, mais on se rendait compte aussi qu'on était largement capables de remporter ces championnats d'Europe. On est liés à jamais par toutes ces médailles... » Mes joueurs ont tout compris. Au revoir et merci.

À chaque retour à Paris, je retrouve la joie candide et communicative de nos supporters anonymes, celle-là même qui m'avait tant ému au lendemain des Jeux de Pékin. Bien sûr, au fil de nos succès, la foule a grandi, les sponsors ont accouru, et les retrouvailles sont de plus en plus cadrées. Plus de mille personnes nous attendent à la descente d'avion à Roissy, direction les Champs-Élysées pour une séance de dédicaces, puis « Le Grand Journal » de Michel Denisot sur Canal+ et retour sur la plus belle avenue du monde pour une soirée cocktail. La semaine suivante, je remonterai à la capitale, comme on dit chez moi, pour une réception en l'honneur de mon équipe donnée par le président Sarkozy. Encore une fois, je suis plus sensible à l'émotion des gens simples qu'aux honneurs et aux fastes de la renommée. Mais quand les projecteurs s'allument, j'ai l'impression de renvoyer l'ascenseur à un sport, jadis méprisé, qui m'a tout apporté.

À mes débuts en équipe de France, l'année me semblait terriblement longue entre deux rendez-vous internationaux. Aujourd'hui, j'ai pris mes marques. De plus en plus souvent, il m'arrive d'intervenir dans des entreprises soucieuses de motiver leurs cadres et d'améliorer leur management. J'y reviendrai car je n'ai rien à cacher. Par ailleurs, ma frustration de sélectionneur novice était due à mon sentiment d'éloignement et d'inaction alors que mon équipe ressemblait encore à une somme d'imperfections. Mais les temps ont changé. D'un point de vue technique, depuis trois ans, tout est en place. Et notre récente victoire à l'Euro 2010 a prouvé que les gars étaient capables de se mobiliser quand la partie devenait vraiment cruciale. Pour aborder les championnats du monde, je ne vois pas ce que je pourrais changer. Mais, en même temps, je n'ai pas le droit de leur dire en arrivant à notre rassemblement traditionnel de fin d'année à Capbreton, trois semaines avant le début de la compétition : « Bon, ben, les gars, on va refaire la même chose que l'an dernier, c'était bien. » Même si on a réussi, c'est moins intéressant de refaire que de faire. Et comme c'est moins intéressant, il y a toutes les chances que les joueurs y prêtent imperceptiblement moins d'attention et de précision. À l'arrivée, ces petites approximations vont nous rendre légèrement moins efficaces. Et là où on gagnait d'un but, on peut perdre d'un but. Morale de l'histoire ? Il faut toujours que les joueurs aient l'impression de s'avancer sur des terrains un peu nouveaux. La flamme est là, mais c'est mon boulot de l'entretenir par une approche différenciée du management.

C'est pour ça que j'ai toujours un petit chantier sur le feu. Notamment dans le domaine offensif. Pour pouvoir recréer chez les joueurs de l'attention – et de la tension –, soulignerait mon ami Pierre Dantin, directeur de la chaire « Société, sport et management » à l'université d'Aix-Marseille. Pour ranimer cette exigence unique qu'ils affichent les uns envers les autres, sur fond d'évaluation et de stimulation permanentes. « Attention, les gars ! On s'était dit qu'on devait travailler nos enclenchements d'attaque et on n'y est pas... »

Là, normalement, la machine se met en branle. Même si l'élément que je mets en avant n'est pas essentiel, ce sont les conséquences de cette remise en question qui s'avèrent déterminantes. La plupart du temps, je peux aussi compter sur les forfaits de quelques joueurs d'importance pour créer un minimum d'inconfort psychologique dans le groupe. Nous abordons rarement les grandes compétitions avec notre 7 majeur. Souvent, je dois composer, recomposer, ajuster, réaffecter et, au final, ce jeu de chaises musicales suscite, lui aussi, le sentiment d'insécurité tant recherché.

C'est encore le cas à la veille du championnat du monde 2011, en Suède. Blessés, Guillaume Gille, ma courroie de transmission favorite, et Daniel Narcisse, mon génie sous-coté, ne sont pas du voyage. La moyenne d'âge de mon équipe descend subitement. J'intègre trois jeunes joueurs, Arnaud Bingo, du Tremblay-en-France, Samuel Honrubia, de Montpellier, et Bertrand Roiné, de Chambéry. Trois purs produits de la formation à la française rompus dès leur plus jeune âge aux exigences du handball de haut niveau. Je ne pars donc pas totalement dans l'inconnu, même si l'adoubement de cette jeune classe nécessite un temps d'adaptation et provoque quelques craintes plutôt bénéfiques. En Suède non plus on ne part pas dans l'inconnu question coutumes locales. On sait qu'on n'y va pas pour le tourisme et que l'environnement va nous taper sur le système très rapidement. C'est comme ça. Avec les Suédois, une vieille animosité nous unit, si j'ose dire. Dans les années 1990, les joueurs du fameux coach Bengt Johansson ont dominé la scène mondiale. Mais ils l'ont fait avec une suffisance qui nous est toujours restée en travers de la gorge. À la fin des matchs, ces mecs-là s'abaissaient à peine à serrer la main de leurs adversaires. Le temps a passé, les joueurs ont changé, Johansson a pris sa retraite, mais l'inimitié est toujours vivace. Il y a des équipes comme ça qui ne vous reviennent pas, et ça peut durer des siècles.

Comme d'habitude, la première phase du championnat du monde m'offre le loisir de procéder à quelques expériences en toute quiétude. Je lance les jeunes contre la Tunisie, 32-19, l'Égypte, 28-19, et le Bahreïn, 41-17. Trois galops d'essai assombris par la blessure, lors du deuxième match, du malheureux Roiné : rupture du talon d'Achille, le bien nommé dans notre sport tant il est martyrisé. Pour le reste, la concurrence entre mes trois ailiers, Guigou, Honrubia et Bingo, apparaît comme un vrai moteur pour l'équipe. Contrairement à l'année précédente, notre début de compétition n'a rien de poussif. J'en profite pour donner du temps de jeu au gardien de but de Montpellier, Daouda Karaboué, si souvent dans l'ombre d'Omeyer. D'ailleurs, Titi ne me semble guère dans son assiette lors de ces premières rencontres. Mais je connais le bonhomme. Quand les grands matchs seront là, il ressortira sa panoplie de Superman.

Un grand match, en voici un, face à l'Allemagne, dans la riante cité de Lund. Et encore une fois, les jeunes font feu, 30-23, dans une partie à sens unique. Preuve de la qualité de notre banc de touche, dix joueurs différents apportent leur contribution au score, dont les apprentis Experts Barachet, Honrubia, et surtout Accambray, un colosse de vingt et un ans, fils d'un ancien champion de lancer du marteau, qui, ce jour-là, inscrit cinq buts à longue distance. Pour le reste, Omeyer n'a pas eu à s'employer plus que ça. Sa prestation en demi-teinte n'est ni bonne ni mauvaise. Attendons encore. Pour notre cinquième match en sept jours, nous affrontons les redoutables Espagnols, eux aussi invaincus, avec la première place du groupe A pour enjeu. Ces dernières années, si nous avons surtout croisé le fer avec la Croatie et les équipes scandinaves pour nous hisser tout en haut de l'affiche, l'équipe du grand coach barcelonais Valero Rivera n'en reste pas moins celle qui nous pose le plus de problèmes. Pour une raison assez simple, au fond, c'est celle qui nous ressemble le plus. Un ensemble atypique, difficile à manœuvrer, qui compense son manque de gabarit par sa capacité tactique à piéger l'adversaire. D'ailleurs, ça ne rate pas. Alors que nous les laminons durant la majeure partie du match, 18-13 à la mi-temps, Rivera, celui-là même qui me prenait pour un zozo quelques années plus tôt quand je lui demandais de laisser Fernandez à la disposition de l'équipe de France, Rivera, donc, en maître stratège, chamboule son système défensif. Et le cours du match bascule. Alors qu'il ne reste que dix minutes à jouer, leur goal d'origine serbe, Arpad Sterbik, devient soudain imbattable. On ne peut pas en dire autant d'Omeyer, qui va ramasser le ballon au fond des filets à chaque contre-attaque de nos adversaires. Alors que nous menions 27-21, les Espagnols égalisent à deux minutes du coup de sifflet final. La victoire leur échappe même sur un ultime tir de leur demi-centre Chema Rodriguez, qui s'écrase sur le poteau… 28-28 : cette fois, le coup est passé près.

Trois enseignements à tirer de cette demi-défaite. D'abord, nous en sommes quittes pour partager la première place du groupe avec nos rivaux du jour. Ensuite, la bonne étoile est toujours pendue au-dessus de nos têtes, car nous avons bien failli mordre la poussière lors de ce final asphyxiant où les Espagnols ont vendangé une balle de match. Enfin, Titi Omeyer, mon homme de base, n'est toujours pas revenu à son meilleur niveau. Mais je lui maintiens ma confiance. Tout comme ses équipiers qui attendent patiemment le réveil de ce formidable compétiteur.

Les moindres blessures d'orgueil sont toujours salutaires quand on est perché sur le toit du monde depuis si longtemps. Si les joueurs ont été meurtris par leur impuissance face à la furia espagnole, j'estime qu'il est aussi de mon devoir de reconnaître mes torts publiquement. Je me flagelle face aux journalistes pour avoir écopé d'une sanction disciplinaire entraînant l'exclusion d'un joueur pour deux minutes, ce qui a fini de désorganiser mon équipe. Afin de doucher l'euphorie de nos adversaires, je n'ai cessé de houspiller les arbitres, de réclamer des fautes plus ou moins imaginaires, sans prendre garde au fait que mon adjoint, Sylvain Nouet, avait déjà reçu un carton jaune. La sanction, logique, est survenue au pire moment, en plein cataclysme. Tant pis pour ma réputation de meneur d'hommes infaillible : je plaide coupable. C'est dans le contrat tacite que j'ai signé avec mes joueurs voici neuf ans maintenant. Ce pacte de confiance qui est notre bien le plus précieux et dont je suis le premier garant. Pour que les gars endossent toutes leurs responsabilités, je me dois d'assumer les miennes en toutes circonstances. C'est à ce prix que l'équipe de France est devenue grande. Et qu'elle le restera.

Mes joueurs se jettent dans le tour principal de ce Mondial comme des morts de faim. Ils témoignent d'une telle rage de vaincre, ils semblent si avides de revanche, qu'on les croirait lancés à la conquête de leur premier titre. Nous battons, enfin, nous écrasons la Hongrie, 37-24, la Norvège, 31-26, et l'Islande, 34-28. À ce compte-là, je veux bien m'administrer quelques coups de fouet médiatiques pour faire circuler le sang ! La Suède, l'Espagne et le Danemark nous accompagnent dans le dernier carré. Avant notre dernier match contre l'Islande, la qualification pour les demi-finales étant déjà acquise, j'en ai profité pour faire tourner mon effectif et donner, notamment, un peu de temps de jeu à notre deuxième gardien de but, Daouda Karaboué. Ça peut toujours servir.

Demi-finale France-Suède, à Malmö. Le défi est de taille mais tous les clignotants sont au vert. Tous sauf un. Depuis plusieurs jours, je me torture les méninges pour savoir si le moment n'est pas venu de titulariser Karaboué dans les cages. Éternel remplaçant de notre ange gardien de but, l'inamovible Thierry Omeyer a toujours témoigné d'un état d'esprit exemplaire et ses statistiques sont dignes de respect dans chaque bout de match qu'il joue sous le maillot bleu. Sur le papier, il n'y a aucun doute, sa place est sur le terrain. En dépit de sa réputation justifiée de numéro 1 mondial et de ses vertus de leader tant vantées, Omeyer n'est pas au mieux depuis le début de ce championnat. Sur le papier, il n'y a aucun doute, mais moi, j'en ai. Je ne me vois pas retirer ma confiance, dès les premiers frimas venus, à un joueur qui nous a tant apporté. J'observe par ailleurs que ses coéquipiers croient toujours en lui. Personne ne le blâme, personne ne manifeste le moindre agacement quand il encaisse un but évitable. Si j'avais perçu un début de défiance de la part des autres joueurs, j'aurais peut-être sorti Titi de l'équipe. Ou peut-être pas. Là, mon choix est fait, je décide de lui maintenir ma confiance, coûte que coûte.

Ce que je n'avais pas imaginé, c'est que notre gardien de but allait être la cible d'un méchant tir de barrage avant même d'avoir enfilé son pantalon de survêt. Au matin du match, c'est notre accompagnatrice, une ancienne joueuse suédoise passée par Toulouse, qui me signale deux articles assassins le concernant dans la presse du pays. « Vous avez vu, Claude, ce qu'ils racontent sur Titi ? » Je n'ai pas vu, non. Et même si j'avais vu, je n'y aurais rien compris. Toutes affaires cessantes, je demande à notre blonde espionne de traduire. Dans le premier article, un ancien gardien de but suédois devenu consultant fait la démonstration en deux coups de cuillère à pot qu'Omeyer est fini. « C'est le gardien du passé, écrit-il. Tout le monde a décrypté ses trucs. La plupart des attaquants adverses ont pris sa mesure… » Parfait, ça. Dans l'autre article, c'est encore plus vachard. Un international suédois évoluant à Barcelone, Magnus Jernemyr, affirme que Titi est un « sale type à la mentalité pourrie » et va jusqu'à le traiter de « bâtard » ! C'est bon. J'en sais assez. Je pourrais glisser sur ce règlement de comptes qui remonte à un vieux match de Ligue des champions opposant Barcelone à Kiel, le club allemand d'Omeyer, lequel, ce jour-là, s'est laissé aller à chambrer le banc espagnol un peu exagérément. Je pourrais passer à autre chose, oui, car s'il y a bien un joueur au-dessus de tout soupçon, un mec sain, timide, charmant, c'est bien lui. Pourtant, dès que je l'aperçois dans le couloir de l'hôtel, je lui fais signe de me rejoindre et je brandis sous son nez les deux actes d'accusation le concernant. J'assure sommairement la traduction et, au fil des épithètes, je le vois qui se décompose sans piper mot. Bien sûr, je ne fais rien pour le rasséréner : « Si les spécialistes disent que t'es bon pour la casse, peut-être qu'ils ont raison… » J'appuie, je titille. « Bah, c'est vrai que, sur les derniers matchs, tu as montré tes limites actuelles… » Il serre les mâchoires, pâle comme un linge. C'est le moment d'enfoncer la deuxième lame. « Et là, regarde, l'autre con de Suédois, il te traite de bâtard ! » Je replie le journal juste avant qu'il ne parte en syncope. Bien évidemment, je ne me livre pas à un tel supplice de gaieté de cœur. Si je le pique ainsi, c'est que je connais le bonhomme. Je sais combien l'adversité le transcende. Mais ce n'est pas tout. Jusqu'au match, maintenant, je vais utiliser l'affront fait à l'un des nôtres comme une agression réclamant vengeance. Je tire rarement sur la corde sensible mais, cette fois, mon intuition me commande de motiver mes joueurs façon rugby. Je l'ai déjà dit, il n'y a pas de méthode Onesta. Je sens bien plus que je ne sais. Et là, je sens qu'il faut en appeler aux hormones. « Les gars, le type en face, il prétend que Titi est un bâtard et vous allez laisser faire ça ? » Silence chargé d'électricité. « Quand on le traite de bâtard, c'est comme si moi, on me traitait de bâtard ! Et vous, ça ne vous fait rien ? » Et ainsi de suite, jusqu'au coup d'envoi. Jusqu'à ce que la bave coule de leurs lèvres…

De toute façon, il fallait que les Suédois baissent la tête. Trop de rancœur à leur égard. Depuis la nuit des temps. L'heure était venue pour eux de payer pour l'ensemble de leur œuvre. Évidemment, les gars les ont tordus. Ils leur ont fait mal dans tous les sens du terme. L'air de rien, ce match opposait tout de même les deux nations les plus titrées des vingt dernières années. Mais ce n'était là qu'une vérité pour les livres d'Histoire. Sur le terrain, les questions de protocole ont été vite réglées. D'emblée, Bertrand Gille, le prototype du guerrier, qui n'était plus réapparu en compétition depuis plus d'un an à cause de son tendon d'Achille récalcitrant, frappe au plexus. Huit buts sur huit tentatives et quelques solides tampons adressés à son vis-à-vis, le fameux Jernemyr. Les Suédois sont dans les cordes et ils vont y rester toute la partie. Quand je pense à leurs postures de matamores dans les journaux, le cours inéluctable de notre domination me laisse presque sur ma faim. Mon équipe l'emporte 29-26, après avoir mené par sept buts d'écart en seconde mi-temps. À part ça ? Ah ! oui, Omeyer… Comme prévu, il a gratifié nos hôtes de plusieurs parades sorties de nulle part. À seize reprises, les attaquants suédois s'y sont cassé les dents. Je ne sais pas si Titi est définitivement guéri, mais une chose est sûre : nos amis du Nord peuvent retourner fouiller son sac à malices.

Et si l'on faisait les comptes ? Ce 29 janvier 2011, nous voici donc à la veille d'une nouvelle finale, face au Danemark. La cinquième en six ans. La quatrième consécutive. Toutes gagnées. C'est peu de dire que nous sommes attendus au tournant. D'autant que les Danois, champions d'Europe en 2008, sont les seuls à avoir troublé notre hégémonie depuis que nous régnons sur la planète handball. Pour cette finale, ils bénéficient en outre du fait d'évoluer quasiment à la maison. Un pont sépare Malmö de la patrie de la Petite Sirène, et l'on sait déjà que la salle sera acquise à 99 % à nos adversaires. Mais de cela aussi nous avons l'habitude.

Un vrai combat de poids lourds. Ce match est sans doute l'un des plus beaux, à tout le moins le plus ébouriffant, de tous ceux que nous avons livrés ces dernières années. D'emblée, le capitaine, Jérôme Fernandez, et l'ailier Michaël Guigou lancent le festival offensif, 9-7 au bout d'un quart d'heure. En face, le Karabatic danois, Mikkel Hansen, meilleur buteur du tournoi, ne chôme pas. Il envoie du plomb sur la ligne des 9 mètres et Omeyer, guère aidé par ses défenseurs, fait des acrobaties dans le vide. 15-12 en notre faveur à la mi-temps. En seconde période, le match devient fou. Karabatic et Accambray ont beau montrer à Hansen qu'ils en ont eux aussi dans le bras droit, les Danois profitent de nos moindres pertes de balle pour partir en contre. Et ils font mouche à tous les coups. Omeyer est en cale sèche. Toujours une fraction de seconde de retard. Les tirs lui passent au-dessus de la tête, sous les bras, au ras du sol, mais ils passent. C'est la rechute après le sursaut d'orgueil du match contre la Suède. Et je ne le fais pas sortir. Lors des temps morts, je l'implore encore et toujours : « Putain ! Titi, essaye de nous arrêter un ballon ! Juste un… » Je sais qu'au même instant des millions de téléspectateurs me prennent pour un dangereux illuminé. « Mais qu'est-ce qu'il fout, ce con ? Pourquoi il laisse l'autre passoire sur le terrain ? » Évidemment, il n'y a pas une seconde où je ne pense pas à faire rentrer Karaboué. Mais je me raccroche à notre histoire. À nos serments. On se parle de respect, de solidarité, de fraternité depuis bientôt dix ans. Toute notre aventure est bercée de ces nobles paroles. Et quand l'un d'entre nous a la tête sous l'eau, je devrais la lui enfoncer encore plus en le jetant comme un Kleenex ? J'ai affirmé sur tous les tons que l'humain était au centre de mon projet. Je martèle aux joueurs que « le dire ça fait rire, le faire ça fait taire… » Eh bien, fais-le, Onesta. Fais-le jusqu'au bout.

Même si on encaisse but sur but, je tiens bon. Au moins, ce soir, je pourrai me regarder dans la glace. Et ça passe presque. Au terme d'une deuxième mi-temps acharnée, Karabatic nous offre la victoire 31-30, à trente secondes de la fin. Mais Spellerberg égalise sur le buzzer et arrache les prolongations. Pour ne rien arranger, Bertrand Gille a écopé d'une exclusion de deux minutes sur la dernière action, ce qui nous oblige à jouer le début des prolongations en infériorité numérique. Coup de chance, nous gagnons le tirage au sort pour la remise en jeu. J'insiste sur ce détail car il a son importance, vous verrez. En bénéficiant du coup d'envoi des prolongations, nous allons pouvoir faire tourner le ballon, et surtout la pendule, en attendant le retour de notre pivot sur le terrain. On fait même mieux que ça, d'ailleurs, puisque après une longue séquence de passes à dix, dans un moment qui n'appartient qu'aux génies, Guigou offre un ballon de but à Abalo, qui se charge de valider et nous propulse en tête, 32-31. Pas pour longtemps. Malgré le retour de Gille, les Danois ne lâchent rien. Ils passent en tête, 33-32, et contrairement au nôtre, leur gardien de but, Landin, est en feu. C'est à ce moment précis, à l'instant où tous les spécialistes du handball, et même les profanes, réclament la camisole devant mon acharnement à laisser Omeyer sur le terrain que, ô miracle, Titi dévie un tir à bout portant. C'est son premier arrêt décisif du match. Mais il compte pour vingt. Il nous permet de virer en tête (34-33) à la mi-temps de la prolongation. Viendront ensuite deux buts de Fernandez, un arrêt décisif de ce bon Titi et un dernier but signé Guigou… 37-35. Quelle suée ! Que ce fut dur ! Que ce fut beau ! Et ça l'est encore plus le lendemain, à l'hôtel, quand je croise Omeyer au détour d'un couloir. Ému aux larmes, il me confie avec pudeur :

– Je n'oublierai jamais ce que vous tous, vous avez fait pour moi. J'ai vécu le pire moment de ma carrière. Plus les minutes passaient, plus j'avais le sentiment de vous trahir. Je me sentais dans la peau d'un salopard, et plutôt que de me jeter des pierres, vous m'avez soutenu. Merci coach. Merci à tous…

Évidemment, cette quatrième couronne consécutive déchaîne les superlatifs sous la plume des journalistes. Je me souviens que l'un d'eux a résumé notre œuvre en titrant son article « Champions de tout ». C'est gentil. C'est trop gentil. Il s'en est fallu de si peu, cette fois, pour que la roue tourne. L'histoire du tirage au sort avant d'attaquer les prolongations en infériorité numérique, par exemple. J'ai longtemps cru que nous l'avions gagné. Et que c'est ainsi que nous avions choisi d'engager pour garder le ballon le plus longtemps possible et empêcher les Danois de profiter de leur surnombre. Je l'ai cru car c'est toujours un membre du staff qui procède à cette formalité. Moi j'ai autre chose à faire, je suis au vestiaire avec les joueurs. De retour, Sylvain Nouet m'a dit : « On a la balle » et j'ai pensé : « Chouette, la pièce est tombée du bon côté pour nous. » En fait, c'est tout l'inverse qui s'est produit. Les Danois ont envoyé leur médecin pour jouer à pile ou face. Et le malheureux a fait ce qu'on fait systématiquement quand on gagne le tirage au sort en début de match : il a laissé le ballon à l'adversaire ! Au coup d'envoi, c'est logique car on est toujours à sept contre sept. Comme ça, on se garde l'engagement pour la seconde mi-temps, dans l'espoir d'être un de plus à ce moment-là ou, dans le cas contraire, de pouvoir gérer au mieux une situation en infériorité numérique. Mais là, ce n'était pas le début du match ! Les Danois étaient plus nombreux que nous sur le terrain... Avec le coup d'envoi, ils auraient peut-être pu inscrire un ou deux buts. Au lieu de ça, en agissant par habitude, le pauvre médecin les a condamnés à nous regarder jouer à la baballe pendant deux minutes. Et c'est sans doute le tournant du match. Le plus drôle, c'est que le médecin danois ne s'est jamais vanté de son exploit auprès des siens. Nos adversaires ont longtemps pensé qu'ils avaient perdu ce tirage au sort. C'est Philippe Bana, notre DTN, qui a appris la vérité à son homologue scandinave lors d'un colloque international, quelques mois plus tard. « On n'a jamais compris pourquoi vous nous aviez laissé la balle au début des prolongations alors que vous aviez gagné le tirage au sort », s'est-il étonné. Et le Danois de s'étouffer : « Comment ça, on a gagné le tirage au sort ! »

Champions de tout, oui, même de la baraka. Toutes ces années-là, notre marche en avant m'est apparue aussi fragile qu'inéluctable. Avant de nous séparer et de ployer sous une énième brassée de lauriers, j'avertis mes joueurs : « On n'est pas dupes de ce qui se raconte, les gars. Tout ça, c'est une pièce de théâtre. On a le droit d'y participer. Mais on n'est pas obligé d'y croire… » Comment imaginer que c'est moi, le garde-chiourme des ego surdimensionnés, qui le premier s'apprête à fauter ?

# – 13 –

## Les dividendes du succès

Il m'arrive à moi aussi de céder à la mode. Depuis quelques années, les entraîneurs de sports collectifs ont la cote dans le monde du travail. On se les arrache pour insuffler un peu de cet esprit d'équipe qui fait tellement défaut dans un univers professionnel déshumanisé. Les grands patrons sont avides de connaître les recettes de la gagne, surtout quand celle-ci s'inscrit dans la durée. Malgré mes réticences d'homme de gauche, j'interviens régulièrement dans des séminaires d'entreprise, où je partage exemples et réflexions tirés de mon expérience de manager à succès. J'interviens dans des sociétés parfois cotées au CAC 40, des boîtes aux secteurs d'activité les plus variés, du constructeur automobile au laboratoire pharmaceutique, en passant par les banques. Si je devais à tout prix me réconcilier avec mon éthique d'homme de gauche et l'éducation de mon père, je prétexterais qu'il est toujours plaisant d'aller prendre de l'argent aux riches, à la façon de Robin des Bois. Avec le temps, pourtant, je suis un peu revenu de ma vision manichéenne de la société et de mes préjugés sur les patrons nécessairement salauds et les travailleurs systématiquement exploités. Si je considère toujours que le monde du travail s'articule autour de fonctionnements stériles et abusifs, il m'arrive aussi de rencontrer, au cœur de ce système, des gens de grande qualité. Des capitaines d'industrie, des décideurs économiques curieux d'entendre de nouveaux discours mais qui ne se donnent pas toujours les moyens de rompre avec un modèle archaïque. J'essaye de répandre ma bonne parole, d'illustrer les principes de vie des hommes entre les hommes, de lever un coin du voile sur tout ce qui constitue la dynamique de la victoire. En retour, je tire profit, dans tous les sens du terme, de ces rencontres et de cette incursion dans un univers si éloigné de mes valeurs ancestrales.

Dans mes premières années de sélectionneur national, il m'arrivait déjà d'intervenir ponctuellement pour des copains devenus chefs d'entreprise. Je le faisais par amitié, trois ou quatre fois par an. Avec le succès, les sollicitations ont commencé à pleuvoir. Et la récurrence de nos résultats n'a fait qu'amplifier le phénomène. J'ai dû m'organiser en conséquence. L'agence Sella Communication, créée par l'ancien rugbyman international Philippe Sella et dirigée par Jean-Claude Bonetti, gère mes intérêts et la logistique des opérations. Quant à moi, je m'occupe de concilier les périodes où je m'y consacre avec le calendrier des rassemblements et des matchs de l'équipe de France. Une année, j'en ai trop fait. C'était en 2011. J'y ai laissé une partie de mon acuité de sélectionneur et le rendement des Experts s'en est ressenti dès le début de la saison suivante. Depuis, je refuse autant de propositions que j'en accepte : une trentaine par an.

Je veux croire au bien-fondé de ces échanges. J'aime la confrontation d'idées de ces deux mondes moins distants qu'il n'y paraît. Après tout, s'il y a bien un sujet qui me tient à cœur et sur lequel j'ai peut-être livré quelques preuves de mon savoir-faire, c'est celui de l'interaction entre les individus. Pour être honnête, j'y vois aussi une façon de récompenser enfin les miens. Ma femme et mes deux filles ont longtemps payé les pots cassés de mon activité de sélectionneur de l'équipe de France. Elles ont vécu la solitude, la souffrance, l'impuissance face aux critiques et à la médisance des années de disette. Et même avant cela, j'ai le sentiment de leur avoir fait subir trop égoïstement mon besoin viscéral de liberté. J'ai été fonctionnaire pendant plus de vingt ans, six comme prof de gym, quinze comme CTR. Jamais, au grand jamais, je n'ai contesté l'une de mes notations, contrairement à nombre de mes collègues de l'époque. Or, dans la fonction publique, la notation vaut avancement. Mais ma fierté, mon indépendance d'esprit ne toléraient pas que je m'abaisse à faire allégeance pour de vulgaires raisons pécuniaires. Je préférais maugréer en silence contre l'enfoiré de supérieur hiérarchique qui m'avait saqué. À mes yeux, l'argent ne méritait pas d'être placé sur un piédestal. Mais, au bout de quatre ou cinq ans, quand les collègues pleurnicheurs avaient franchi deux échelons supplémentaires et qu'ils ramenaient 300 euros de plus que moi dans la gamelle, est-ce qu'au fond, vis-à-vis des miens, ce n'était pas moi, l'enfoiré ? Longtemps mon besoin de liberté a eu un prix, et les femmes de ma vie – mon épouse et mes filles – l'ont acquitté bien plus que je ne l'ai fait. La reconnaissance actuelle et les dividendes qui vont avec me permettent en quelque sorte de les dédommager de ces années de dévouement et de sacrifices. D'autant qu'au nom de cette sacro-sainte hauteur de vue qui me gouverne, je n'ai jamais pris soin de négocier mes appointements de sélectionneur national. Quand j'ai pris mes fonctions, j'ai expliqué aux responsables de la Fédération que l'honneur qui m'était fait se suffisait à lui-même et que je les laissais fixer mon salaire. Naturellement, ils en ont profité pour faire une belle soustraction sur les émoluments de mon prédécesseur. Durant les sept premières années de mon mandat, je touchais 5 000 euros par mois, hors prime de résultat. En 2008, juste avant les Jeux de Pékin, j'ai eu une proposition mirobolante du club espagnol de Pampelune, le genre de proposition dont on dit qu'elle ne se refuse pas. Je l'ai mise sur la table, et la Fédération m'a accordé une augmentation de 2 000 euros par mois. Six ans et six titres olympiques, mondiaux et européens plus tard, je n'ai pas été augmenté d'un centime. Je n'ai rien demandé. Ça me va très bien comme ça. C'est le prix de ma liberté.

À mon âge, on ne se refait pas. Quand je suis convié à un séminaire d'entreprise, j'essaye encore de m'émanciper des carcans et des figures de style obligées. Il paraît que certains de mes homologues ont toujours recours au même discours calibré égayé d'une petite séance de PowerPoint, et au revoir, messieurs dames. Moi, j'essaye d'ouvrir les fenêtres. Je demande à un responsable de l'entreprise de lancer les thèmes de mon intervention sur le mode de l'interview et de faire passer un micro dans la salle pour laisser circuler la parole. Par nature, je ne me vois pas débouler avec un laïus chronométré et un produit fermé. Pour que ce soit intéressant, il faut que ce soit interactif. Je prends soin de m'informer du cœur de métier et des principales tendances du marché de l'entreprise que je visite, mais je ne me positionne jamais comme un expert de cet univers professionnel. Je viens témoigner de mon expérience et imaginer des passerelles entre le monde de la compétition sportive de haut niveau et celui de la compétition économique. Je précise ma position d'emblée : « Je ne suis pas ici pour vous raconter une histoire de handball, mais une histoire d'hommes et de projet. » Souvent, ce sont les mêmes centres d'intérêt qui surgissent quelle que soit la taille de l'entreprise ou son secteur d'activité. L'intégration des jeunes. La gestion de la star. Comment fait-on pour devenir numéro 1 et, surtout, pour le rester si longtemps ? Quel rôle joue le staff dans la délégation des pouvoirs ? Quelle est la recette pour mettre en place un management participatif efficace et s'assurer de l'engagement de tous, jusqu'au dernier des remplaçants ? À partir de là, je peux parler pendant trois jours… Mais j'insiste beaucoup sur l'épanouissement des acteurs. « L'objectif, ce n'est pas la médaille, c'est le chemin emprunté pour y parvenir. La victoire n'est que la conséquence d'un parcours réussi. » Voilà une différence de taille. En entreprise, on associe systématiquement l'objectif à la récompense. Le salarié se surpasse avec la seule motivation de gagner plus. Je vais donc m'efforcer de pointer une autre source de performances. La possibilité de construire un univers où les gens peuvent se réaliser individuellement, bien vivre ensemble, s'associer non par contrainte mais par intérêt partagé, et où, au final, la récompense est naturelle car elle couronne la qualité. La dynamique du succès est là. La nôtre, en tous les cas.

Oui, mais. Oui, mais quoi ? Peut-être faudrait-il revoir le système des rémunérations dans le monde du travail… La plupart du temps, il y a un salaire pour chacun et des primes qui ne sont attribuées qu'au gratin de l'entreprise ou qui, à tout le moins, s'accroissent considérablement avec la position hiérarchique. Pour le type d'en bas, c'est la double peine. En fait, on ne récompense que les meilleurs parce qu'on pense qu'en mettant les gens en concurrence ils vont tous devenir meilleurs. Mais la politique de la carotte et du bâton, ça marche sur le court terme, jamais sur la durée. Face à la mise en danger permanente, chacun finit, tôt ou tard, par se mettre en protection. Et plus personne n'avance. Imaginez un peu si, au lieu de partager les primes de manière équivalente entre Karabatic et le dernier des remplaçants, dont j'exigerai en retour qu'il aille chercher son efficacité en dehors du terrain, j'accordais un bonus au nombre de buts marqués. Et pourquoi pas ? Je pourrais le faire puisque c'est comme ça que ça se passe en entreprise… Seulement, les gars ne penseraient plus qu'à marquer des buts. Entre eux, ils ne se feraient plus de passes. Mon équipe perdrait toute sa capacité à jouer ensemble. Et on ne gagnerait plus un match. CQFD.

Autant que possible, j'essaye de porter une parole différente et de faire bouger les lignes. Là-haut, papa peut être tranquille, je ne vends pas cyniquement mon âme au grand capital… Et même quand une banque comme Morgan Stanley m'appelle, je ne déroge pas à mes principes. Lorsqu'ils m'ont contacté, j'ai d'abord cru à une erreur. « Euh ! Vous savez vaguement comment je me situe politiquement et ce que je peux penser d'une banque qui, si j'ai bien compris, a failli foutre l'économie mondiale en l'air ? » Le gars n'a pas moufté. « Oui, oui, mais quitte à échanger des idées avec quelqu'un, autant qu'il ne partage pas le même point de vue que nous… » Alors je suis monté à Paris. Et, à Paris, je suis monté au dernier étage de l'hôtel particulier qui abrite le siège de Morgan Stanley. Dans le bureau de René Proglio, le patron de la filiale française de la banque d'investissement, le frère jumeau d'Henri Proglio, P.-D.G. d'EDF, deux petits-fils de l'immigration italienne. Comme moi. Et j'ai découvert un homme remarquable. Ce jour-là, du reste, j'ai rencontré beaucoup de ces représentants de la haute finance qui, quand ils ne jouent pas aux maîtres du monde devant leurs écrans d'ordinateur, sont plutôt des mecs brillants. Ils ont juste perdu le sens des réalités. Ils nous disent que l'on doit courir plus vite et plus longtemps tout en économisant notre énergie. Il faut être plus rentable. Ils oublient juste de nous indiquer quel est le sens de cette course où les riches deviennent plus riches et les pauvres plus pauvres. Le décalage est abyssal avec mon utopie d'un monde meilleur.

Ce jour-là, après mon intervention, nous sommes allés dîner à une grande table parisienne. Moi et tout cet aréopage de grosses têtes, si avides de se faire raconter l'odyssée des Experts. Bonne bouffe, ambiance sympa. Jusqu'à ce qu'ils me posent une dernière question, à la fin du repas. « Est-ce que vous pouvez nous dire, maintenant, ce que vous pensez de nous ? » Intérieurement, j'ai pensé que c'était dommage de gâcher ainsi un moment si convivial. J'ai souri. Eux aussi, légèrement crispés. J'ai répondu que je ne voulais pas juger leur métier parce que je ne le connaissais pas. Mais j'ai ajouté que ce que je pensais d'eux, c'est sans doute ce que penserait un chef amérindien vivant au milieu de l'Amazonie quand on essayerait de lui expliquer la fonction de la noble institution bancaire. « Tu vois, ces gens-là, tu vas leur confier ta richesse. Ils vont la garder. Ils vont s'en servir pour la faire fructifier. Et avec ta richesse et ma richesse, ils vont se créer leur richesse à eux. Hein ? Quoi ? Une contrepartie ? Non, non, ils ne te donnent rien en échange. Par contre, si tu veux récupérer un peu de ta richesse, ils vont te la faire payer. Tenue de compte, chéquiers, transactions… Arrête de rire ! Bien sûr, ils servent à quelque chose. Ils peuvent prêter de l'argent, faire tourner l'économie. Sauf qu'ils peuvent aussi tout perdre parce qu'ils jouent au casino… » Une belle journée, vraiment. Tout le monde s'est réjoui de l'intérêt de ces échanges. Et le chef amérindien a regagné son campement toulousain l'âme en paix.

# – 14 –

## Revers de médailles

Je ne vais pas me chercher d'excuses. Depuis le début de ce livre, je crains que le récit de nos modestes exploits laisse accroire que je me prends pour un manager infaillible. J'ai expliqué comment, après quatre ans à la tête de l'équipe de France, j'aurais pu être limogé pour absence de résultats. Et si la suite des événements a légitimé ma démarche, je n'ai jamais eu le sentiment de détenir la pierre philosophale du sport de haut niveau. En 2012, alors que nous dominons le monde depuis quatre ans et que la spirale de la victoire joue à plein, mon équipe va subir un coup d'arrêt qui aurait pu lui être fatal. Ce retour de manivelle a lieu fin janvier, lors des championnats d'Europe en Serbie. Le choc est d'autant plus retentissant que personne ne l'a vu venir. Moi le premier.

Je sais que les années olympiques sont toujours délicates à gérer. 2012 ne déroge pas à la règle avec cet Euro serbe qui se déroule à six mois des Jeux de Londres. Par le passé, il m'est arrivé de faire quasiment l'impasse sur une compétition afin de mieux préparer la suivante. Quatre ans plus tôt, les championnats d'Europe en Norvège m'ont servi de tremplin vers les Jeux de Pékin. Notre jeu était alors en pleine mutation et le simple fait de briguer l'or olympique nous valait, par avance, l'absolution. Ce n'est plus le cas aujourd'hui. Les grands équilibres de l'équipe sont inchangés depuis Pékin, et il n'y a aucun chantier à l'horizon. À l'horizon, il n'y a que la victoire, encore et toujours. Après quatre titres consécutifs, comment pourrait-il en être autrement ? Nous nous rendons en Serbie pour en décrocher un cinquième. Même si c'est une geôle agréable, nous sommes prisonniers de notre statut. Dans l'esprit des gens, il suffit que les Experts enfilent le maillot bleu pour que le mythe opère. Je me demande si, moi-même, je n'ai pas fini par céder à cette martingale un peu simpliste.

D'habitude, je me configure en mode compétition plusieurs semaines, voire plusieurs mois avant l'échéance. Je m'isole dans ma bulle toulousaine, mon ordinateur sur les genoux, assis dans le grand fauteuil blanc du salon. C'est mon bureau, mon cockpit, le lieu de toutes mes ruminations. J'étudie pour la centième fois les compositions des équipes de nos éternels rivaux, j'essaye de me faufiler dans le cerveau des coachs adverses, je réfléchis à la meilleure façon de présenter un énième challenge à mes joueurs, je sollicite des membres du staff pour faire monter la mayonnaise. Avant cet Euro de malheur, je ne l'ai pas fait. Pas suffisamment. Trop de sollicitations extérieures. Sans m'en rendre compte, j'ai baissé la garde. À l'automne, j'ai accepté des interventions en entreprise que j'aurais dû refuser. Certes, je ne me suis pas rendu à notre rassemblement rituel de fin d'année à Capbreton les mains dans les poches. J'avais étudié les forces en présence. Je savais que le groupe C dans lequel nous aurions à affronter, au premier tour, l'Espagne, la Hongrie et la Russie ne serait pas simple. Mais je savais aussi que, pour la première fois de notre histoire, mon équipe allait se présenter dans cet Euro au grand complet. Par le passé, j'ai toujours eu deux ou trois de mes joueurs sur le flanc, et malgré ces défections nous nous sommes couverts d'or. Là, j'ai tout mon monde sous la main : Omeyer, les frangins Gille, Dinart, Karabatic, Narcisse, Fernandez, Guigou, Abalo, Accambray, Sorhaindo, Barachet… Que du lourd, du médaillé, du brutal. Si ça ne suffit pas, je veux bien me mettre au ping-pong. Déjà, sans m'en rendre compte, je m'avance en sifflotant vers l'abîme.

Je me croyais prêt, mais je ne l'étais pas. Moins de vigilance qu'à l'accoutumée. Peut-être un début de vanité. D'emblée, j'aurais dû faire preuve de plus d'exigence envers les joueurs. Mais pour ça, il aurait fallu que je commence par me montrer plus exigeant avec moi-même. Les petits signes annonciateurs de la déroute étaient là et je ne les ai pas vus. Ou plutôt, j'ai préféré ne pas les voir. Dès le rassemblement de Capbreton, à trois semaines de la compétition, il y avait des détails qui clochaient. Comme d'habitude, nous nous sommes retrouvés sur la côte landaise, entre Noël et le jour de l'an, pour une sorte de stage de remise à niveau. Dans ces cas-là, les joueurs déboulent des quatre coins de l'Europe, les uns traînent des petits bobos nécessitant quelques séances de soins, les autres ont besoin d'un peu de temps pour réendosser leur tenue d'Expert. Le seul objectif de cette rentrée des classes consiste à être opérationnel à la fin de la semaine. On fait le point, on discute plus qu'on ne s'entraîne, mais on est déjà tournés vers le défi qui nous attend. Par tradition, ces retrouvailles sont toujours conviviales. Et cette fois-ci, encore, on était heureux de reformer notre petite famille. L'ambiance était douce et légère. Presque trop. Dès que je programmais une séance de mise en place tactique, il y en avait un ou deux qui se faisaient porter pâle. Même sans se livrer à fond, même au ralenti, les passes n'arrivaient pas, les ballons tombaient des mains. Alors, on recommençait. Relax. Tranquille. Mais ce n'est pas ça, l'équipe de France ! Dès qu'il y en a un qui prend ses aises, normalement, tous ses équipiers le fusillent du regard. Et si ça ne suffit pas, c'est moi qui finis par lui tomber dessus. Là, vis-à-vis du tire-au-cul, tout le monde préférait détourner la tête. « Bah ! Ce n'est pas grave, il s'y mettra demain… » Sauf que ça contamine pire que la rougeole, ce truc-là.

À une semaine du départ en Serbie, nous disputons un match de préparation contre la Norvège, à Bercy. Devant quinze mille fans, mes joueurs font le job, et on s'impose 28-24. Mais à la façon dont Mamelund et le bien nommé Rambo nous ont secoués en première mi-temps, cet ultime canter a des allures de succès en trompe-l'œil. À certains moments, on manque de solidarité, d'engagement, de précision. La fleur empoisonnée qui était en germe à Capbreton est en train d'éclore sur le terrain. À la sortie des vestiaires, j'aperçois Bertrand Gille qui répond aux journalistes, l'air soucieux : « Ce match me laisse sur ma faim. On voit bien que l'on peut être mis en difficulté contre n'importe quelle équipe dans un bon jour. Maintenant, on se projette sur l'Euro. C'est la compétition qui nous dira si la préparation a été bonne… » En bon perfectionniste, c'est lui qui a raison. Moi, je préfère me raccrocher à l'idée que la machine à gagner va finir par s'enclencher toute seule. En conférence de presse, je rends hommage à nos adversaires. « C'était un vrai match international avec un combat dense et chaud. » Un combat dense et chaud… Je me demande parfois où je vais chercher tout ça.

On l'a compris, je plaide coupable. Coupable de ne pas avoir su protéger mon équipe contre elle-même. Coupable aussi de n'avoir pas su dire non quand l'emballement des médias et des sponsors a transformé chacun de nos entraînements en démonstration de foire. Mais le handball français avait tellement couru derrière cette reconnaissance que je n'ai pas eu le courage d'éconduire tous ces nouveaux venus s'immisçant, soudain, dans notre vie. Le ballet des photographes et des équipes de télé a commencé dès le stage de Capbreton, là où nous nous contentions jusque-là d'un article dans *Sud-Ouest* et d'une interview dans *L'Équipe*. Par la suite, ça n'a fait qu'empirer. Finis les entraînements avec une poignée de spécialistes, calepin à la main, sagement assis dans les gradins. Dorénavant, les photographes et les cameramen campent sur le terrain, chacun veut l'angle qui va bien, ça dure des plombes, ça ne ressemble plus à du handball mais à une séance de shooting. Et moi, normalement, je suis celui qui met le holà à tout ce cirque. Mais, à ce moment-là, je subis des pressions de partout. De l'attaché de presse, de la Fédé, du diffuseur, du marketing : « Faut pas dire non, ça ne se représentera peut-être pas… » Bon, ben, on va gérer.

On gère que dalle. Match inaugural de cet Euro dont on part favori, à Novi Sad, contre l'Espagne. Pour l'occasion, le vétéran Didier Dinart fête sa 350e sélection. En voilà un qui, avec moi, aura tout connu. Même ça. Pour la première fois depuis 1993, l'équipe de France perd son match d'ouverture dans une grande compétition internationale. Les Espagnols nous mettent sous l'éteignoir durant toute la rencontre. Aucune continuité en attaque, défense laxiste, placements approximatifs… Il n'y a pas de miracle : on joue comme on s'entraîne, même quand on est la meilleure équipe du monde. Certains de mes joueurs sont transparents. Guigou ne touche quasiment pas le ballon, Gille est esseulé dans sa position de pivot, Barachet est en panne d'inspiration. Moi aussi. Mon coaching est inefficace et la rentrée de Narcisse à la 20e minute est un coup d'épée dans l'eau. Fernandez et Karabatic, qui ont vaguement sauvé les meubles en première mi-temps, 15-13 pour les Espagnols, finissent par se noyer dans cet océan d'à-peu-près. Le baroud d'honneur d'Abalo, qui plante quatre buts en autant de minutes, n'est qu'un pétard mouillé. On perd 29-26 et, déjà, nos chances de bien figurer dans la compétition s'amenuisent. Aux championnats d'Europe, en effet, tous les points de la première phase sont pris en compte lors du deuxième tour. En clair, il nous faut absolument gagner nos deux derniers matchs du groupe C, face à la Russie et à la

Hongrie, si l'on veut attaquer la poule finale avec un pécule suffisant.

Cette première défaite en compétition officielle depuis trois ans, lors d'un match sans enjeu du Mondial 2009 face à la Croatie, ne provoque aucune déflagration particulière. Les journalistes nous accordent le bénéfice du doute. Quant à moi, j'en suis encore à espérer que les mêmes recettes produisent les mêmes effets. Je provoque l'une de ces réunions qui, jadis, faisait naître un sentiment de révolte et l'envie de partir en guerre contre la Terre entière, et au besoin contre nous-mêmes. Mais, cette fois, nos armes et nos vérités restent dans leurs fourreaux. C'est mou, inoffensif, complaisant. Ça parle dans le vide. « C'est ma faute, j'y suis pas », dit l'un. « Ça va venir », renchérit l'autre. Sauf qu'il n'y a rien qui vient.

Bien sûr, on gagne notre deuxième match contre la Russie, 28-24. Mais, par moments, on est vraiment hors sujet. Mon équipe, censée posséder les meilleurs joueurs du monde à chaque poste, ânonne son handball face à une formation qui n'est plus que le fantôme de ses devancières. Par bonheur, en début de match, Dinart, ce vieux grognard, a dressé les barbelés sur la ligne des 6 mètres, empêchant les Russes de marquer le moindre but pendant dix minutes. Ensuite, on a vécu sur ce pactole comme des rentiers sans âme. Il n'y a pas de quoi pavoiser mais, au moins, nous avons encore notre destin entre les mains. Maintenant, il faut absolument battre la Hongrie pour ne pas accuser un retard rédhibitoire à l'amorce de la poule finale.

Il faut. On doit. Drôle d'impression. Cela fait bien longtemps que l'on n'a pas senti la lame glacée du rasoir sur notre nuque. Et pourtant, même à la veille de ce match à quitte ou double, mes appels à la mobilisation résonnent dans le néant. Brinquebalée devant les objectifs des photographes et des cameramen, écartelée entre les exigences de la compétition et les opérations de relations publiques, mon équipe ne répond plus. Et quand, de retour à notre hôtel, j'essaye de bousculer les mecs, je lis à travers leurs pensées : « Au lieu de nous emmerder à faire des photos toute la journée, il n'a qu'à nous proposer un peu plus de handball… » Tout le monde s'agace de ce foutoir. Moi le premier. C'est devenu l'alibi parfait qui exclut toute autre forme de procès. Pas de comparution immédiate au tribunal des équipes en souffrance et des orgueils boursouflés. Aucune remise en question. Pour ne rien arranger, nous souffrons d'un autre mal, plus intime celui-là, sur lequel je ne m'étendrai pas. Ce Mondial en Serbie est chargé d'émotion pour Nikola Karabatic, dont le papa, Branko, décédé quelques mois plus tôt, était originaire de la région de Novi Sad. Sa famille est là, chaque jour, pour le soutenir, et Niko veut tellement bien faire, il est tellement avide de ne pas décevoir les siens et de montrer à tout un pays le champion qu'il est devenu, qu'il en finit par surjouer. Et moins ça passe, plus il s'obstine. Jusqu'à en devenir méconnaissable. « Il n'y a pas de cas Karabatic », dis-je à la presse qui veut creuser la plaie avant ce France-Hongrie. En interne, pourtant, les malheurs de Niko provoquent quelques incompréhensions. On voudrait l'aider, mais la pudeur nous dissuade de nous mêler de ce drame intime et lui pense qu'on le laisse se noyer tout seul. Quel que soit notre avenir dans cet Euro, je sais déjà qu'il va falloir veiller à la cohésion de l'équipe si l'on veut encore réussir de grandes choses.

La Hongrie est une équipe inexpérimentée mais très agressive et compacte en défense. Un jeune dragon du handball mondial qu'il faut mater d'emblée, car notre piètre début de compétition a redonné des couleurs et de l'ambition à nos adversaires alléchés par l'odeur du sang. « Les gars, on doit tout de suite leur prouver qu'on est redevenus les patrons ! » Et j'y crois pendant trois minutes. Pas une de plus. Parade d'Omeyer, contre-attaque, but de Gille ; un contre un d'Abalo, lucarne ; nouvelle contre-attaque de Bertrand Gille : 3-0 ! Mais nous laissons trop d'espaces en défense. Mauvais placements, coordination défaillante. Mocsaï, le bombardier hongrois, et Csaszar, leur maître à jouer, un ancien Chambérien qui donne du liant à cet ensemble un peu fruste, s'enfoncent dans nos lignes comme dans du yaourt. 4-4, puis 9-9, puis 14-12 pour nous à la mi-temps. À la reprise, on prend les mêmes et on recommence. Les Hongrois continuent de coller à notre roue, 17-17. C'est le monde à l'envers. Ce sont eux qui semblent sûrs de leur force. Ils s'encouragent, ils ne s'affolent pas. En fait, ils guettent leur proie comme nous, jadis, quand nous attendions que le poison du doute abîme les dernières certitudes de nos adversaires. En plus, Fazekas, leur vieux gardien, est en état de grâce. Sa réussite finit de faire chavirer Karabatic, en perdition sur ce match, 3 sur 15 de réussite dans ses tirs. Lui n'est pas bon, mais les autres ne sont guère meilleurs. La défense ultraresserrée des Hongrois nous oblige à shooter dans des positions acrobatiques, et le peu de confiance qui nous restait s'érode inexorablement. Accambray, Fernandez, Barachet échouent dans des tentatives de plus en plus tordues. Et à chaque exploit de leur gardien, les coéquipiers de Csaszar nous crucifient en contre-attaque. Mes changements ne changent rien. Mon équipe se débat comme une bête prise au piège. Chacun tire à hue et à dia. Et le piège se referme davantage. Dans les dix dernières minutes, les Hongrois se détachent, sans coup férir, pour l'emporter 26-23.

Voilà, c'est fini. Avec deux défaites en trois matchs, l'heure est venue pour moi et ma *dream team* de faire profil bas. Le pire, c'est qu'en dépit de ce bilan calamiteux nous sommes quand même qualifiés pour le deuxième tour. Mais à la place du cancre, avec zéro point au compteur. Certains joueurs commencent déjà à se lancer dans des calculs d'apothicaire : si l'on gagne nos trois matchs contre la Slovénie, la Croatie et l'Islande et si les Croates perdent contre la Hongrie, et si... Je les recadre tout de suite. Ces matchs, bien sûr, on va les jouer, même si au bout de tous ces « si » il n'y a qu'une chance sur cent d'accéder aux demi-finales. Mais, de mon point de vue, la compétition s'est arrêtée après la défaite contre la Hongrie. Je décide de réunir mon équipe et je m'adresse à elle assez solennellement, contrairement à mon habitude : « À partir d'aujourd'hui, je me situe dans la perspective de Londres et je considère la fin de cet Euro comme le début de notre préparation olympique. Les Jeux, pour moi, ça commence maintenant ! Alors s'il y en a qui envisagent de tricher ou de se planquer, qu'ils sachent que j'assimilerai cela à une trahison. Et je ne compte pas partir pour Londres avec des traîtres… » Évidemment, dans les rangs, ça tousse un peu. Les gars ne comprennent pas que je dédaigne la chance infime qu'il nous reste de sauver notre Euro. Ils sont surtout choqués que je puisse les soupçonner de vouloir jouer à cache-cache avec leur conscience. Du coup, j'ajoute un post-scriptum et je signe : « Je ne dis pas que vous êtes des tricheurs, je préviens les tricheurs éventuels, c'est différent. J'expose les risques si, par malheur, il devait y avoir des candidats. Désormais, vous savez comment les comportements vont être évalués. Je ne veux prendre personne par surprise… » J'avoue que le propos est rude à l'égard de ces hommes avec qui j'ai tout partagé. Mais je n'ai pas d'autre choix que d'en passer par ce coup de semonce. Je ne peux pas me contenter de leur dire que l'Euro est plié et qu'on va passer à la suite. Je connais mes joueurs. Je ne doute pas de leur mentalité au-dessus de tout soupçon. Mais le monde du handball professionnel n'a plus de secret pour moi non plus. Quand une compétition est perdue, la tentation est forte de se préserver, presque malgré soi, pour son club, les matchs de la Ligue des Champions qui reprennent une semaine plus tard, et peut-être même la reconduction du contrat qui en découlera. Je me devais d'effectuer cette mise au point. Et puis, il était temps que je reprenne la main.

En fait, dès le coup de sifflet final du match contre la Hongrie, je n'ai plus été guidé que par l'ambition de garder notre dignité dans la défaite et le souci d'éviter toute fracture entre les joueurs ou entre les joueurs et le staff. Seule la défiance entre nous pouvait rendre l'avenir impossible. C'est pour ça qu'il me fallait, d'emblée, clarifier la règle du jeu. Pour le reste, j'ai l'intime conviction que le moment était sans doute venu de goûter à nouveau à la douleur pour reconstruire des aventures toujours plus ambitieuses. Jusqu'à la fin de ce championnat d'Europe en Serbie, je vais m'efforcer de tenir la barre pour que le bateau ne s'échoue pas. Même si c'est un bateau ivre. Je ne m'appesantis pas sur des résultats qui, pour moi, n'ont plus guère d'importance. On bat la Slovénie 28-26, on se fait corriger par la Croatie 29-22, et on en finit avec le cauchemar sur un match nul, 29-29, contre l'Islande. Mon unique préoccupation, avant ou après chacune de ces rencontres, c'est « ensemble, ensemble... » D'accord, on va peut-être perdre, d'accord, on a perdu, mais « ensemble ! »... « O.K., on n'a pas été bons, on n'a pas réussi, mais on a été solidaires... » Voilà à quoi on se raccroche. N'empêche, quelle glissade ! On termine la compétition à la onzième place. Le pire classement des Bleus depuis vingt ans. Avec, sans doute, la plus belle équipe jamais alignée. Et comme si tout cela ne suffisait pas à nourrir ma propre autocritique, je suis obligé de boire le calice jusqu'à la lie puisque des opérations de relations publiques de notre Fédération me contraignent à rester en Serbie jusqu'à la finale, alors que mes joueurs, eux, sont déjà rentrés en France. Je me retrouve à faire le guide pour des partenaires qui avaient réservé leur week-end à Belgrade dans l'espoir d'assister à un énième couronnement des Experts. Je m'efforce d'assurer ce service après-vente le plus dignement possible. Mais je me poignarde chaque matin sous le regard un brin ironique de nos adversaires et de quelques journalistes. À force de les jouer, j'avais oublié à quel point il est éprouvant d'assister aux demi-finales et à la finale dans les tribunes ou devant une télévision. Les Danois sont sacrés champions d'Europe en battant la Serbie 21-19. Ils ont réussi, par miracle, à survivre à une situation aussi périlleuse que la nôtre durant la première phase de la compétition. À l'inverse de nous, ils ont jeté toutes leurs forces pour tordre leur destin. Leur acharnement a fini par payer. Bravo à eux. Mais ce n'est sûrement pas un hasard si à Londres, six mois plus tard, cet édifice colmaté de toutes parts va voler en éclats dès les quarts de finale. Il est probable que nous aurions subi le même sort en nous acharnant à sauver notre Euro coûte que coûte.

Durant ces quatre jours en Serbie seul, un peu sonné, perdu loin de mon équipe, me parvient tout de même une bonne nouvelle. De retour en France, mes joueurs ont prolongé l'aventure de vingt-quatre heures, à leur propre initiative. Plutôt que de se quitter à Roissy pour s'égailler aussitôt dans leurs clubs respectifs, ils ont réservé un hôtel à Paris, ils sont sortis ensemble, et ils ont refait, entre eux, le monde des Experts. C'est un signal positif, le premier depuis je ne sais quand. Le second vient quand, enfin rentré de Belgrade, je rassemble mon staff sous prétexte d'un voyage en Andorre pour visiter les installations de notre deuxième stage de préparation olympique. Là, nous nous enfermons dans une salle un après-midi entier et chacun vide son sac. Le diagnostic est connu : routine, confort, laisser-aller… Mais chacun prend sa part de responsabilité avant de pointer celle des autres. Il en ressort que nous avons perdu notre réalisme d'antan et que notre capacité à anticiper les événements n'est plus qu'un lointain souvenir. Notre autocritique est sans concession. Mais nous connaissons l'ampleur du défi qui nous attend et cela vaut bien d'égratigner nos amours-propres. À ce moment-là, je commence à penser qu'on est sur la bonne voie. Nous n'avons pas le choix : il faut en revenir à tous nos principes égarés sur le chemin de la notoriété. Oui, c'est vexant, douloureux, mais au moins nous nous colletons avec nos problèmes. Si nous avions rétabli la situation comme les Danois l'ont fait, nous aurions continué de surfer sur nos certitudes de pacotille. La victoire aurait effacé toutes les informations, toutes les alertes. Tout le monde se serait convaincu que même pas prêts, même pas humbles, on arrive toujours à retomber sur nos pattes. Et les joueurs auraient eu beau jeu de prendre nos avertissements à la légère.

Rien ne dit, non plus, qu'ils vont être disposés à laver notre linge sale en famille. Rendez-vous est pris lors de notre semaine de stage du mois de mars, à Joinville, en région parisienne, tout près de l'INSEP, l'Institut national du sport, où mon équipe doit se livrer à une batterie de tests physiques. Lors de ce genre de rassemblement, nous nous réunissons habituellement deux heures pour discuter. Cette fois, nous allons y passer deux jours. L'aparté parisien des joueurs au retour de Serbie a montré qu'ils n'étaient pas disposés à tourner la page de l'équipe de France d'un vulgaire revers de la main. Mais cela n'a pas suffi à aplanir toutes les petites tensions nées des contre-performances des uns et des autres lors de l'Euro. Il y a eu une ou deux timides escarmouches dans la presse et d'autres choses qui ne se sont pas dites mais que chacun rumine dans son coin. Bref, il est temps de vider l'abcès. J'explique aux joueurs qu'avec le staff nous avons accepté d'assumer pleinement la déroute des championnats d'Europe. Mais que cette contrition ne servira à rien si on en reste là. Pour que la confiance s'installe à nouveau entre nous, il faut que chacun balance ce qu'il a sur le cœur. Ici et maintenant. Au terme de ce préambule, je sais que le débat peut s'enliser dans de vaines querelles d'orgueil ou déraper dans les règlements de comptes avec le staff. C'est un risque à courir. Et je veux croire que mes joueurs cadres, ceux qui ont connu l'époque des vaches maigres bien avant le veau d'or, ne vont pas se voiler la face. De fait, celui qui, très vite, va débloquer la situation n'est pas le plus bavard d'entre tous. C'est un leader, d'une grande exigence personnelle mais plutôt centré sur lui-même. Alors que certains en sont encore à remâcher l'amertume de notre récente déconvenue, Bertrand Gille prend la parole.

– O.K., les gars, on sait que cet échec, chacun d'entre nous peut l'attribuer au voisin. Mais ce qu'on sait aussi, c'est comment on s'est habitués à vivre en équipe de France. On connaît la part d'initiative et de responsabilité qui nous est offerte dans le projet. Bien sûr, on peut se défausser sur le staff au premier échec. On se planque, on décrète que c'est leur faute. Et après ? Ils reprennent les rênes et ils dirigent manu militari… Est-ce qu'on veut ça ? Est-ce qu'on veut revenir en arrière pour aboutir à un régime autoritaire ?

Le silence empreint de gravité qui plane sur l'assistance prouve que cette intervention change tout. En posant le problème à sa juste place, Bertrand Gille neutralise toute tentation de discussion conflictuelle, de rancune stérile. Certes, le stage ne fait que commencer, la reconquête aussi, et l'on va encore beaucoup parler entre nous. Mais le cap est donné. Les uns après les autres, les joueurs finiront par concéder qu'en Serbie ils n'étaient pas bien physiquement, ou qu'ils n'ont pas consenti les efforts nécessaires, ou qu'ils se sont vus trop beaux. Le foutoir ambiant n'a rien arrangé, mais il ne justifie pas le fiasco. La gloire de tout ce que nous avons construit ensemble nous appartient. La merde aussi. Cet échec, c'est d'abord notre histoire. Et notre histoire n'est pas finie. Elle recommence, même, dès aujourd'hui.

# – 15 –

## L'ART DE LA RUSE

Après les belles paroles et les premières suées d'entraînement, un nouvel épisode essentiel de notre reconstruction a lieu début juillet, lors du stage en Andorre, à moins d'un mois de la cérémonie d'ouverture des Jeux de Londres. À l'issue de cette semaine, je dois trancher parmi les vingt joueurs qui ont déjà effectué la moitié de la préparation pour désigner les quatorze titulaires retenus pour le tournoi olympique et le nom du remplaçant qui remplira la fonction de joker médical. Moment délicat d'un point de vue sportif, car j'envisage de tenter un pari lors de l'annonce de cette liste, un peu comme je l'avais fait avant Pékin en retenant Cédric Burdet contre l'avis de tous. Moment délicat d'un point de vue humain, car on a beau avoir du cuir, c'est toujours un crève-cœur de tuer le rêve olympique d'une poignée de joueurs guère moins méritants que les autres. C'est la raison pour laquelle j'ai choisi d'éliminer Sébastien Bosquet, l'arrière droit de Dunkerque, un fidèle serviteur du groupe France, avant même le début de notre préparation. Je ne voulais pas jouer, une fois de plus, avec les nerfs et les espoirs de ce vieux soldat de trente-trois ans à la mentalité exemplaire. En amont des Jeux de Pékin, déjà, je lui avais fait subir la désillusion de ne pas le retenir dans la liste définitive. Pourquoi le laisser se défoncer à l'entraînement pendant des semaines alors qu'au fond de moi je sais que je ne l'emmènerai pas à Londres ? C'est ce que je lui ai expliqué lorsqu'il m'a appelé en découvrant qu'il n'était pas sur la liste des sélectionnés : « Tu aurais vingt ans, je n'aurais pas eu d'états d'âme à te convoquer pour la préparation, et le couperet serait tombé avec l'annonce de la liste. Mais à ton âge, avec ta carrière, je préfère t'épargner ça. » C'est ce que je lui ai expliqué et c'est ce qu'il a admis, la mort dans l'âme.

Abandonner des hommes sur le bord de la route n'est pas une partie de plaisir, mais à ce stade d'avancement de la préparation olympique, il est nécessaire de tailler dans le vif si l'on veut préserver une démarche conquérante. À l'entraînement, les mecs commencent à s'observer, se jauger, s'interroger : « Est-ce que je suis devant ou derrière lui dans la liste ? » Encore quelques jours et le climat risquerait de devenir étouffant. Or, la période de préparation préolympique exige de chaque joueur un engagement et un don de soi sans commune mesure avec les gouttes de sueur et les larmichettes de nos rassemblements habituels. Je ne suis pas loin de penser que c'est le moment où tout se joue. La plupart du temps, les failles qui apparaîtront au grand jour sur le terrain naissent durant ce long compagnonnage d'avant la compétition. À l'inverse, le goût de l'effort, la solidarité, la foi, et au bout du compte la transcendance d'une équipe, se forgent aussi durant ces quarante jours de vie commune où les organismes et les caractères sont mis à l'épreuve comme jamais.

Avant un grand championnat, nous avons pour habitude de nous réunir pendant deux semaines. On panse les blessures, on pare au plus pressé, et haut les cœurs ! C'est tout juste si nos familles ont le temps de nous manquer. Là, nous avons entamé, le 18 juin, à La Toussuire, une aventure censée nous mener jusqu'au 12 août, jour de la finale olympique ! Près de deux mois coupés du monde, dans la souffrance, la concurrence, la promiscuité des humeurs et des chambrées masculines. Les dix premiers jours de stage à la Toussuire, dans les Alpes, s'apparentent à un rassemblement de commandos. Six heures d'entraînement physique quotidien. Musculation et travail foncier à outrance. Sport extrême. Les types se retrouvent suspendus à une corde 200 mètres au-dessus du vide. Et, parfois, celui qui se révèle être le plus trouillard est l'un des meilleurs joueurs de l'équipe. Et on s'en fout parce que les ego doivent rester à la maison. Un pour tous, tous pour un. Jusqu'au 12 août.

En Andorre, les joueurs retouchent enfin un ballon. Et ils refont leurs gammes de handballeurs. Ils reprennent tout de zéro. Comme s'ils n'avaient jamais rien gagné. Le coach danois m'avait appelé pour qu'en début de préparation nous programmions un ou deux matchs amicaux entre nos équipes. Intérieurement, je me suis dit : « Ceux-là, sous prétexte qu'ils ont arraché le titre de champions d'Europe, ils sont mal barrés... » Pas de match, non. Que du travail, du dévouement, de l'humilité. Rebâtir, pierre par pierre, la confiance, la fraternité. Reconstruire, pièce par pièce, la machine à gagner. Pour survivre dans la tempête des matchs à répétition et des corps qui hurlent, il nous fallait d'abord sortir vainqueurs de ce parcours du combattant.

L'annonce de la liste, donc, le 7 juillet, à mi-chemin de la préparation, à moins de trois semaines de la cérémonie d'ouverture. J'ai une idée derrière la tête, comme il y a quatre ans. L'envie de tenter un nouveau coup de poker. Mais pas à l'aveuglette. Tout est réfléchi, pesé, ressassé. Je sais ce que je fais. Même si, sur le moment, je suis le seul avec mon staff à comprendre la portée du stratagème. Appelons cette faculté à se projeter dans un avenir incertain « l'art de la ruse », puisqu'il est de bon ton, désormais, de faire école de tout. Pour moi, en tout cas, la ruse fait partie intégrante de la panoplie d'un sélectionneur. Et je n'ai aucun scrupule à en faire l'éloge. Oublions un instant la connotation péjorative souvent attachée à ce trait de caractère. Laissons de côté la tromperie, la manipulation, la ruse du renard ou du voleur. Mon expérience du sport de haut niveau m'a appris que l'incertitude, l'aléa sont presque toujours indissociables de la performance. Or, la vérité veut que ceux qui savent toujours où ils vont ne risquent jamais de se trouver ailleurs. Et c'est souvent dans cet ailleurs que tout se joue... Autrement dit, sur un terrain de handball, il n'y a pas de meilleur effet que l'effet de surprise. Bien sûr, il ne s'agit pas de faire de la ruse l'alpha et l'oméga d'un management victorieux.

Sa rareté en fait le prix. C'est juste une notion parmi d'autres. Un adjuvant supplémentaire qui doit nourrir le succès de l'aventure. Un épisode m'a marqué dans mes jeunes années d'entraîneur à Toulouse. Un jour, j'avais confectionné chez moi un breuvage que j'avais donné à boire à mes joueurs avant un match. J'avais mis tout ce qui m'était tombé sous la main : de la gentiane, de la grenadine, de la limonade, du café... C'était dégueulasse, et inoffensif, mais mon équipe ce jour-là avait écrabouillé celle d'en face, persuadée de posséder la potion magique de Panoramix. Ma ruse avait fonctionné, même si je n'en suis pas spécialement fier. Et le dimanche d'après, je faisais quoi ? J'avais installé dans l'imaginaire de mes joueurs que la solution venait d'ailleurs. Ils attendaient donc que je leur serve la suivante. Évidemment, j'ai remballé mon attirail à cocktails.

Donc, ne pas ériger la filouterie en système. Ne pas se gargariser, a posteriori, de toutes les victoires acquises en piégeant l'adversaire, quitte à céder à la tentation de réécrire le scénario du match. On risquerait alors de passer pour un gourou, un sorcier, ce qui est sans doute valorisant pour l'estime de soi, mais n'a aucune chance d'être dupliqué à l'infini. Encore moins si le prestidigitateur n'a de cesse de dévoiler à la Terre entière ce qu'il dissimule sous son chapeau. Pour moi, la vraie dimension du stratège est d'être caché, de savoir se faire oublier et de surgir là où on ne l'attend pas.

Et là où on ne m'attend pas, à l'annonce de la sélection pour Londres, c'est sur le cas de William Accambray. Ce joueur me pose un cas de conscience. Révélation du Mondial 2011, naufragé parmi les autres lors de l'Euro 2012, ce jeune arrière gauche au potentiel physique impressionnant, 1,94 m, 105 kilos, est déjà un élément déterminant dans son club de Montpellier. Mais il ne possède pas encore, à mes yeux, un tempérament de guerrier suffisamment éprouvé. Ni la volonté de faire évoluer son seul registre de bulldozer. Il sait ce que j'en pense. En Serbie, je l'ai secoué publiquement : « On ne vient pas en équipe de France avec une carte de visite. William attend que la porte s'ouvre et qu'on l'installe. Mais s'il ne met pas un coup d'épaule dedans, il risque de rester planté sur le seuil un bon bout de temps… » Accambray est le genre de joueur qui a besoin de lumière pour s'épanouir et donner sa pleine mesure. S'il passe trop de temps sur le banc, il s'étiole, il se fragilise, il se perd. Mais devant lui, il y a quand même Narcisse, Karabatic, Fernandez. Et ça n'est pas rien.

Face à ce type d'équation insoluble, la ruse s'impose. La mienne consiste à ne pas retenir Accambray dans la liste des quatorze joueurs accrédités pour le tournoi olympique et d'en faire mon quinzième homme, le joker médical qui suit les matchs en costard depuis les tribunes, mais qui à la fin de la première semaine de compétition peut se substituer à n'importe quel joueur blessé. Pourquoi ce choix, qui déçoit naturellement l'intéressé et qui surprend la plupart des observateurs considérant comme une grave erreur le fait de se priver d'un bombardier d'un tel calibre ? Parce que mon intention véritable n'est pas de m'en priver, justement ! Si je le sélectionne sans lui donner un rôle prépondérant, sans le promouvoir comme un joueur incontournable, je sais qu'il vivra cette épreuve comme une frustration quotidienne et que son rendement s'en ressentira au moment où je ferai appel à lui. Je lui mets donc un autre marché en main :

– Je te place quinzième sur la liste mais je ne te considère pas comme le quinzième. Tu n'es pas là pour remplacer un mec blessé. Tu es là parce que tu es, sans doute, l'un des seuls joueurs au monde capables de faire exploser n'importe quelle défense. Je te vois comme un pur "*impact player*", et je compte bien utiliser cette force dans la dernière semaine de compétition. Tu as le droit de trouver ça injuste et, dès lors, il y a deux comportements possibles. Soit tu ne mords pas dans ce projet et tu t'éteins au fil de la préparation, qui sera encore plus longue pour toi que pour les autres puisque tu ne participeras pas aux premiers matchs. Tant pis pour nous. Tant pis pour toi. L'autre solution, c'est de me prouver que tu es capable de relever ce défi. Capable de travailler de façon forcément isolée puisque tu ne seras pas accrédité avec le groupe. Capable de débouler en pleine possession de tes moyens à l'instant de vérité. Et là, je te donne ma parole que tu ne seras pas vu comme un remplaçant basique mais que tu as toutes les chances de passer pour un sauveur… En termes de mérite et de notoriété, tu ne regretteras pas de ne pas avoir fait partie des quatorze.

La ruse, à ce moment-là, est à double détente. Car, au-delà du cas personnel d'Accambray, je sais à quel point les premiers matchs du tournoi olympique servent de référence aux entraîneurs pour décrypter le jeu de leurs adversaires. La plupart des analyses tactiques sont fondées sur une composition d'équipe et des systèmes de jeu qui, dans notre cas, seront caducs puisque je compte chambouler la donne avec l'irruption de notre joker lors des rencontres du tableau final. Non seulement Accambray sera en pleine puissance physique au moment où ceux d'en face commenceront à fatiguer mais, en plus, il bénéficiera de l'effet de surprise puisque personne ne l'aura vu venir. Pari gagnant-gagnant, donc. À condition que le joueur y adhère pleinement. Les derniers doutes vont s'envoler quand notre préparateur physique, Alain Quintallet, commence à le prendre sous sa coupe, avec un programme d'entraînement taillé sur mesure. Là, en voyant cette bestiole de 105 kilos suer sang et eau, en solitaire, sans renâcler, je comprends que mon quinzième homme finira par être le premier.

L'Histoire repasse rarement deux fois les mêmes plats et, pourtant, notre cycle de préparation aux jeux Olympiques de Londres ressemble à s'y méprendre à celui qui nous avait menés à la médaille d'or quatre ans plus tôt. Les cadres ont vieilli, les jeunes découvrent le poids de l'héritage, mais un élan commun s'est créé dès les premiers jours d'entraînement, sur fond de souffrances et d'ambition partagées, qui augure du réveil de la bête. Un bémol, toutefois, lors de notre ultime stage, à Dunkerque, juste avant de monter dans l'Eurostar. Nous jouons un match amical contre la Hongrie, que nous perdons 23-22, en dépit d'une prestation plutôt aboutie. Il y a de quoi se gratter la tête. Nous sommes prêts, et même plus que cela, notre handball est en place, les joueurs sont appliqués et ça ne suffit pas. Faut-il s'en inquiéter ? La presse pense que oui. Moi, je tire le constat que, désormais, nos adversaires croient en leur chance jusqu'à la dernière seconde. Notre déroute serbe est passée par là. Nous ne sommes pas redevenus une équipe comme les autres, mais nous ne pouvons plus contempler le reste du monde du haut de notre piédestal. Au moins, les choses sont claires. À Londres, après le hors-d'œuvre des premiers matchs, il nous faudra aller chercher chaque victoire avec les dents. Je ne sais pas si on va le faire. Mais je sais que nous en sommes capables.

Le handball est sans doute le seul sport où le fait d'affronter la Grande-Bretagne, même à domicile, peut prêter à sourire. Alors, sourions puisque notre premier match des Jeux nous oppose à cette équipe fabriquée pour l'occasion, y compris avec de modestes joueurs français et suédois pouvant revendiquer de lointaines origines d'outre-Manche. Cavalier seul, 44-15, face à ces adversaires beaucoup moins pressants sur le terrain que pour demander photos et autographes. N'empêche, après leur préparation de forçats, les joueurs avaient besoin de lâcher les chevaux. Je me réjouis qu'il n'y ait aucun pépin physique à déplorer à l'issue de cette débauche de « hourra handball ». Notre joker médical peut rester tapi dans l'anonymat des tribunes. C'est le but de l'opération. Notre adversaire suivant est déjà un peu plus réputé sur l'échiquier mondial. Dix-huit mois plus tôt, lors des championnats du monde en Suède, l'Argentine a créé la sensation en battant le pays hôte et en donnant du fil à retordre aux Allemands. Je ne tremble pas, mais la façon dont mes joueurs vont négocier cet obstacle m'en dira plus sur l'état d'esprit qui les anime. Et au-delà du score, 32-20, ou du festival de Karabatic, 7 sur 7 en attaque, c'est leurs mines courroucées qui me réjouissent le plus en rentrant aux vestiaires. Les gars se prennent la tête sur un lointain coup franc direct encaissé, à trois secondes de la fin du match, sur une faute d'inattention. De fait, avec le staff, nous leur avions demandé d'être parfaits dans la concentration. Que cette petite bévue puisse les irriter à ce point démontre qu'ils sont responsabilisés comme aux plus beaux jours. Ça tombe bien car la compétition débute véritablement avec notre troisième match, contre la Tunisie. On ne s'amuse jamais contre eux. Et, là encore, c'est un combat de forts des Halles. Rugueux en défense, condamnés à l'exploit après leurs deux défaites initiales face à la Suède et à l'Islande, les joueurs d'Alain Portes, un ancien des Barjots, vendent chèrement leur peau. On ne se détache que dans le dernier quart d'heure, sous l'impulsion d'un Narcisse insensible au poids des ans et gonflé à l'hélium. En dehors de cette prestation stratosphérique, l'équipe n'a guère convaincu les observateurs, si j'en crois les quelques têtes de croque-morts croisées à la sortie des vestiaires. Je ne suis pas surpris. Depuis un certain temps, je pressens que les journalistes de *L'Équipe*, pour ne pas les nommer, ont préparé la nécrologie d'une bande d'Experts à bout de souffle. « Ce n'était pas aujourd'hui qu'il fallait faire le match parfait, dis-je en conférence de presse. Le match parfait, on le garde pour la suite… » Au moins, ça leur donnera un peu de grain à moudre.

La suite, pour nous, ce n'est pas l'Islande. Bien sûr, ce match contre notre dauphin des J.O. de Pékin est important. Mais nous sommes d'ores et déjà qualifiés pour les quarts de finale. Et ce n'est qu'à partir de ce moment-là que nous jetterons toutes nos forces pour faire ravaler leur venin aux Cassandre. Pour l'heure, ils peuvent écrire tout ce qu'ils veulent, tant qu'ils veulent. Et ils ne vont pas s'en priver. Au terme d'un match de haute volée, nous nous inclinons 30-29 pour n'avoir pas su concrétiser nos occasions dans le money time. En terminant premier de notre groupe, nous aurions pu affronter le Danemark ou la Croatie en quarts de finale. Finalement, nous héritons de l'Espagne. Et alors ? Ces équipes, de toute façon, il faut leur marcher dessus un jour ou l'autre si l'on veut briller à nouveau au firmament. Laissons les commentateurs commenter. Laissons-les dire que nous sommes vieillissants et que nous ne faisons plus peur à grand monde. Moi, ce que je retiens, c'est que le cacochyme capitaine Jérôme Fernandez, trente-cinq ans, a une patate de junior, 9 sur 10 aux tirs, et une jugeote de briscard tant il met de l'huile, sur le terrain et en dehors, entre les anciens et la nouvelle génération, incarnée notamment par Barachet et Honrubia. En attendant, Accambray. D'accord, nous n'avons pas de marge. Mais les gars ont compris depuis des mois que notre quête londonienne n'aurait rien à voir avec la marche imperturbable de Pékin. Ils se sont préparés pour ça. Et même après ce faux pas islandais, le doute ne les effleure pas. La tension, le sentiment d'être sur un fil, d'accord. Mais pas le doute.

Alors que la presse bat le tocsin, le débriefing de cette défaite, en interne, est limpide : un gros match des Islandais, deux ou trois situations mal gérées de notre part. Point barre. Reste à prouver que l'on apprend à tout âge de ses erreurs face aux Suédois, lors de notre ultime match de la première phase. On ne les connaît que trop bien, ceux-là. Des joueurs revanchards après que nous les avons corrigés, chez eux, lors du dernier Mondial, un jeu fluide qui s'articule autour de l'arrière droit de Copenhague, Kim Anderson, bref une bonne occasion de se tester à balles réelles avant les joutes décisives. Mission accomplie, au terme notamment d'une première mi-temps sans taches, 18-12. L'équipe est tirée vers le haut par les performances de Narcisse, de Karabatic et de Honrubia, trois joueurs issus de trois classes d'âge différentes qui symbolisent l'osmose régnant dans le groupe. Victoire, 29-26, et billet validé pour le quart de finale contre l'Espagne. C'est là que tout commence. Ou alors que tout finit. Mais vraiment tout.

L'heure est venue d'abattre notre atout secret. Deux jours avant la rencontre, je réunis William Accambray et Guillaume Joli, l'ailier droit de Valladolid, un redoutable tireur de penalties, qui a largement contribué à nos premières victoires londoniennes. Il en fallait un qui sorte et c'est lui, pas pour une quelconque défaillance mais pour des raisons d'équilibre dans le jeu. Guillaume est un joueur irréprochable. Jusque dans sa réaction. « Je comprends qu'à ce moment de la compétition l'équipe a sans doute plus besoin de William que de moi », lâche-t-il sobrement alors qu'il s'apprête tout de même à vivre la deuxième semaine des jeux Olympiques avec une accréditation de touriste autour du cou. Quand j'évoque le rôle crucial des remplaçants et l'importance de leur engagement au service de l'équipe, je pense d'abord à Guillaume Joli. Mais la liste est longue de ceux qui, dans l'ombre, ont participé à la construction de cette épopée : Kempe, Karaboué, Junillon, Bosquet… En même temps, j'ai beau avoir affaire à des types formidables, si Accambray ne remplit pas son office, j'en serai quitte pour porter le chapeau de l'apprenti sorcier. Ce sont les risques du métier.

Comme j'ai déjà ergoté sur la notion de star, on se doute que j'ai un léger problème avec la notion d'homme providentiel. Et pourtant, je ne vois pas comment je pourrais qualifier autrement l'irruption de William Accambray, ce 8 août 2012, sur la scène olympique. Ce quart de finale face à l'Espagne, donnée favorite du tournoi avec la Croatie, s'annonce comme notre match le plus important depuis un an et demi et notre titre mondial en Suède. Un match à quitte ou double face à des adversaires qui s'appuient notamment sur Aguinagalde, un roc au poste de pivot, et deux gardiens de but, Sterbik et Hombrados, capables de décourager un régiment d'artilleurs. Je ne reviendrai pas sur leur habileté tactique, fondée en grande partie sur la science de leur sélectionneur Valero Rivera car, sur ce plan, je compte bien réduire à néant tout leur travail de tableau noir. Mais pour l'heure mon plan consiste à attendre.

Pour rendre l'intervention d'Accambray aussi décisive que possible, nous avons décidé, avec le staff, de le laisser sur le banc en première mi-temps. C'est la fonction d'« impact player » qui veut ça. Sinon, sa puissance risque de s'émousser et les Espagnols pourront s'organiser pour le contrer. Donc, on ne bouge pas. Et pendant trente minutes, ça secoue fort. La défense très haute et très agressive de nos adversaires perturbe nos plus fines gâchettes. Karabatic, Fernandez et Abalo font briller Sterbik, qui réussit quatorze arrêts en première mi-temps. On s'accroche tant bien mal. Après avoir été menés 5-1, on recolle à 7-5 grâce à notre pivot Cédric Sorhaindo, qui, pour jouer dans le championnat ibérique sous le maillot de Barcelone, est le plus à même d'anticiper les réflexes de Sterbik. À la pause, les affaires sont tout de même bien mal engagées, 12-9 pour les Espagnols, qui nous ont placés sans cesse sur le reculoir. Dans les vestiaires, les gars sont marqués. À cet instant, ce n'est pas d'un joueur qui nous apporte un plus dont nous avons besoin. Il nous faut un joueur qui change le match. Et c'est là que notre colosse tombé du ciel fait son apparition. Je repositionne Karabatic en demi-centre, et Accambray déboule sur le flanc gauche de l'équipe. Après avoir rongé son frein pendant si longtemps, le Montpelliérain laisse exploser une énergie de centrale nucléaire. Il atomise, il fracasse, il éparpille façon tapas. Sa mère lançait le disque, son père, le marteau, lui expédie des parpaings dans la cage de Sterbik avec son bras droit gros comme une cuisse. Une fois, deux fois, six fois, en autant de tentatives, il crucifie le gardien de but adverse. Dans son sillage, c'est toute l'équipe qui reprend du muscle. Omeyer réussit quelques arrêts capitaux, Barachet trouve enfin un peu d'espace sur son côté droit. Mais ça ne suffit pas à mater les Espagnols. Il reste moins de vingt secondes à jouer, 22-22 au tableau d'affichage, et nous avons la balle de match. Il faut faire tourner le chrono au maximum. Ne pas laisser à nos adversaires une chance de contre-attaquer. Prendre le shoot au bout du bout de ce match fou. Comme souvent, dans ces instants d'extrême tension, dans ce fameux money time où le cœur transperce la poitrine et où le cerveau se liquéfie, c'est Nikola Karabatic qui endosse ses responsabilités. Sur la ligne des 9 mètres, excentré près de la ligne de touche, il tire. Trois secondes à jouer. La balle transperce une forêt de bras espagnols, ricoche sur la poitrine de Sterbik et revient en jeu à la limite de la zone des 6 mètres, pile en face du goal espagnol. Et qui se trouve là, alors qu'il n'a rien à y faire, ça n'est pas sa place, mais on s'en fout, c'est encore plus beau, plus dingue comme ça ? William Accambray, *himself*. Qui assène un shoot à décapiter Sterbik si le malheureux avait encore eu la mauvaise idée de se trouver sur la trajectoire. 23-22. La sirène retentit. L'heure de gloire du quinzième homme aussi. Le lendemain, son nom s'étale à la une de tous les journaux. Chose promise, chose due.

Honnêtement, après ce match d'anthologie, la suite ne va plus vraiment mettre nos nerfs à l'épreuve. On est loin de l'aventure de Pékin et des histoires de poilus de la Grande Guerre que je racontais à mes joueurs pour éviter la gamberge, cette peur de gagner si paradoxale et si française. Gagner, on sait faire, depuis le temps. Il fallait juste remettre notre histoire sur les rails de l'humilité et du travail. Au retour des Jeux, les supporters d'un jour ou de toujours m'ont souvent raconté à quel point ils avaient tremblé pour nous lors de la demi-finale et de la finale. Moi, non. De l'intérieur, je n'ai pas eu peur. Plus tard, j'ai revu les matchs chez moi, tranquillement, assis dans mon fauteuil blanc. Et là, je me suis dit : « C'est vrai, finalement, que ça paraît ric-rac… »

La demi-finale nous oppose à la Croatie, qui jusque-là a tout écrasé sur son passage. Ce match est présenté comme une finale avant la lettre puisque, dans l'autre partie de tableau, la Suède affronte la Hongrie dans un choc d'outsiders. Contre les Croates, il n'y a pas de mystère : c'est en défense et dans le combat que tout se joue. Quand, en plus, on peut s'appuyer sur un Thierry Omeyer des grands jours, ça rend les choses plus faciles. Que dire, une fois de plus, de ce féroce virtuose ? Qu'il a stoppé huit des neuf premiers tirs croates, histoire de prouver que, dans sa cage, le vieux lion rugissait encore ? Qu'en deuxième mi-temps, sous les vivats des nombreux sportifs français de toutes les disciplines venus assister à notre match, le speaker anglais saluait chacun de ses exploits d'un retentissant : « *Number sixteen*… Titi ! » Je crois que c'est la première fois que nous affrontions la Croatie devant un public presque entièrement acquis à notre cause. Toute la partie, nous avons fait la course en tête, avec deux, trois, quatre, cinq buts d'écart. Voracité, rugosité, solidarité. Les Croates sont des joueurs de handball merveilleux, mais quand on rivalise dans les corps à corps et qu'on les épuise, ils perdent l'essentiel de leurs qualités techniques. Score final : 25-22. Pour une équipe lézardée, comme le titrait le journal *L'Équipe* une semaine plus tôt, c'est un joli coup de truelle. Je ne veux même pas savoir comment ces journalistes vont s'efforcer de retourner leur veste avant la finale. Aux intrigues de coulisses je préfère la vérité du terrain. Résigné, à quelques minutes du terme, Ivano Balic, la star croate, m'a murmuré à l'oreille que cette équipe de France était la meilleure de tous les temps. Et j'ai tendance à penser qu'il sait de quoi il parle.

Au matin de la finale contre la Suède, entre nous, on se fiche pas mal de la postérité. On ne parle pas du doublé olympique que seule la grande équipe d'URSS a réalisé au début des années 1990. On garde les pieds sur terre. On se dit des trucs tout simples : « Ce serait trop con d'être revenus jusque-là pour ne pas aller au bout… » L'exceptionnel, pour nous, est d'être toujours en vie. On a survécu au pire. On a raccommodé la trame de notre histoire. Et c'est beaucoup plus dur que de gagner dans la continuité. Allez, les gars, encore un dernier coup de collier.

À l'image du match contre les Croates, on maîtrise cette finale du début à la fin. Pas de grand-chose, sans jouer comme des extraterrestres, mais on maîtrise. On garde notre sang-froid dans un match haché par les fautes et les exclusions temporaires. Pour son ultime baroud olympique, Dinart renoue avec la fougue et la malice de ses vingt ans. Car c'est encore en défense, sous l'égide de cet indestructible combattant, que le match se gagne. Dès les premiers instants, on leur a fait comprendre qu'ils n'y arriveraient pas. Tout le monde se focalise sur la dernière minute de jeu, quand nous menons d'un petit but et que, suite à l'exclusion pour deux minutes de Karabatic, nous devons tenir jusqu'au bout en infériorité numérique. Il paraît qu'à ce moment-là, certains de nos supporters ont frôlé l'arrêt cardiaque. Moi, je n'ai pas vécu les événements de manière si tragique. Je ne me suis pas mis soudain à penser : « Ouh ! là… S'ils égalisent, on est bons pour les prolongations, et là tout est possible… » Dans mon esprit, il n'y avait pas de place pour l'aléatoire dans ce dénouement. Je me suis dit : « Ils ne sont pas loin, mais ça ne suffira pas. » Et ils n'étaient pas loin, mais ça n'a pas suffi. Luc Abalo s'est faufilé, comme il en a le secret, dans une petite fissure de la défense suédoise pour marquer le but de la délivrance. Un but, un seul, qui récompensait des semaines, des mois de souffrance et de remise en cause collective. Un but comme un point final, voilà tout. On l'a emporté, 22-21, sans que j'éprouve une fièvre, une peur, une euphorie particulières. Je crois que c'est ça, la qualité première d'un manager. Savoir analyser les situations les plus brûlantes sans se laisser embraser par l'émotion. Garder son self-control. Même en dehors du terrain. Surtout, en dehors du terrain.

# – 16 –

## SUR UN PLATEAU

L'image a choqué. Je peux le comprendre. Qu'est-ce que je foutais là, au milieu de mes joueurs, en train de saccager le plateau de L'Équipe TV, quelques heures après notre titre olympique ? Dans les jours qui ont suivi, j'ai cru que la Terre s'était arrêtée de tourner. Les journaux, les réseaux sociaux, les chaînes d'info en continu ont fait leurs choux gras de cette piètre plaisanterie au point d'occulter notre exceptionnel doublé Pékin-Londres. La réputation du handball, sport éducatif par excellence, a été ternie par cet événement, et ça, je ne me le pardonne pas. Je m'en veux de m'être fait piéger comme un benêt. Car, à l'inverse de tout ce qui a été raconté sur cette histoire, le démontage du plateau de L'Équipe TV n'avait rien d'une vengeance préméditée. On a parlé de vendetta alors qu'il ne s'agissait que d'un monôme déjanté comme celui que nous avions improvisé à Pékin quatre ans plus tôt, sur Canal+ cette fois-ci, sans que quiconque n'y trouve à redire. Bien au contraire. Tout le monde avait trouvé ça tordant. Y compris le directeur de L'Équipe TV qui, dès la fin de la finale de Londres, twittait pour appeler les téléspectateurs à suivre l'émission où les handballeurs viendraient démonter le plateau. Allez-y, les cocos, c'est bon pour l'audience ! Jamais je n'aurais dû participer à ce happening en compagnie de mes joueurs. Voilà ma faute, ma très grande faute. À Pékin, je m'étais tenu en retrait, et personne n'avait eu l'idée de comparer les Experts et leur mentor à une bande de hooligans avinés. Cette fois, dans l'euphorie du moment, je suis passé de l'autre côté des caméras. Moi, le grand stratège, j'ai été bien naïf. Et, disons-le, un peu con.

Pour comprendre cet épisode navrant, il faut remonter plusieurs mois en arrière. Même si je ne suis pas toujours fan de leur littérature, j'ai toujours eu de bonnes relations avec les journalistes. Je pense être un assez bon client pour la presse et j'entretiens même de vraies relations de proximité, voire d'amitié, avec les spécialistes qui suivent mon équipe depuis tant d'années. Y compris avec ceux de *L'Équipe*, la bible du sport en général, et plus encore du nôtre, si longtemps confidentiel. Dans ce grand quotidien, ils sont deux rubricards à relater nos exploits et nos menues défaillances. Le premier, l'historique du duo, est un ancien handballeur de petit niveau, un vrai passionné qui a grandi professionnellement avec l'avènement des Barjots et des Experts, un type qui fait presque partie de la famille et claque la bise à tous les joueurs. Le second, plus récent, est un transfuge de la rubrique football. Il a importé dans notre sport un genre de journalisme plus incisif. C'est lui, par exemple, qui m'avait demandé quelle profession je comptais embrasser après mon hypothétique limogeage de l'équipe de France, en 2005, quand j'avais la tête au fond du seau. Bref, ce gars-là fait son métier, sans concession, mais avec distance et honnêteté. Avec lui aussi, j'ai de bonnes relations. Il nous arrive même de déjeuner en tête à tête quand je monte sur Paris. Jusqu'ici, tout va bien. C'est pourtant avec lui, et autour de ses écrits, que les relations vont se tendre peu à peu.

Je ne reviens pas sur notre Euro en Serbie, début 2012. C'est une boucherie et, à la limite, *L'Équipe* n'est pas spécialement sévère avec nous. Nos défaillances individuelles et collectives sont pointées du doigt, sans excès, et nous bénéficions des circonstances atténuantes par rapport à notre grand œuvre précédent. Les choses commencent à se gâter vers le mois de mars, alors que je suis occupé à recoller les morceaux disséminés du côté de Novi Sad et que l'objectif olympique mobilise toute mon énergie et celle du staff. Par un hasard du calendrier, il se trouve que mon mandat à la tête de l'équipe de France doit s'achever juste après Londres. Or, à chaque fois que je croise notre ex-spécialiste du foot, il n'a qu'une question à la bouche : « Et après les Jeux, tu vas faire quoi ? A priori, tu devrais arrêter, non ? » Honnêtement, j'ai des préoccupations plus urgentes et je n'accorde guère d'attention à sa rengaine. C'est d'ailleurs ce que je lui réponds. Que je n'ai pas encore réfléchi à la question, que la situation est déjà assez compliquée comme ça en ce moment, et qu'à la limite ce problème est plus du ressort du président de la Fédération, Joël Delplanque, qui lui aussi remettra son mandat en jeu après Londres. Il faut croire que mes arguments ne sont pas convaincants. Dans les semaines qui suivent, plusieurs articles paraissent dans *L'Équipe* sur le thème : « Qui pour l'après-Onesta ? » Le journaliste échafaude des pistes, lance des ballons d'essai, lâche des noms, Gardent, ancien Barjot, entraîneur du PSG, Canayer, le coach de Montpellier... Bah ! C'est son droit. Je ne me formalise pas. Ce n'est pas à moi de trancher le débat, mais au président Delplanque. Ce qu'il finit par faire dans une longue interview où il dévoile son souhait que je l'accompagne dans son deuxième mandat : « J'aimerais que Claude continue avec les Bleus, quel que soit le résultat des Jeux. » C'est net et précis. Ça clôt le débat. Enfin, presque.

Dans *L'Équipe*, la contre-attaque est immédiate. Le journaliste s'offusque des méthodes de cette Fédération où l'on n'attend même pas d'évaluer un potentiel échec pour reconduire les hommes et où l'on se protège les uns les autres comme dans une caste... Là, encore, je décide de regarder ailleurs. Je ne réagis pas. Après tout, c'est d'abord la gouvernance du président Delplanque qui est remise en cause. En mon for intérieur, pourtant, je commence à penser que le journaliste pousse le bouchon un peu loin. Je n'ai pas encore dévoilé ce que j'allais faire et il ne cesse de me pousser vers la sortie. Mais, bon, la préparation des Jeux reprend le dessus et je finis par oublier cet agacement passager. Pas pour longtemps. Quinze jours plus tard, rebelote. Notre grand inquisiteur repart à la charge. J'ai accepté de lui donner une interview et il me demande, une fois de plus, comment j'envisage l'avenir. Je soupire : « Écoute, le président t'a tout dit et je me suis engagé avec lui.

Maintenant, si les choses tournent mal à Londres, si la rupture est consommée avec le groupe, je penserai peut-être à jouer un rôle différent au sein de la Fédération. Mais ce n'est pas moi, aujourd'hui, qui vais t'expliquer comment ça va se passer. Et encore moins toi. Ce sont les événements qui décideront de la suite… » Évidemment, il n'entend rien. À la fin de l'entretien, il revient en neuvième semaine avec sa fichue question. « Non, mais si tu devais arrêter quand même, qui tu vois comme possible successeur ? » Et là, à l'usure, il obtient de ma part un bout de commencement de réponse. Je lui parle pour la première fois de ma conviction selon laquelle le métier d'entraîneur de club et celui de manager de l'équipe nationale ne sont pas les mêmes. Je le sais pour l'avoir vécu. Je me rappelle encore le temps perdu avant d'appréhender pleinement ma fonction, le malaise qui m'étreignait loin de mon équipe, l'enchaînement accéléré des matchs en grande compétition, toutes ces notions qu'un joueur fraîchement issu du rang des Experts, à condition qu'il soit intéressé par les problématiques de l'entraînement, est plus à même de maîtriser qu'un coach de club formé, comme je l'étais, à sa routine quotidienne. C'est mon expérience et ma philosophie qui me guident vers cette conclusion. Il n'y a aucun jugement de valeur de ma part. Seulement, voilà, le lendemain, l'interview dans *L'Équipe* est titrée : « Les entraîneurs français ne sont pas légitimes pour entraîner l'équipe nationale… » Ouille ! Encore une fois, tout est dans la nuance. J'ai juste fait valoir un point de vue d'ordre général. Je n'ai jamais mis en cause les qualités professionnelles de qui que ce soit, si ce n'est les miennes. Présentée de façon aussi tranchée et mensongère, je comprends que ma position puisse choquer. Et ça ne rate pas. Les réactions outragées s'enchaînent. Le président du syndicat des entraîneurs et plusieurs coachs montent au créneau. Au téléphone, je calme le jeu avec certains. Et on en reste là. Enfin, c'est ce que je crois. Quinze jours plus tard, l'incendie n'ayant pas pris, *L'Équipe* juge bon de verser quelques gouttes d'essence sur les braises. Un nouveau dossier est publié sur le même thème. Le journaliste interviewe d'autres entraîneurs, compare ce qui se passe dans le handball avec les mœurs du foot, du rugby, du basket… Bref, tout est bon pour entretenir la polémique. Et quand c'est fini, ça recommence.

Jusque-là, j'étais plutôt enclin à l'indulgence. Cette fois, je considère qu'il ne s'agit plus d'une erreur mais d'une politique éditoriale délibérée. Je sais qu'aujourd'hui le métier de journaliste ne consiste pas seulement à relater les informations mais à essayer d'en faire partie intégrante. Et c'est ce qui se passe dans cette affaire. Je comprends qu'à *L'Équipe* on s'est préparé de manière assez naturelle à mon départ et que l'on a commencé à construire la suite de l'histoire. Sans moi. Onesta, c'est bon, on va lui bâtir une statue et on va passer à autre chose… Je subodore même que le journaliste en question aurait préféré que ma succession soit confiée à Gardent plutôt qu'à Canayer. Avec Gardent, vingt ans pile après la première médaille des Barjots aux J.O. de Barcelone, le feuilleton de l'équipe de France aurait eu plus de gueule. Oui, je suis intimement persuadé que les événements étaient plus ou moins planifiés et que la déclaration du président Delplanque me renouvelant sa confiance a tout foutu en l'air. D'où la frustration et les faux procès : c'est dégueulasse, ils se cooptent entre eux, l'équipe de France est devenue leur chose, etc.

Un jour, je croise le journaliste de *L'Équipe*.

– À quoi tu joues ?

Et lui :

– Mais si, tu m'as dit pour les entraîneurs de clubs…

J'essaye de garder mon calme :

– Non, je ne l'ai pas dit. Pas comme ça. Je ne suis pas idiot, je ne me permettrai jamais d'émettre ce genre d'oukase et de procéder à un casting : lui, ça va, lui, non, ce n'est pas possible…

Dialogue de sourds. Le journaliste repart dans sa diatribe sur la Fédération, une franc-maçonnerie, une mafia… J'abandonne la partie. Sans doute parce que je ne suis guère surpris par son empressement à vouloir jeter le bébé avec l'eau du bain. Encore une fois, j'aime bien ce type avec qui j'ai partagé de nombreux moments sympas et qui a toujours respecté le « off », même s'il ne prend pas de gants pour exercer son métier. En même temps, je lui ai toujours dit : « Je sais qu'un jour, c'est toi qui me tueras. Indépendamment de la qualité de notre relation, quand je me retrouverai en difficulté, tu seras le seul à avoir le courage de le faire… » Dès lors, je ne peux pas considérer qu'il me prend en traître. Et lui sait que je sais.

Notre manège va continuer ainsi jusqu'au mois d'août. Jusqu'au bout du bout. Quatre semaines avant les Jeux, nous sommes en stage de préparation à Andorre, où je m'apprête à donner la liste des joueurs retenus pour le tournoi olympique. Le journaliste vient me voir pour solliciter mon accord sur une série d'articles qu'il compte publier durant la compétition mais qu'il doit mettre en boîte dès maintenant car, au village des athlètes, nous serons quasiment coupés du monde. Premier article : un grand papier sur la relation Karabatic-Onesta. Il plaisante, là ? Il veut parler des Jeux ou il se croit à *Psychologies Magazine* ?

– Oui, mais après l'Euro, il y a eu un peu de tirage au sein de l'équipe, j'aimerais aller plus loin...

Il aimerait foutre la merde, oui. Je lui réponds d'aller voir Niko.

– S'il a des trucs à dire, je ne l'empêcherai pas de parler mais pour moi, c'est non.

Ça ne l'empêche pas de dégainer sa deuxième idée d'article : un magnifique portrait croisé Costantini-Onesta... Rien que ça !

– Dis donc, tu n'as pas oublié qu'on a les J.O. à la fin du mois ? Tu crois que les lecteurs, ça va les intéresser de savoir si Onesta aime Costantini ? Et qui aime le plus ? Et qui est le plus enfoiré des deux ? Appelle Costantini, va, s'il a que ça à foutre, il te répondra...

Bien sûr, cet épisode renforce ma conviction que *L'Équipe* a choisi son camp. Leur préoccupation n'est pas de savoir comment on essaye de se reconstruire en vue des Jeux, mais de gratter les failles, de fouiner dans l'arrière-cuisine des Experts en y cherchant le fiel et le poivre pour pimenter les articles et pointer nos errements le jour où tout explosera. Je ne pense pas que cette campagne soit guidée par une quelconque volonté de me nuire. C'est juste le fruit d'un raisonnement : cette fois, Onesta et ses joueurs ont toutes les chances de se ramasser, il est temps de se positionner comme ceux qui l'annonçaient plutôt que d'entretenir la fable des types qui gagnent tout et qui s'entendent à merveille. De leur point de vue, ça peut se comprendre. Une victoire de plus n'apporterait pas grand-chose, tandis qu'un bon gros crash en plein vol, ça, c'est de l'info…

Évidemment, lors de notre seule défaite des Jeux, contre l'Islande, 30-29, dans un match sans enjeu, *L'Équipe* va publier un solide papier à charge intitulé « Le mur est lézardé ». Rien de ce qui est écrit n'est faux, joueurs vieillissants, adversaires décomplexés, mais tout converge vers une seule direction : l'équipe de France est condamnée. Elle ne s'en sortira pas. Nous, on se bat pour redevenir nous-mêmes. Chaque matin, on essaye de remplir le verre à moitié plein et eux, ils ne parlent que du verre à moitié vide. Ce jour-là, au village olympique, j'appelle le DTN Philippe Bana et je lui demande de faire seize photocopies de l'article pendant que les joueurs sont partis faire un réveil musculaire. À leur retour dans leur chambre, ils découvriront la prose mortuaire de *L'Équipe* et les requiem individuels qui l'agrémentent. Inutile de préciser qu'ils vont en tirer une solide rancune vis-à-vis du journaliste et un surplus d'orgueil qui les propulsera vers de nouveaux sommets.

Mais avant cela, je dois évoquer un ultime article très malheureux. Le matin de notre finale contre la Suède, *L'Équipe* demande à une joueuse de l'équipe de France féminine de handball de dresser une galerie de mini-portraits des Experts. Le journal avait fait la même chose avant que les filles du basket décrochent la médaille d'argent du tournoi olympique. C'est leur homologue masculin, l'arrière des Bleus, Nicolas Batum, qui s'y était collé et, pour l'occasion, le résultat était plutôt sympa. En ce qui nous concerne, ça vire à la farce tragique. Pourquoi ont-ils choisi cette gamine, sans expérience ni légitimité, pour présenter mon équipe ? Les questions étaient-elles à ce point orientées ? Tout ce qu'elle dit est ambigu, sans aucun respect pour la vie privée. Tout est à connotation sexuelle. Tout est nul. Celui-là, il est trop mignon, j'en ferais bien mon quatre-heures… Celui-ci, ouh là ! C'est un chaud lapin… Et ainsi de suite. Voilà comment le seul journal sportif français a décidé de présenter une équipe qui se dirige vers le doublé olympique. Évidemment, mes joueurs ont fait des bonds en ouvrant le journal. Et, à l'issue de la finale, ils ne se sont pas privés d'allumer les envoyés spéciaux de *L'Équipe* en sortant des vestiaires, la médaille d'or autour du cou. Mais nous n'avons jamais confondu le journal et sa chaîne de télé dans notre rancœur. Ni mes joueurs, ni moi.

Quand nous arrivons sur le plateau de L'Équipe TV, au soir de notre consécration, nous avons bu quelques bières. Nous avons trinqué avec nos supporters au club France mais nous ne sommes pas ivres comme cela a été complaisamment relaté par la suite. On a quand même le droit d'être un peu joyeux quand on relâche, d'un coup, d'un seul, six mois de pression extrême, non ? En plus, nous sommes plutôt contents d'être là. Les journalistes de la chaîne câblée ont toujours été très sympas avec nous, et le directeur de la rédaction est un bon pote. Tout était organisé pour que l'on foute le bordel dans une joyeuse ambiance. Karabatic était avec sa mère et sa copine, les journalistes sont allés le tirer par la manche en lui disant : « Viens finir le travail, il ne reste plus que dix minutes d'émission. » Là, j'ai commencé à secouer la grande table de la présentatrice et Nikola m'a donné un coup de main. « Ce n'est pas la peine d'essayer, il faut trente minutes pour la démonter », a eu à peine le temps de souffler la journaliste. Cinq secondes plus tard, la table de 8 mètres de long était démantibulée, fracassée. Ensuite, on a vaguement répondu à une ou deux questions, et ils ont rendu l'antenne sous les applaudissements et les rires. Mais ce n'était pas drôle. À Pékin, le présentateur de Canal+ était un ancien rugbyman, François Trillo, rompu aux troisièmes mi-temps agitées. Il avait terminé l'émission à moitié à poil, couvert de bandes d'Elastoplast. La scène était vraiment cocasse. À Londres, c'est différent. La jeune présentatrice a eu l'impression d'être livrée à une horde sauvage et elle a presque fondu en larmes. Cette séquence aurait dû finir au fond d'un bêtisier et je n'aurais jamais dû m'y trouver mêlé.

Moi, mon intention, ce n'est pas de casser du mobilier en direct à la télé. C'est de me payer *L'Équipe*. Le journal, pas la chaîne d'information. J'ai déjà préparé mon offensive. Ces gars-là nous ont trahis avec leur dernier article à la con après nous avoir savonné la planche depuis des mois. C'est vrai, j'ai traité les journalistes de collabos. Ils nous disent qu'ils subissent les ordres de leur rédaction, et moi je pense qu'au lieu de résister ils ont préféré collaborer. On a gagné. Ils ont perdu. Et moi, je vais leur présenter l'addition. Comme Aimé Jacquet, en 1998, au lendemain du Mondial remporté par Zidane et sa bande. Toutes les grosses têtes de *L'Équipe* qui l'avaient traîné dans la boue durant deux ans étaient passées par la fenêtre. Moi, je ne veux la peau de personne mais, à tout le moins, que les dirigeants du journal fassent amende honorable. Seulement voilà, dès le lendemain de notre sacre olympique, je découvre que mon réquisitoire est inaudible. Je m'imaginais en procureur et je me retrouve sur le banc des accusés. Notre passage mouvementé sur le plateau de L'Équipe TV est assimilé à du vandalisme. Les images passent en boucle sur BFM et I-Télé, et le directeur de la chaîne nous réclame 20 000 euros pour les dommages occasionnés. « Ils ont franchi les limites, notamment Claude Onesta », déclare celui qui m'avait presque supplié de venir mettre le souk dans son émission. Je l'appelle pour obtenir des explications. « Je n'y peux rien, me dit-il, ça vient d'en haut… » Dès lors, je vois le topo. Les dirigeants de *L'Équipe* savaient que je comptais utiliser le reste de la presse pour leur régler leur compte. En dramatisant l'affaire jusqu'à me faire passer pour un voyou, ils ont saisi la seule chance qu'ils avaient de démonétiser mon propos. Et le pire, c'est que cette opportunité de me couper la chique, c'est moi qui la leur ai offerte. Sur un plateau.

Je m'en suis longtemps voulu d'avoir agi comme un enfant et de m'être fait piéger de la sorte. J'ai promis de rembourser les dégâts occasionnés, j'ai appelé Gaëlle Million, la présentatrice de l'émission pour lui présenter des excuses, j'ai ensuite échangé avec François Morinière, le patron du journal, et nous avons décidé de mettre un terme à cet épisode. Enfin, j'ai battu ma coulpe à la tribune, lors de l'assemblée générale de la Fédération, un mois plus tard. Aujourd'hui, encore, je ne fais pas le malin quand on me remémore cet épisode. Parmi tous ceux qui ont stigmatisé mon attitude, mon vieil ami, mon mentor Jean Weber, a été le plus implacable : « C'est minable… Tu les avais à ta merci… » À la vérité, je dois préciser que j'ai reçu beaucoup de messages de sportifs d'un autre genre. Des témoignages de gratitude, du style : « Merci, toi, tu pouvais le faire, nous, on ne peut pas se le permettre… » Pour autant, je ne me considère pas comme le porte-drapeau d'une quelconque vengeance collective contre les journalistes. Je regrette ces quelques secondes où, de manière inexplicable, j'ai perdu le contrôle. Que ce canular débile se soit transformé en une affaire d'État n'est pas de mon ressort. Et il en faudrait plus pour me faire renoncer à être un homme libre. Libre, désormais, de me tenir à distance du cirque médiatique et de ses messieurs Déloyal.

# – 17 –

## GAGNER, POUR QUOI FAIRE ?

Arrêt sur image. Au lendemain des jeux Olympiques de Londres, les Experts se targuent d'un palmarès exceptionnel : double champions olympiques, double champions d'Europe, double champions du monde. En quatre ans, notre équipe vient de remporter cinq titres majeurs. Jadis confidentiel, le handball s'est taillé une place à part parmi les sports favoris des Français. En ce qui me concerne, je suis devenu une sorte d'oracle que l'on aime à consulter sur les sujets les plus incongrus pourvu que la situation paraisse inextricable. On voudrait m'inviter à la télé pour parler de tout et surtout de n'importe quoi. La crise d'identité des Bleus du foot, le surplace de l'industrie française, comment gagner en sport, en politique, en économie et, pourquoi pas, au Loto. À une époque, je me sentais obligé de répondre favorablement aux moindres sollicitations. Aujourd'hui, la plupart du temps, c'est non. Le premier qui me reprendra à faire le zouave sur un plateau de télévision n'est pas encore né.

Je n'ai pas envie de rire. À peine sorti du pataquès de l'affaire dite de L'Équipe TV, le handball français traverse une nouvelle zone de turbulences. La rançon de la gloire, en quelque sorte. L'automne 2012 est en effet marqué par la déflagration du scandale des paris truqués. Sirènes hurlantes, joueurs embarqués sous l'œil des caméras, ouverture du JT de 20 heures, déchaînement des donneurs de leçons qui ne savent rien mais qui diront tout. Les soupçons convergent vers un match de championnat de France du printemps précédent lors duquel Montpellier, à la surprise générale, s'est incliné à Cesson-Sévigné, un petit club de la banlieue rennaise. Les entourages de plusieurs joueurs de Montpellier sont accusés d'avoir parié des sommes importantes sur une défaite du club héraultais. Dans ce dossier, les noms de deux joueurs de l'équipe de France apparaissent, et pas des moindres : Nikola Karabatic et Samuel Honrubia, le concurrent de Michaël Guigou au poste d'ailier gauche. Naturellement, je ne me prononcerai pas sur une affaire qui, deux ans plus tard, est encore à l'instruction. Je me bornerai à penser que la durée de cette enquête montre que les choses étaient sans doute moins limpides que les chiens de garde du journalisme d'investigation et de la morale sportive ont voulu le laisser croire aux premiers jours du scandale. Du reste, il y a fort à parier – enfin comment dire… – il y a de fortes chances que si la même histoire avait impliqué des joueurs anonymes du championnat de France en lieu et place de l'icône Karabatic, le feuilleton médiatique n'aurait pas tenu plus de vingt-quatre heures. Pour le reste, l'écho démesuré donné à cette affaire ne trouble en rien ma ligne de conduite de sélectionneur. Tant qu'ils ne sont pas déclarés coupables, Karabatic et Honrubia, pour moi, sont innocents. Après une rapide discussion avec les dirigeants et les avocats de la Fédération, je décide donc de les convoquer, trois mois après notre titre olympique, un mois après l'éclatement de l'affaire, pour un rassemblement d'une semaine du côté de Rouen, à l'occasion du tournoi de qualification pour l'Euro 2014. Pour l'anecdote, nous décrochons facilement notre billet en écrasant la Lituanie et la Turquie. En vérité, cette affaire n'a jamais franchi, et ne franchira jamais, la porte de notre vestiaire. Karabatic et Honrubia la déposent quand ils arrivent en équipe de France et ils la reprennent en sortant.

Notre actualité à nous, c'est la rénovation, par petites touches, de la maison bleue. Sitôt une olympiade bouclée, nous avons pris l'habitude, avec le staff, de nous projeter dans la suivante. Dès l'automne 2012, nous avons le regard braqué sur les Jeux de Rio qui auront lieu quatre ans plus tard. Et même sur les championnats du monde de 2017 qui se tiendront en France. Entre-temps, bien sûr, nous allons défendre bec et ongles notre statut de meilleure équipe, à tout le moins la plus titrée, de l'histoire du handball. Mais pour assurer cette pérennité, il nous faut greffer la fine fleur de notre filière de formation fédérale sur les sommets arides de la haute compétition. Et c'est pourquoi le Mondial 2013 en Espagne me pose problème. Six mois seulement séparent cette compétition des Jeux de Londres. C'est trop peu, à mes yeux, pour opérer le renouvellement des générations.

Je ne veux pas flétrir l'avenir des N'Guessan, Grebille, Porte, Mahé en les exposant abusivement à la lumière et aux coups lors d'un rendez-vous où la France, une fois de plus, sera l'équipe à battre. Karabatic lui-même n'est-il pas entré en équipe de France par la porte de service ? Chez les Experts, patience et longueur de temps sont les points cardinaux d'une intégration réussie. Après les championnats du monde, j'aurai toute l'année 2013 pour remplacer, ou soulager, les grognards éreintés et fondre les jeunots dans le moule. Quitte à tirer sur la corde, je préfère demander aux héros de Londres de serrer les rangs une dernière fois.

C'est émouvant, une équipe qui s'éteint doucement. Comme il fallait s'y attendre, les joueurs n'ont pas récupéré de la débauche d'efforts consentis pour se réhabiliter après le fiasco serbe et décrocher le titre olympique. Ils ont le cuir suffisamment tanné pour ne pas sombrer, ils se font violence, ils s'accrochent au métier. Mais par rapport à l'Espagne, surmotivée lors de ce tournoi à domicile, ou face à l'Allemagne et la Croatie, qui ont déjà entamé leur rénovation et alignent des équipes pleines de fougue, ça ne suffit pas. La tournure des événements ne me fait pas regretter pour autant mon management à l'économie. Certes, Didier Dinart, qui s'apprête à tirer sa révérence, accuse soudain le poids de ses trente-cinq ans. Mais ce déclin irréversible du patron omnipotent de notre défense n'aurait pas pu être compensé d'un simple claquement de doigt. Plus qu'un joueur, c'est tout un système, des réflexes, des références, une culture tactique qu'il nous faut changer. Un coup de jeune cosmétique n'y aurait pas suffi. Nous passerons au lifting en temps voulu.

Le premier match, face à la Tunisie, va donner le ton de cette quinzaine en Catalogne. D'emblée, on puise dans notre orgueil et dans nos maigres ressources physiques pour rester en vie. Victoire à l'arraché, 30-27, après que les Tunisiens ont mené de trois buts en seconde mi-temps. Des succès de routine face au Monténégro, 32-20, au Brésil, 27-22, et à l'Argentine, 35-23, nous conduisent à affronter l'Allemagne, qui, comme nous, brigue la première place du groupe A. Et là, le jeu virevoltant de cette Mannschaft rajeunie est un supplice pour les jambes flageolantes et les organismes fourbus des ressuscités de Londres. Notre défense explose sous les remontées de balle supersoniques de nos adversaires. L'abattage de Karabatic et les solos d'Abalo ne changent rien à l'affaire. On prend trop de buts pour espérer quoi que ce soit. Défaite 32-30, sans qu'il n'y ait grand-chose à ajouter. Ou alors ceci : pas plus cet échec que notre élimination à venir ne seront ressentis, à l'intérieur du groupe, comme un drame ou une régression. C'est une fin de parcours vécue et assumée ensemble. Un soleil couchant qui n'efface pas les belles heures du passé et ne présage en rien de sombres lendemains.

Au crépuscule des ambitions, les gars s'offrent un dernier baroud, en huitièmes de finale, face à l'Islande du précoce et talentueux meneur de jeu Aron Palmarsson. Malgré ses errements défensifs, l'équipe tient le choc à grands coups d'entraide et de bravoure. Les pirouettes de Honrubia sur son aile gauche nous permettent de virer en tête à la mi-temps, 15-14. Puis la santé inoxydable de Karabatic et l'entrée d'Accambray, dans un bon jour, font définitivement pencher la balance après la pause, 30-28. Dinart, Narcisse et Fernandez continuent de courir après leur ombre, mais personne ne triche. Si la sève fait défaut, l'état d'esprit est toujours là. Et même quand notre défense finit de voler en éclats, au tour suivant, contre la Croatie et son serial buteur Ivan Cupic, je n'ai pas le cœur à reprocher quoi que ce soit à mes joueurs. Ils ont tenu tant qu'ils ont pu. Jusqu'à la 50e minute, où ils n'étaient menés que 22-20. Ensuite, les Croates s'envolent, 30-23, portés par leur jeunesse et leur soif de revanche après tant d'années d'humiliation. Nous n'avions pas ces armes-là. Nous n'avions plus que la dignité. Sans cris ni larmes, nous chutons en quarts de finale. De retour à l'hôtel, je réunis les joueurs pour clore cette parenthèse, regarder devant et rendre hommage au formidable combattant qui achève ici sa carrière.

– O.K., les gars, on est déçus… Mais ce qu'on a vécu ces dernières années est merveilleux, et ce qu'on se prépare à vivre le sera tout autant… En attendant, vivons le moment présent. Tournée générale pour fêter le départ de Didier !

Les Experts sans Dinart… Sûr que ça va me faire bizarre. À lui aussi, d'ailleurs. Le lendemain, je le croise, avec son petit sourire au coin de la moustache.

– Salaud, Claude ! Tu as annoncé que j'arrêtais alors que moi, je me voyais bien poursuivre jusqu'à la fin de la saison…

Il ne le sait pas encore, mais j'ai bien mieux que le combat de trop à lui offrir.

Toute cette année 2013 est consacrée à la mise sur orbite de la nouvelle génération et à la reconstruction de notre défense. Si Guillaume Gille a stoppé sa carrière après les Jeux de Londres et si j'ai débranché Dinart après ce Mondial en Espagne, les Experts passent néanmoins pour une phalange de briscards. Des joueurs comme Narcisse, Fernandez ou Omeyer m'accompagnent depuis le début de l'aventure. Ces trois-là frôlent allègrement les trente-cinq ans. Mais l'âge de quelques cadres ne préjuge pas du vieillissement d'une équipe. Tout est une affaire d'équilibre. Et, dans sa structure, mon équipe est équilibrée. Il y a la strate des doyens puis celle des presque trentenaires, Karabatic, Abalo, Guigou, Sorhaindo, puis celle des vingt-cinq-vingt-six ans, Accambray, Barachet, Honrubia, puis la nouvelle vague dont les noms ne disent rien mais plus pour longtemps. Les ressources sont là pour transmettre le relais jusqu'à Rio, et même au-delà. À moi de tenir le cap. Si je sélectionne un nouveau joueur, je ne prendrai pas un trentenaire, aussi méritant soit-il, mais un gamin sur lequel on pourra travailler pendant dix ans.

Déjà les Porte, N'Guessan, Grebille font partie de la famille. Ils participent de manière régulière aux rassemblements de l'équipe de France, et j'ai même emmené les deux premiers en Espagne pour qu'ils se familiarisent avec le contexte international. Pour le reste, je suis toujours aussi regardant sur le comportement de ces jeunes talents à l'entraînement et dans la vie quotidienne. Mais l'humilité leur est presque naturelle quand ils intègrent le cercle fermé des Experts. Avec le temps, c'est devenu le saint des saints. Les nouveaux arrivent sur la pointe des pieds et je les accueille en leur disant que ce n'est pas moi qu'ils devront convaincre, mais leurs aînés. « Je vous sélectionne parce que je pense que vous avez le niveau. Maintenant vous devez prouver à ceux qui ont tout gagné votre capacité à les accompagner dans de nouvelles conquêtes. Ce sont les autres joueurs qui vont vous évaluer… » Ainsi s'opère, de génération en génération, la régulation des caractères et de la performance.

En vérité, le problème de notre assise défensive me semble bien plus ardu que celui du rajeunissement des cadres. Je suis dans l'incapacité de remplacer Dinart par un joueur de sa stature ou même par un ersatz qui « ferait du Dinart ». Ça n'existe pas. Didier était un spécimen unique qui a modelé le jeu de l'équipe autour de ses prédispositions exceptionnelles pour le défi d'homme à homme. Son credo consistait à aimanter les artilleurs adverses dans l'axe central, face aux buts, alors que le principe de base de la défense consiste à les repousser autant que possible sur les ailes. Lui seul était capable de transformer ce boulevard ouvert vers la cage d'Omeyer en un piège mortel pour les attaquants. Les types se voyaient déjà en train de célébrer leur but quand, soudain, la montagne Dinart se dressait face à eux. Les meilleurs joueurs du monde, les Balic, les Hansen, y ont tous un jour laissé leur handball. Mais c'est du passé. Même Dinart a pu vérifier que le système Dinart n'existe plus sans les jambes de Dinart. Dans le concert international, ce n'est pas ce que tu sais qui te rend performant, mais ce que tu inventes. Encore et encore. Si tu penses que tu découvres seul, tu n'as rien compris. Tu découvres avec les autres et en fonction des autres. Sans Dinart, nous devons en revenir à un système défensif traditionnel au sein duquel son remplaçant évoluera dans un registre classique. Des mois de séances vidéo, de répétitions, d'ajustements en perspective. Du travail d'orfèvre. Or, justement, un orfèvre, j'en connais un. Le meilleur d'entre tous. Dinart lui-même.

De fait, je viens de valider un peu plus mon éloignement du secteur technique. Je vais déléguer à Sylvain et Didier la charge du projet tactique et la mise en œuvre technique pour y parvenir. Ils co-construiront le jeu avec les joueurs, et il m'arrivera même de ne plus tout comprendre… Je deviens un manager à plein temps. Celui qui finalise l'organisation humaine. Mes adjoints sont centrés sur les outils. Je me concentre sur le choix des hommes capables de les utiliser. À moi d'assurer et d'assumer la vision, l'équilibre et l'harmonie de notre communauté d'affranchis.

À l'idée d'être un expert chez les Experts et d'intégrer le staff pour porter le chantier de la défense, Didier ne s'est pas fait prier. Et dès la fin du printemps, lors des matchs retour des qualifications pour l'Euro 2014, face à la Lituanie et la Turquie, sa patte s'est fait sentir. Nous avons inauguré notre nouveau système défensif articulé autour de Nikola et Cédric Sorhaindo, qui, associés à Barcelone, ont beaucoup de repères précis. Ce qui va accélérer l'efficacité du dispositif sera l'intégration de Luka Karabatic, le petit frère, qui va très vite se sentir comme un poisson dans l'eau. L'implication de Dinart dans cette transformation est totale. Seul un joueur de son niveau, fraîchement retraité, pouvait y mettre autant d'exigence et de précision. Parfois, je suis presque obligé de le freiner. Dans sa tête, il lui arrive encore d'être sur le terrain et, quand un gars tarde à assimiler ses préceptes, il est capable de le houspiller comme naguère.

« Lui parle pas comme ça, Didier, ce mec joue à Barcelone, il connaît quand même un peu le hand... Associe-le à ta démarche, fais-en un allié et, en plus de coopérer, il mobilisera les autres. » Comme on le dit dans mon ancien milieu professionnel, la vraie dimension de l'enseignement, ce n'est pas de savoir, mais de faire faire.

Outre l'avènement de Karabatic junior, la préparation des championnats d'Europe 2014 est marquée par la montée en puissance d'une poignée de joueurs néophytes sur la scène internationale, parmi lesquels Kevynn Nyokas, un vrai shooteur perforateur, Kentin Mahé, du velours au bout des doigts, Mathieu Grebille, un athlète monté sur ressorts, et Valentin Porte, un gaucher de feu dont la reconversion du poste d'ailier à celui d'arrière droit est l'une de nos plus belles trouvailles de ces dernières années. Autre révélation, qu'on ne peut pas vraiment qualifier de spontanée, celle de la doublure d'Omeyer au poste de gardien de but. À vingt-neuf ans, Cyril Dumoulin est tout sauf un invité de la dernière heure, puisqu'il faisait déjà partie du groupe lors de la préparation olympique pour les Jeux de Pékin. Depuis six ans, il a pris son mal en patience, pointant à chaque rassemblement de l'équipe de France sans jamais participer à la moindre compétition. Cette fois, c'est la bonne. Omeyer étant blessé au coude, je sélectionne le goal de Chambéry en compagnie de Vincent Gérard, de Dunkerque, qui depuis deux ans est élu meilleur gardien du championnat de France. La concurrence est grande, mais dès les matchs de préparation Cyril se montre opérationnel, voire décisif. S'il fallait encore un exemple de l'intégration progressive et inéluctable des apprentis Experts au sein du collectif, en voilà un.

En dépit de toutes ces bonnes nouvelles, la nouvelle ère qui s'ouvre est jalonnée d'inquiétudes. Guillaume Gille et Didier Dinart ont mis fin à leur carrière, Xavier Barachet et Bertrand Gille sont forfaits pour l'Euro et, outre la blessure de Thierry Omeyer, Jérôme Fernandez va aborder la compétition avec une fracture du métacarpe à peine consolidée. Quant aux trois joueurs du PSG, Narcisse, Abalo, Honrubia, c'est leur moral qui est cassé. Leur club, qui devait écrabouiller le championnat, peine à confirmer son statut, et quand je les récupère en sélection, ils ressemblent plus à leurs cousins qu'à eux-mêmes. Bref, si l'on ramène quelque chose du Danemark, les bonnes âmes qui affirment que c'est facile de gagner tout le temps quand on dispose des meilleurs joueurs du monde pourront remballer leurs amabilités. En ce mois de janvier 2014, je suis le manager d'une équipe qui a de nouveau tout à prouver.

Premiers matchs, premières réponses. Le tour préliminaire s'annonçait compliqué face à des adversaires compacts et expérimentés. Ce sera notre rampe de lancement. Victoires sur la Russie, 35-28, la Pologne, 28-27, et la Serbie, 31-28. Avec Nyokas totalement décomplexé et auteur de neuf buts, Grebille serein comme un double champion olympique et Dumoulin qui mouline, le succès inaugural contre les Russes déclenche une spirale vertueuse qui ne va faire que s'accentuer, ce qui est un peu le principe de la spirale. Avec le staff, nous avons surinvesti ce match d'ouverture en préparant psychologiquement les joueurs comme pour une finale, le couteau entre les dents. Au fil des jours et des victoires, nous savions que Fernandez, Omeyer et Porte, encore convalescents, viendraient renforcer l'équipe et que les fantômes du PSG finiraient par renaître.

Lors du tour principal, nous battons la Croatie 27-25, et c'est à ce moment-là que les joueurs prennent conscience que notre nouvel équipage est taillé pour le grand large. Comme au bon vieux temps, notre défense a progressivement asphyxié les redoutables attaquants croates, façon boa constrictor. Du haut de ses 2 mètres, Luka Karabatic est en train de se faire un prénom. Bien aidé par Dinart, qui le couve et lui impose de longues séances de vidéo en tête à tête. La rencontre suivante, contre la Biélorussie, est presque une formalité : 39-30. Au sortir des vestiaires, le jeune Mathieu Grebille a l'air bluffé par la routine et l'efficacité avec lesquelles les idoles de son adolescence abordent ce genre de matchs : « Avec eux, tout paraît tellement simple… », déclare-t-il aux journalistes. Si simple que notre qualification pour les demi-finales étant déjà actée, je m'offre le luxe d'économiser les cadres lors d'un match dénué d'enjeu contre la Suède. Défaite sans conséquence, 30-28.

Et maintenant, l'Espagne. Championne du monde en titre. Un os, un vrai. Une équipe dont cinq joueurs évoluent dans le championnat de France. Une équipe qui connaît tout de nous. Ou presque. Valentin Porte, longtemps blessé à la cuisse droite, n'a pas joué un match du tournoi. Son hématome enfin résorbé, je décide de l'aligner pour cette demi-finale. Et, pour sa première compétition internationale, pour ses débuts au poste d'arrière droit, lui l'ailier reconverti, il joue pendant une heure en état d'apesanteur. Une teigne en défense, toute la palette des feintes imaginables en attaque, sept buts sur huit tentatives, voilà ce qui s'appelle marquer son territoire. Porte n'est pourtant pas le seul héros de ce bras de fer au scénario haletant. Les Espagnols ne lâchent rien et après avoir mené de cinq buts en première mi-temps, nous nous retrouvons dos à dos, 20-20, à vingt minutes de la fin. C'est là que Dumoulin entre en scène en remplacement d'Omeyer. D'emblée, il stoppe un penalty et enchaîne sur une double parade face à Cannelas, le tireur d'élite d'Hambourg et de la Roja. Face à ce mur, l'attaque espagnole s'enraye et, dans le money time, Abalo, Karabatic et Porte, encore lui, scellent la victoire sans trembler, 30-27. Élu homme du match, Porte résume l'essence de notre aventure face aux caméras : « J'ai réalisé des choses dont je ne pensais pas être capable en profitant de la force mentale et sportive de cette équipe exceptionnelle. » Un sans-faute jusqu'au bout.

Nous avons pu regarder tous les matchs des Danois à la télé car leurs rencontres étaient décalées par rapport aux nôtres. Nous avons assisté à leur montée en puissance, à l'engouement qu'ils suscitaient dans le pays. Nous les avons vus se rapprocher de nous comme dans un western quand le méchant s'avance d'un pas lourd pour le duel final et que les gens jettent un œil gourmand sur la scène en écartant leurs rideaux. À Herning, pour cette apothéose, ils sont seize mille à la fenêtre. Seize mille fans, habillés, coiffés, peinturlurés de rouge et de blanc, chantant les louanges du dieu Mikkel Hansen. En vingt minutes, nous les ramenons au silence. Vingt minutes de handball total. Omeyer est quasi invincible, Sorhaindo et Luka Karabatic défendent comme des pitbulls, Guigou intercepte, Porte lévite, Narcisse et Nikola Karabatic passent et marquent en métronomes. 17-7 puis 23-16 à la pause. La seconde mi-temps est la copie conforme de la précédente. Hansen a beau se démultiplier, on a l'impression qu'il joue à un contre sept tant l'équipe de France récite sa partition. Avec ses plus brillants solistes. Puis sans eux. Dans les dix dernières minutes du match, je fais entrer tous les remplaçants. Et il n'y a toujours qu'une équipe sur le terrain. Nous avons remporté des matchs plus difficiles, des plus acharnés, des plus émouvants, mais jamais mes joueurs n'avaient livré un handball aussi jubilatoire. 41-32 ! Un triomphe. Un de plus. Sans doute le moins attendu de tous.

Évidemment, l'extase ou l'hébétement des premières victoires sont loin. Et pourtant, les chiffres donnent le tournis. Cette médaille d'or est notre septième en autant de finales disputées. Nous récupérons notre couronne continentale de 2006 et 2010. Jamais une équipe n'avait marqué autant de buts en finale d'un grand championnat. Alors que nous avons abordé cette compétition en outsiders, voilà que les journaux nous rebaptisent les Indestructibles. Tout va si vite, si haut, si fort. Bien sûr, avec les blessures des uns, l'inexpérience des autres, ce succès est sans doute plus valorisant que d'autres. Pour nous tous. Pour l'encadrement. Pour moi. Mais je n'ai pas envie de sauter ni de chanter. J'éprouve un plaisir cérébral plus que viscéral. Je suis dans la peau du type qui a posé la dernière pièce du puzzle et qui se dit : « Putain ! Ce coup-ci, ce n'était pas simple… » Et même après *La Marseillaise*, la pompe et les ors, je continue de réfléchir. Gagner, gagner, gagner… Gagner, encore et toujours. Gagner, mais pour quoi faire ?

# – 18 –

## L'AVENIR EN PENTE DOUCE

Il peut se passer mille choses d'ici là mais, a priori, je suis engagé avec l'équipe jusqu'aux championnats du monde de 2017, organisés en France. C'est le souhait du président de la Fédération, Joël Delplanque. Depuis 2008, il a pris la succession d'André Amiel : nous travaillons en toute complicité et il me sollicite souvent sur des sujets dépassant le cadre sportif. Il est porteur d'une vision ambitieuse pour le handball français, et j'ai accepté de l'accompagner dans son second mandat. Ce souhait pourrait être le mien à condition que, d'ici là, les conditions d'une succession harmonieuse soient réunies. Aujourd'hui, je suis guidé par le souci de cette transmission autant que par celui de la performance. C'est bien gentil, la performance, mais à quoi servirait-elle, à quoi servirait cette collection de titres accumulés au fil des années, si mon départ doit provoquer une querelle de succession qui fera table rase de tout le travail accompli ? Pourquoi propulser, du jour au lendemain, des gens de l'ombre à la lumière alors qu'il y a moyen, d'ici 2017, d'opérer une transition réfléchie, progressive et tournée vers l'avenir ?

Je ne suis pas de ceux qui ne supportent pas que leur grand œuvre leur survive. Je ne me préoccupe pas de moi-même mais de pérenniser notre culture de l'excellence. En ce sens, je crois plus que jamais à l'apport technique des anciens joueurs de l'équipe de France. L'expérience menée avec Didier Dinart prouve le bien-fondé de cet appel aux compétences des bien nommés Experts, qui connaissent mieux que quiconque les problématiques et les exigences du haut niveau. Dans les trois ans qui viennent, il y aurait moyen d'élargir le staff avec d'autres intervenants issus de l'intérieur du groupe, tandis que je m'éloignerais doucement du bord du terrain pour tenir le rôle d'un manager général comme il en existe déjà dans la plupart des sports majeurs. Je connais les joueurs dont le vécu et l'esprit d'analyse permettraient d'apporter un vrai plus à l'équipe de France. J'aurais aimé proposer à Guillaume Gille d'intégrer notre staff, mais c'était sûrement prématuré et la Fédération est une vieille dame qui n'aime pas être bousculée.

Je dois juste veiller à ce que les enjeux électoraux de 2017 ne portent pas préjudice aux intérêts de l'équipe de France…

Il faut que j'habitue l'équipe de France à se passer de moi. Doucement. Sereinement. Il n'y a pas de date butoir ni de visée secrète. Je pense que les choses ne s'enchaînent que parce qu'elles sont nécessaires.

Les titres, la reconnaissance ne me le sont plus. Ça va, j'ai donné. Pour autant, je n'ai pas passé quarante ans de ma vie dans le handball pour m'en éloigner du jour au lendemain. Il y a une vie après l'équipe de France. Le développement de notre sport devrait être une priorité. C'est la mienne. Je ne veux pas gouverner. Je veux qu'on continue de grandir. Qu'on transforme l'essai. Que l'avenir de notre discipline ne soit pas seulement indexé sur les performances de sept bonshommes en bleu.

Le handball français se porte bien. En vingt ans nous sommes passés de 200 000 à 530 000 licenciés, ce qui nous met en deuxième position des sports collectifs les plus pratiqués, après le football. En quatre ans, et sous l'impulsion de Sella Communication, les recettes marketing ont pratiquement doublé. La Fédération a lancé des projets majeurs qui doivent nous permettre d'installer durablement le handball dans le concert des grands sports français. Outre l'organisation des championnats du monde masculin en 2017, nous devrions obtenir l'organisation du championnat d'Europe féminin en 2018. Nous travaillons également à l'installation de la Maison du handball à Créteil, qui réunira les locaux de la Fédération, l'Institut de formation du handball et le centre technique national. Il s'agira d'un lieu de vie permettant le brassage de toutes les populations d'acteurs de notre sport : dirigeants, techniciens, athlètes et partenaires. Finie la vie de vagabonds. Nous serons chez nous comme le football à Clairefontaine ou le rugby à Marcoussis. Avec le président Joël Delplanque, le vice-président Jacky Bettenfeld, le DTN Philippe

Bana, la Fédération possède un attelage solide pour affronter toutes ces futures échéances. Une génération de jeunes dirigeants apparaît, et nous devrons l'aider à conduire le handball français vers la modernité en dynamisant le développement des pratiques et en participant à la structuration du secteur professionnel. Il nous faut réunir la famille du handball. Pour gagner ensemble.

Que sera le paysage sportif dans dix ou quinze ans ? Avec la réforme territoriale, la raréfaction des subventions due au désengagement progressif des collectivités… Nous devons nous poser aujourd'hui des questions face aux problèmes que nous rencontrerons demain. Inventer une nouvelle économie, adapter le produit handball, faire de nos valeurs éducatives un label fort et durable. Voilà le mot d'ordre. Je n'ai pas envie que le handball français retombe aux oubliettes le jour où les Experts le seront un peu moins.

Tous ensemble, nous avons construit une aventure exceptionnelle. Mais l'aventure est périssable. En un peu plus de vingt ans, le handball français est passé de la cinquantième à la première place mondiale. Eh oui ! Bon, d'accord, les joueurs, mon staff et moi, nous avons remporté sept finales sur sept. Du haut de notre épopée, nous sommes sûrement les mieux placés pour apprécier le chemin accompli. Et mesurer celui qu'il nous reste à parcourir. Gagner, encore et toujours. Gagner jusqu'en 2017. Nous mettrons tout en œuvre pour y parvenir. Comme il nous appartiendra de rendre l'avenir possible.

# – 19 –

## Une histoire sans fin

Quand c'est fini, ça recommence... « Il faut que j'habitue l'équipe de France à se passer de moi, doucement, sereinement », écrivais-je voilà quelques mois. Eh ! bien les gars apprennent plus vite que je ne le pensais. L'air de rien, nous voici à quelques encablures de remporter un huitième titre majeur sur huit finales disputées. Du jamais vu, comme on a coutume de dire en parlant des Bleus du hand.

Ce 1er février 2015, à Doha, capitale du Qatar, l'équipe que je codirige avec le seul Didier Dinart, depuis le renoncement de Sylvain Nouet, s'apprête à défier le pays hôte en finale des championnats du monde. Bon, bien sûr, pour les profanes, le Qatar, ça ne fait pas très sérieux. Mais il faut s'y faire. Comme dans bien d'autres sports, ce petit pays du Golfe persique pèse depuis peu son poids de pétrodollars sur la scène du handball international. Fort du règlement autorisant un joueur n'ayant pas joué depuis trois ans pour son équipe nationale à porter le maillot d'un nouveau pays, le Qatar a bâti une phalange cosmopolite où l'on parle une dizaine de langues, mais où chacun connaît la grammaire du haut-niveau sur le bout des doigts. Sous la baguette du grand entraîneur barcelonais Valero Rivera, on retrouve d'anciens internationaux espagnols, cubains, bosniens, monténégrins, égyptiens, tunisiens… Et même un Français : Bertrand Roiné, ancien joueur de Dunkerque et de Chambéry, champion du monde 2011 avec les Experts qui, tout à l'heure, se dressera face à ses vieux copains.

Ce n'est pas la seule incongruité de ce rendez-vous en terre inconnue. Pour pallier le manque d'ambiance dans les gradins et l'inculture des Qataris en matière de handball, les communicants de l'émir Al Thani n'ont pas hésité à enrôler une soixantaine de supporters espagnols, tous frais payés, afin de soutenir l'équipe du pays hôte… Et le pire, c'est que ça marche. Il semblerait que tout s'achète, puisque la sélection internationale réunie sous le maillot blanc et grenat, et supportée par des figurants, a réalisé un parcours remarquable en tapant notamment l'Allemagne en quarts de finale, puis la Pologne en demi-finales. Il nous revient donc de ramener un minimum de morale sportive dans ce que je compare publiquement, à la veille de la finale, à un « grand bazar éthique ». Contrairement à Roiné, exilé depuis deux ans à Doha avec sa famille, la plupart de nos adversaires bénéficient en effet de passeports temporaires, le temps de leur mission. En temps de guerre comme en temps de paix, on appelle ça des « mercenaires ».

Pour tout dire, ce championnat du monde n'est pas la compétition la plus impérissable à laquelle il m'ait été donné de participer, mais cette finale me tient particulièrement à cœur. Moins pour garnir notre armoire à trophées que pour prouver au monde du sport qu'il fait fausse route. Les médias ont beau annoncer que les Qataris toucheront des primes astronomiques en cas de victoire, nos joueurs semblent insensibles à ce climat délétère. Didier et moi nous gardons bien de faire peser sur eux la charge symbolique de cette finale. Depuis le début de la compétition, l'équipe récite une partition technique plutôt aboutie où les ressorts émotionnels n'ont pas leur place. Un grand Nikola Karabatic, une défense rugueuse, un Thierry Omeyer de gala, sont les pivots de la mécanique implacable qui a broyé l'Espagne, 26-22, en demi-finales. Si l'on ne prend pas le Qatar pour une équipe de music-hall, il n'y a aucune raison pour que le titre nous échappe.

Comme prévu, la finale est un âpre combat. Encore plus que prévu. Pour toutes sortes de raisons, nos adversaires sont archimotivés, la petite colonie de supporters espagnols professionnels a été rejointe par des milliers de profanes qui font un boucan d'enfer et les arbitres oublient un peu trop souvent de sanctionner les prises de catch du défenseur égypto-qatari Hassan Mabrouk. Dans ce contexte, il est important de prendre le score et de ne plus le lâcher. Pour ne pas donner de carburant supplémentaire à ce semblant d'embrasement. C'est le cas – 13-7 à la 23e minute, 14-11 à la mi-temps – grâce aux fulgurances de Guigou et Karabatic en attaque, et à une défense en tungstène emmenée par le frangin Luka Karabatic.

La deuxième mi-temps est plus laborieuse. Saric, le gardien d'origine bosnienne, multiplie les prouesses et, surtout, Guigou et Luka Karabatic se blessent coup sur coup. Le match se durcit encore et les Qataris reviennent dans notre roue, mais jamais ils ne passeront devant. Nikola Karabatic muselé par tous les moyens, les jeunes Valentin Porte et Kentin Mahé passent le grand braquet et nous permettent de vivre sur notre avance.

Derniers coups de boutoir du Monténégrin Markovic et du Cubain Capote. Je ne peux m'empêcher de penser au génie de mon homologue Valero Rivera, qui a su insuffler tant de cohésions, à défaut d'une âme, à cet équipage disparate bien qu'il ne soit pas au service d'une bonne cause. Franchement, personne n'attendait les Qataris à ce niveau. Comme souvent, le mot de la fin revient à Daniel Narcisse qui s'envole au-dessus de la mêlée et catapulte son ballon dans la lucarne de Saric. Victoire 25-22. Une cinquième étoile sur le maillot bleu. Et un huitième succès consécutif en finale d'un tournoi majeur. Comme dirait l'autre, on a remis l'église au centre du village. À cet instant, l'équipe de France détient simultanément les trois couronnes les plus enviées de la planète handball : championne olympique, championne d'Europe, championne du monde. Comme en 2010. Il y aurait de quoi exulter. Mais qui a vraiment à cœur de faire la fête en ces heures sombres ?

Juste avant de nous envoler pour Doha, alors que l'équipe était rassemblée à Paris, j'ai annoncé à mes joueurs que j'allais rater l'entraînement. Ça ne m'était jamais arrivé en plus de trente de carrière, et ça ne m'arrivera probablement plus jamais. Mais ce jour-là, je ne me sentais pas capable de penser au handball, même à la veille d'un championnat du monde. J'ai pris le métro tout seul, comme tout un chacun, et je me suis rendu à la grande marche républicaine organisée au lendemain des attentats de Charlie Hebdo. Ce 15 janvier 2015, près de quatre millions de Français sont descendus dans les rues et, en fait de marche, je me suis retrouvé bloqué près du boulevard Richard Lenoir, dans la marée humaine des Parisiens anonymes, incapable d'avancer ou de reculer, tant la foule était dense. De la musique classique descendait des fenêtres, le recueillement, l'envie de vivre malgré tout se lisaient sur tous les visages. Un moment incroyable, empli d'émotion et de fraternité, un moment hors du temps. Aujourd'hui encore, j'en garde le frisson.

Quelques semaines après notre retour du Qatar, je reçois un coup de fil de l'Élysée. Nathalie Iannetta, ex-journaliste de Canal + devenue conseillère aux sports et à la vie associative de François Hollande, veut savoir si je suis prêt à mener une commission de réflexion sur la mise en place d'une « réserve citoyenne ». Un dispositif qui, au même titre qu'il existe une « réserve militaire », permettrait à tout Français majeur de réaliser bénévolement des missions en lien avec les valeurs républicaines. Il ne s'agit pas là d'une réponse aux attentats de janvier 2015, mais d'une réponse à la mobilisation de la population face à ces drames. Elle est là, elle existe, je l'ai vue de mes propres yeux le jour de la grande marche. Et après ? Qu'en restera-t-il dans quelques mois, lorsque la vie aura repris son cours ? Pourquoi ne pas recenser, encadrer tous ces gens de bonne volonté, aux compétences diverses, qui, après avoir défilé pour brandir leur attachement aux fondements de notre vieille république, finiront par rentrer dans l'ombre puisque telle est la place de la société civile aux yeux de nos élites ? Évidemment, j'accepte. J'ai beau me sentir plus proche de Che Guevara que de François Hollande, j'accepte. Si l'on pense que je suis l'homme idoine pour faire fructifier cet élan de solidarité et fédérer les énergies, je ne vais pas me cacher derrière mes obligations de sélectionneur, la crainte d'être récupéré et autres tracas dérisoires. Qu'importe si ma nomination fait jaser les pisse-froid et quelques professionnels de la politique. Ils ne me font pas peur. À ce stade de l'histoire, il faut cesser d'avoir peur de tout. S'il faut faire quelque chose, faisons-le.

Accompagné de Pierre Dantin, je rejoins Jean-Marc Sauvé, le vice-président du Conseil d'État pour prendre cette mission à bras-le-corps. Homme de dialogue et de consensus, juriste subtil, ancien secrétaire général de l'Élysée, il est un guide parfait pour procéder aux innombrables auditions qui se succèdent et finissent par se ressembler. Qu'ils soient ministres, anciens ministres, membres des corps constitués, acteurs du social ou du caritatif, beaucoup de nos interlocuteurs répugnent à jouer carte sur table. Il y a ceux qui se demandent : Pourquoi nous ? Pourquoi moi ? Comment se fait-il qu'un entraîneur de handball se retrouve à codiriger une réflexion sur un sujet qui occupe depuis des lustres ? Il y a ceux qui expriment ouvertement leur défiance face à notre démarche et ceux, plus retors, qui préfèrent taire les éléments qu'ils détiennent. Il y a, enfin, cette vieille responsable du Secours populaire, une « rouge » pure et dure, plus encore que mon père, qui nous saute d'emblée au visage, le jour où nous réunissons l'ensemble du monde associatif pour une table ronde. « Je n'ai aucune envie de discuter avec vous, et encore moins de travailler avec vous, rugit-elle en guise de présentation. À partir du moment où vous avez accepté une mission de nos gouvernants, vous êtes partie prenante, vous cautionnez leur action. Moi, je suis contre, je m'oppose à eux, donc je m'oppose à vous… » L'espace d'un instant, j'ai la tête qui bourdonne. Je me demande ce que je fous là. Et dire que si l'Élysée nous a confié une telle mission, c'est précisément pour dépasser les enjeux personnels et les querelles de chapelles associatives ! Ma colère monte et je ne fais rien pour la retenir. Ça sort tout seul, comme dans un vestiaire quand un joueur commence à vous affronter et que les autres sont susceptibles de lui emboîter le pas si vous ne réagissez pas. Je déballe ma plus grosse voix, mon CV d'homme du peuple, et je sens le très rond Jean-Marc Sauvé qui tressaille à mon côté devant l'accident diplomatique qui se profile tout en se délectant d'une passe d'armes très étrangère à son propre mode opératoire. « Chère madame, je suis fils de communiste et cégétiste, le Secours populaire, j'ai baigné dedans durant toute mon enfance, je travaille dans le monde associatif depuis quarante ans, je connais aussi bien que vous la grandeur et les vicissitudes du bénévolat… Donc, le côté candide qui voudrait que le milieu associatif soit le meilleur du monde, ce n'est pas à moi que vous allez le vendre ! Dites-vous bien que je n'ai rien à gagner dans cette affaire. J'ai pris sur mon temps de vie professionnelle et familiale pour mener ces travaux. Bref, en un mot comme en cent, je ne suis pas venu ici pour recevoir vos leçons de morale… » Je balaie la salle du regard. Passé la stupéfaction, les mines se détendent et des mains se lèvent dans l'assistance : « OK, on a compris, qu'est-ce qu'on peut faire pour participer utilement ? »

De toutes ces rencontres, celle qui m'a le plus marqué est sans aucun doute notre entrevue avec Louis Gallois, l'ancien patron de la SNCF et d'EADS. Aujourd'hui âgé de 72 ans, cet homme remarquable consacre l'essentiel de son existence aux actions en faveur des plus démunis. Capable de diriger de concert le conseil de surveillance de PSA et la Fédération des acteurs de la solidarité, il nous a ouvert les yeux sur l'écueil qui guettait notre démarche. « C'est une bien belle idée que cette réserve citoyenne, mais je crains que vos travaux ne sortent jamais du cadre de la réflexion. Le sujet est encore plus sensible que vous ne le pensez : il se situe sur un enjeu majeur des prochaines élections présidentielles, au carrefour de deux types de sociétés. D'un côté, celle qui se rétracte et prône la protection, donc l'exclusion. De l'autre, celle qui continue à se vouloir ouverte, fraternelle et accueillante. Le choc risque d'être frontal… » Louis Gallois ne se trompait pas de beaucoup. Bientôt, nous apprendrons à nos dépens que la parole de la société civile n'est plus qu'un pâle écho quand s'embrase le grand tumulte du combat politique.

À l'été 2015, nous remettons un rapport intitulé « Pour que vive la fraternité », dont le spectre d'action s'étend aussi bien aux missions volontaires à la suite d'un attentat, que lors d'une catastrophe naturelle, d'une épidémie ou de tout autre accident majeur. Par ailleurs, l'urgence n'étant pas notre seule préoccupation, nous explorons toutes sortes de gisements de solidarité pour développer et proposer des solutions dans des secteurs ou auprès de personnes rencontrant des problèmes récurrents : en milieu hospitalier, éducatif, dans les prisons, pour les chômeurs, pour les personnes âgées, les migrants…

Peut-être avons-nous péché par naïveté ? Sans doute avons-nous été présomptueux de penser que l'on pouvait changer les choses au-delà des partis et de la tragique éphéméride de l'actualité. Alors que la mise en place de cette réserve citoyenne semble programmée pour le début de 2016 et le premier anniversaire de la grande marche républicaine, la tuerie du Bataclan et des terrasses alentours vient tout balayer sur son passage. L'onde de choc est telle qu'elle emporte l'union sacrée qui perdurait tant bien que mal depuis plusieurs mois. Très vite, les politiques dégainent leur arsenal de petites phrases et recommencent à se taper dessus. Exit les grandes idées visant à renforcer le lien social entre Français ! Chacun rentre dans sa tranchée. Fin du projet dans sa forme généreuse. À l'heure qu'il est, j'ignore s'il ressortira des tiroirs un jour prochain, plus ou moins tronqué, plus ou moins déformé, dans un argumentaire à visée électoraliste. Ça dépendra du vent. Ça dépendra de tant de choses qui me dépassent. Je ne peux jurer de rien. Sauf ça : on m'a demandé de faire quelque chose, et je l'ai fait.

Quand j'en reviens au handball, j'ai des envies de simplicité. Certes, nous avons été sacrés champions du monde en début d'année, mais je trouve que mon dialogue avec Didier Dinart manque parfois de fluidité. Je le sens gêné aux entournures. Comme s'il trouvait que le banc de l'équipe de France était déjà un peu étroit pour deux gaillards comme nous. Rien de grave, mais il ne faudrait pas que ce grain de sable vienne entraver notre tandem alors que, déjà, les Jeux de Rio pointent à l'horizon. En fait, tout tient à notre positionnement et à la voie étroite que j'ai empruntée pour transmettre le témoin à la tête des Bleus. Si j'ai choisi Didier, c'est parce qu'il s'était frotté pendant quinze ans au plus haut niveau et que ses connaissances, notamment en matière de défense, sont sans équivalent. Et si j'ai choisi de rester à son côté, c'est avant tout pour l'immuniser contre les critiques. Quitte à les attiser à mon égard. J'aurais pu agir différemment. J'aurais pu quitter la scène au lendemain des Jeux de Londres.À la limite, j'en serais ressorti encore plus « déifié ». Mais je n'ai jamais pensé à me positionner en fonction de mes propres enjeux. Jamais quand il s'agit de l'intérêt supérieur de notre sport. Ma priorité est de transmettre. Accompagner. Protéger. Seulement voilà, je découvre que dans toute structure hiérarchique, même chez les plus affranchis des affranchis, il est parfois plus naturel de donner que de recevoir…

Dans mon esprit, pourtant, tout est clair : Didier entraîne et je manage. À lui, le tableau noir, les entraînements, la mise en place de notre jeu. À moi, la vision périphérique, les rapports humains, l'intégration des jeunes, la préservation du patrimoine. À Doha, ce partage des responsabilités a fait ses preuves – tandis que je ferraillais avec les journalistes sur les questions d'éthique sportive, Didier pouvait se consacrer en toute quiétude à ses séances tactiques – mais, à l'approche des championnats d'Europe en Pologne, j'ai l'impression qu'il a de plus en plus de mal à se situer par rapport à moi. Et réciproquement. Ma place est à son côté, mais où, exactement ? Un pas devant ? Un pas derrière ? Quelle différence entre un conseil et un ordre ? Lorsque je lui souffle une option de coaching ou de gestion du groupe qui diverge de la sienne, s'il n'affiche pas clairement ses réticences, je vois bien qu'il a besoin de se réassurer auprès des joueurs.

De chercher leur consentement. Comme si, chaque fois que je pointais un manquement, je le ramenais à son rang d'élève. Comme si, au moindre bémol, je sapais son autorité naissante et sa posture de coach.

La recherche d'autonomie des joueurs a été remplacée par l'omniprésence de Didier. Il élabore par sa proximité avec les joueurs un mode opératoire basé sur le « deal » ou le consensus.

Je pense que cet empilage d'accords virtuels offre une sensation de projet partagé mais qu'en restera-t-il en cas de situation de doute ou d'échec ?

Pour autant, je comprends ce que ressent Didier. Après tout, moi aussi, je suis passé par là quand j'ai débarqué chez les Bleus avec ma bonne mine et mes grands principes. J'en ai connu, des tête-à-tête et des acquiescements de circonstance. J'en ai vécu, des désillusions que j'assimilais à des trahisons et qui ne devaient qu'à moi. Il m'a fallu du temps pour admettre qu'en discutant avec chaque joueur, je les empêchais de discuter entre eux. Or, le but est quand même de les émanciper des comportements standards. Et ce n'est pas parce qu'on a résolu le problème avec Untel et Untel qu'il n'y a plus de problème. Le problème est encore là. Toujours le même. Quelle autonomie les joueurs vont-ils être capables de puiser au fond d'eux-mêmes quand les choses ne se dérouleront pas comme prévu ? Aucun pacte, nul consensus ne peut y répondre. Une bonne engueulade, si, parfois. Pour bousculer la solidarité de façade et les protections que chacun recherche. Eux comme nous.

Voilà où l'on en est, un an après notre titre de champion du monde et huit mois avant les Jeux de Rio. Dans une sorte d'entre-deux qui n'a rien d'une fracture ouverte, mais qui mérite soin et vigilance. Comme c'est souvent le cas lors d'une année olympique, les championnats d'Europe en Pologne, à l'orée 2016, n'accouchent d'aucune vérité définitive. Certaines équipes jouent le coup à fond, d'autres répugnent à dévoiler leurs batteries. Par la force des choses, c'est un peu notre cas, puisque les blessés sont légion et qu'il nous manque six joueurs majeurs sur la base arrière : Accambray, Grébille, Nyokas, Fernandez, Barachet et N'Guessan… Dans cette configuration précaire, nous alternons le bon et le moins bon. Notre victoire d'école contre la Croatie, 32-24, fait étalage des qualités de metteur au point de Didier, tant notre jeu apparaît léché et chirurgical. Mais deux défaites vont nous être fatales dans cette compétition : la première contre le pays hôte, la Pologne – pourtant peu à l'aise dans cet euro –, un match durant lequel nous avons été dominés de bout en bout (31-25), puis une seconde tout aussi nette contre la Norvège (29-24). Les deux fois notre adversaire a parfaitement analysé notre jeu et a su le contrer avec une redoutable efficacité. À l'inverse, j'ai senti que dans l'adversité nous ne savions plus sortir du projet de jeu préparé pour adapter de nouvelles solutions et réussir à inverser le rapport de force. Lors du match pour la cinquième place, nous dominons sans coup férir les Danois, 29-26. Ceux-là, on a l'art de les mettre sous l'éteignoir. Soyons honnêtes : si on m'avait dit qu'on les retrouverait, huit mois plus tard, en finale des jeux Olympiques, j'aurais signé tout de suite.

Le bilan que nous avons effectué après l'euro a été bénéfique, nous avons analysé nos erreurs et nous nous sommes promis de mieux faire afin de réussir notre prochaine aventure. Aussi, la phase de préparation aux JO se passe-t-elle comme sur des roulettes. Le groupe travaille et vit très bien, les victoires en matchs amicaux s'enchaînent. Sur le terrain, la montée en puissance est tangible. Mais à mesure que la compétition approche, je sens Didier s'éloigner du staff. Nous avons quelques discussions musclées où il m'avoue honnêtement que la complexité de nos rapports ne vient pas seulement d'un problème de périmètre, mais aussi de génération. Il se sent plus en phase avec des joueurs qui partagent les mêmes aspirations et les mêmes centres d'intérêt. Enfin, il ne le dit pas comme ça, mais c'est tout comme. Autour de moi, je perçois un début d'incrédulité du staff qui se demande de plus en plus jusqu'où on peut aller comme ça…

On peut aller loin, très loin. Après un premier tour qui nous sert de rodage et où notre seule défaite contre la Croatie, 29-28, est largement contrebalancée par l'impression de maîtrise qui se dégage du terrain, nous exécutons les Brésiliens par 34-27 devant leur public. Le vrai gros match, le voici : l'Allemagne. Pour la demi-finale, joueurs et membres du staff ont préparé ce match avec beaucoup de précisions et surtout avec une grande détermination. Franchement, Didier a fait du super boulot d'horloger. Combinaisons huilées, défense millimétrée, contre-attaques au rasoir : j'ai rarement vu l'équipe de France réciter une telle leçon durant plus de 45 minutes. À la fin, les Allemands grignotent leurs sept buts de retard pour venir mourir sur nos talons, 29-28, mais le contrat était rempli depuis longtemps. « Un handball de rêve… », dis-je aux journalistes à l'issue de la rencontre. Je le pense vraiment.

On ne pourra pas en dire de même de notre finale. Autant les Allemands nous faisaient peur, avec leur équipe rajeunie et en pleine euphorie, autant les Danois ne nous impressionnent guère, puisqu'on les punit trois fois sur quatre. Et si le piège était là ? Sachant qu'ils risquent d'être dominés « à la régulière », nos adversaires risquent de se lancer dans des options de jeu inhabituelles pour nous déstabiliser.

Les Danois nous ont pris à la gorge d'emblée et en jouant avec la règle récente qui permet, sur les phases offensives, de remplacer le gardien par un joueur de champ, ils nous ont fragilisés. Peu d'équipes jouent encore avec cette arme à double tranchant, surtout en début de match. Trop aléatoire. Si le gardien doit déserter sa cage, c'est pour l'ultime baroud, quand il n'y a plus rien à perdre. Eux l'ont fait dès le coup d'envoi. Et ils ont persisté pendant vingt bonnes minutes. Chez nous, personne n'a perdu pied mais bon, on leur a couru après toute la première mi-temps, 16-14, sans jamais chercher à reprendre l'initiative. Ensuite, le pli était pris. Nos adversaires en sont revenus à une configuration classique, et pourtant on a continué à leur laisser l'initiative du match. On a continué à jouer pour s'opposer à eux. Et on ne s'oppose pas au meilleur arrière gauche du monde, Mikkel Hansen, lorsqu'il a décidé d'embarquer sur son tapis volant. Le joueur du PSG nous a crucifiés avec huit buts et quatre passes décisives. Finalement, le Danemark nous a renvoyés à nos plans de jeu et à nos rêves de triplé, 28-26. Au soir de cette finale un goût amer reste dans la bouche de tous les acteurs français. On a subi ce match et pour la première fois on a laissé échapper une finale. J'ai le sentiment que notre équipe a préparé un match habituel avec une organisation de jeu traditionnelle, persuadée que cela suffirait. Nous l'avons mal préparé et mal joué.

Pour la première fois, j'ai eu le sentiment que l'on avait perdu notre autonomie à vouloir adapter et inventer des stratégies. En devenant obéissante l'équipe de France est apparue normale, humaine, fragile.

Ayant mis en scène ce mode de fonctionnement, je n'ai pas le droit de reprocher ces erreurs à ceux qui m'entourent. Je ne suis pas parvenu à préserver les bons réglages et chacun s'est forcé à croire que cela n'affecterait pas le résultat.

Cet échec est relatif car jouer une troisième finale olympique de rang reste un formidable exploit mais mon projet de transmission a montré des limites.

Je ne vais pas attendre plus longtemps. Dès le retour à Paris, je tire les conclusions de notre déception olympique et du dialogue contrarié avec mon héritier. Je cède ma place sur le banc à Guillaume Gille, qui a tout connu sous le maillot bleu au côté de Didier et qui devient son adjoint. Quant à moi, désormais, je ne me situe plus un pas devant ou un pas derrière. Je me poste au-dessus : manager général. J'admets qu'on ne peut pas transmettre et vouloir rester toujours au contrôle de l'autre. Et je souhaite que Didier enrichisse son bagage, dans une forme d'échange avec Guillaume qui ne sera pas vécue comme l'interférence d'un ancien. Le temps presse : les championnats du monde, et leur enjeu énorme pour le handball tricolore, sont presque là. En janvier 2016, pour la première fois depuis quinze ans, l'équipe de France va se produire devant son public lors d'une compétition majeure. En 2001, elle était devenue championne du monde. Je m'en souviens bien, c'est au lendemain de ce titre que j'en ai pris les rênes. Entre-temps, le handball est passé du statut de sport de cour de récréation à celui de monument national. Et l'équipe de France a conquis les cœurs, autant par la martingale de ses résultats que par la générosité de ses valeurs. Aujourd'hui encore, les joueurs ont le droit de perdre un match, pas cette âme collective qui fait notre force et notre différence. Je ne leur pardonnerais pas de redevenir une équipe comme les autres.

Ça, c'est demain. Et après-demain ? Ne vous en faites pas pour moi. Il y a bien longtemps que j'ai cessé de me morfondre et de me ronger les ongles entre deux moments de gloire éphémère. Avec mon ami Pierre Dantin, que vous apprendrez à mieux connaître dans les pages suivantes, je m'attache à prolonger au quotidien le sens de nos victoires, et même de nos défaites. En échangeant mon expérience avec celle d'une poignée d'entraîneurs venus d'autres disciplines, j'extrais les pépites de notre légende dorée, je défriche des chemins nouveaux. « L'Académie des coachs » qui n'était qu'une rencontre informelle, voici quelques années, se transforme doucement en un think tank dont la raison d'être se résume en quelques mots : à quoi pourrait donc servir tout ce que la compétition nous a appris ? Récemment, avec l'aval des autorités médicales, Pierre a eu l'idée de coacher un groupe de patients atteints d'un cancer en rémission. Il n'y a pas de match plus rude que de reconstruire sa vie à la frontière de la maladie. Depuis près d'un an, il les épaule, les écoute, les aide à surpasser leurs peurs et à se fixer des objectifs. Les coachs interviennent à divers niveaux auprès des patients mais aussi auprès du personnel soignant. Aux dernières nouvelles, le corps médical est bluffé par les résultats de cet accompagnement. Je me dis que c'est la plus belle médaille qu'on nous ait décernée.

Dans ma carrière d'entraîneur, j'ai tout vécu, presque tout vaincu. Et pourtant, la route est encore longue. Il n'y a pas, il n'y a jamais eu de « méthode Onesta ». Tout juste un alliage de convictions fondues dans le creuset de la compétition, au feu mordant de la critique et de l'adversité. Je suis repu d'honneurs, pas de certitudes. Et même quand j'ai trouvé, je cherche encore. Je crois que je n'en finirai jamais de décortiquer les rouages intimes de l'aventure humaine. Sous la lumière d'un stade enfiévré ou dans la quiétude amicale de notre laboratoire d'idées. Ma première vie d'entraîneur s'éteint doucement, la seconde n'en est qu'à ses balbutiements. Mais c'est toujours la même histoire. Une histoire d'hommes comprenant les bienfaits de la collaboration, du respect, de la responsabilisation… Du bien vivre ensemble.

À l'école, au travail, à l'hôpital comme partout ailleurs, une seule question nous occupe : « Gagner, pour quoi faire ? ».

## Pierre Dantin, le passeur de sens

Par où commencer ? Le professeur des universités ? L'homme de l'ombre ? L'ami fidèle ? Pour moi, Pierre Dantin est tout cela à la fois. Et beaucoup d'autres choses encore. Rien de plus logique à ce que monsieur le directeur de la chaire « Société, sport et management » de la faculté des sciences du sport de Marseille et Sciences-Po Aix ainsi que du laboratoire « Sport MG Performance » de l'université d'Aix-Marseille trouve ici carte blanche, puisque cet ouvrage est le nôtre. Le fruit de notre réflexion commune sur l'envie de partager une expérience peu commune. Le besoin de prolonger l'aventure par d'autres moyens pour aller plus loin, et peut-être ailleurs. Sans lui, ce livre n'existerait pas. Et je ne serais peut-être même plus le manager de l'équipe de France de handball. Pierre m'aide à donner du sens aux hommes et aux événements, dans la victoire comme dans la défaite. Quand la légende des Experts a trouvé sa vitesse de croisière, quand le succès est devenu routinier et confortable, il a trouvé les mots pour éclairer mon chemin : « Gagner, oui, mais jusqu'à quand et pour quoi faire ? » En ayant la performance pour seul horizon, je crois que je me serais lassé depuis longtemps.

Dans le sport de haut niveau, notre attelage ne ressemble à aucun autre. Nous formons un tandem atypique aux motivations strictement amicales et intellectuelles. Pierre n'a jamais tiré un quelconque profit de la réussite des Experts ou de notre collaboration, dont seuls les initiés ont entendu parler. J'aime sa passion et sa culture de la psychologie humaine et des phénomènes d'interaction entre les individus. Il va vite et voit plus loin que le bout de nos victoires. En fait, je crois que nous sommes, l'un pour l'autre, deux sujets d'étude et d'enrichissement réciproques. Pierre est capable de théoriser et de prolonger des concepts que je découvre de manière empirique ou intuitive. En retour, mon expérience de manager lui offre un champ infini de réflexion.

Il existe bien des centres de formation pour les joueurs, pourquoi pas pour les coachs ? Aux jeux Olympiques, j'ai croisé tant d'entraîneurs français égarés, détruits par cet isolement qui générait la faillite de leurs protégés. Pour briser cette solitude endémique du manager à la française, nous avons créé avec Pierre les « Rencontres de coachs », chaque été, à Saint-Cyprien, près de Perpignan. Des entraîneurs de foot, de rugby, de basket et de bien d'autres sports se retrouvent, avec leurs épouses, pour échanger, confier leurs doutes, partager leurs découvertes, discuter de toutes ces choses qu'on ne peut évoquer qu'entre nous, dans un moment convivial, loin des institutions et des médias. Au fond, ce livre est né de la même volonté de transmission d'une expérience et d'un certain savoir. Durant toutes ces années, avec les joueurs, avec l'encadrement, avec Pierre, nous avons gravi notre Everest. Et si, plutôt que d'y planter notre petit drapeau, nous tendions la main aux autres pour qu'ils nous y rejoignent ? Toujours cette quête d'un monde meilleur…

*

* *

## Claude Onesta par Pierre Dantin

*« Si tu veux construire un bateau, ne rassemble pas tes hommes et femmes pour leur donner des ordres, pour expliquer chaque détail, pour leur dire où trouver chaque chose… Si tu veux construire un bateau, fais naître dans le cœur de tes hommes et femmes le désir de la mer. »*

Antoine de Saint-Exupéry

Notre homme n'est en aucun cas le parangon de toutes les vertus, et l'objet de ce chapitre est encore moins d'en faire un panégyrique ou une hagiographie post mortem de son vivant !

Des défauts, Claude en a. Un plein panier, même. Comme tout le monde. Fallait-il en faire, ici, le catalogue ? Ce n'était pas non plus l'objet et d'autres s'en chargeront ! Éclairé « des lumières » d'une lampe frontale de chercheur en sciences humaines et sociales, j'ai préféré me consacrer à une tentative d'exploration de ce qui le distingue du « commun » des entraîneurs, jusqu'à le faire apparaître comme un – si atypique – manager éclairant.

*

* *

Il est libre, Claude. C'est souvent ce qui frappe d'emblée chez lui quand on le croise pour la première fois. Non pas de cette liberté survendue qui exacerbe les ego et amènerait le bonhomme à thésauriser l'image d'une icône digne d'un sphinx gardien des dogmes. Pas de ça avec lui. Dans son esprit, la notoriété n'a de sens que si elle est le vecteur de partage et d'échange. Claude avance, truculent et profond à la fois, toujours en quête de la richesse de l'autre, quel qu'il soit.

Ne cherchons pas de méthode Onesta, il n'y en a pas, ou, si elle existait, son propre créateur n'aurait de cesse de la combattre tous les jours ! Pour lui, la méthode tue la vigueur de la relation, là où les principes partagés la renforcent. À ses yeux, la performance collective est un construit social étayé par la richesse des comportements, des talents et du courage des uns et des autres.

Ainsi va Claude l'humaniste, de Londres à Pékin, de Toulouse à Toulouse, une personnalité anticonformiste, passionnante et ébouriffante, refusant le statu quo et l'immobilisme pour ouvrir des chemins aux autres. Et pour continuer tout simplement à s'étonner de lui-même et se renouveler sans cesse pour peut-être toujours mieux se découvrir.

## L'humaniste anticonformiste

*« Qu'est-ce que le bonheur sinon l'accord vrai entre un homme et l'existence qu'il mène ? »*
ALBERT CAMUS

Les attributs de Claude s'opposent souvent à la classification des types et des genres traditionnels. En d'autres termes, avec lui, vous ne serez jamais mis dans une case. Pour lui, comprendre les autres est un processus vivant, l'exact contraire du jugement ou de la catégorisation péremptoire. Il fuit cette fameuse normalisation, celle qui renvoie à l'élaboration du conformisme où, sous la pression du groupe dominant, l'individu se soumet et adopte les comportements privilégiés par le groupe. Pour ne plus jamais sortir du rang.

Lorsque Claude Onesta vous ouvre son univers, il vous emmène vers d'autres voies qui permettent le « bien faire ensemble » par une lecture décalée des êtres, des contextes ou des faits. Ne comptez pas sur lui pour accepter ou prôner la soumission à l'autorité arbitraire, l'obéissance aveugle aux injonctions exercées par une figure sociale illégitime : médias racoleurs, leaders d'opinions douteux, et tutti quanti…

Rebelle, le « gonze » ? Un peu, comme tous les grands chefs qui refusent les destins préétablis et la pensée unique. Un esprit libre, en fait. Ainsi, lorsqu'il doit faire face à des opinions que tout oppose, y compris dans son propre environnement, Claude n'hésite pas à combattre la tentation de l'uniformité. À seule fin d'éviter le consensus trop rapide, qui peut certes apaiser ponctuellement mais ne solutionne jamais. Et s'il est quelquefois éléphant dans un magasin de porcelaine, la crise est, pour lui, toujours une bonne nouvelle, car elle mobilise des énergies vraies. Elle offre, si elle est bien gérée, la possibilité pour les membres de l'équipe d'adopter des attitudes indispensables pour trouver des consensus structurants, moteurs de progrès. « Il n'est pas nécessaire de s'aimer pour bien faire ensemble, mais quand on fait bien on s'aime un petit peu plus », nous dit-il souvent.

Pour autant, cela n'empêche en rien Claude d'être tout à fait conscient qu'à un certain degré de différences, on ne peut plus prendre en compte les comportements individualisés ni les actions de ceux qui s'égarent. On ne peut plus se permettre la moindre concession sans risquer de mettre le groupe en péril. Voilà pourquoi à ses yeux les décisions radicales qui s'imposent ont toujours le goût du déploré, mais jamais celui du regret…

Claude ne se perd jamais en conjectures, car il en cultive l'appréhension globale. Là où la traditionnelle analyse du système de représentations rend compte – superficiellement – d'un phénomène en tentant d'imposer sa clé explicative, Claude passe son temps au décryptage et à la compréhension des intentions de l'autre. Il laisse ainsi ses joueurs vivre et exister sans se substituer à eux par son autorité, et sans les aliéner à ses seuls principes.

Cette évidence managériale reste pourtant souvent incomprise par une certaine forme d'opinion répandue qui veut que le « chef » doive toujours montrer son autorité, imposer et dicter ce qu'il faut faire. Comme si le talent pouvait s'exprimer sur simple injonction.

Comme si un homme se réduisait à sa fonction, sa tâche ou son rôle…

Réveiller l'acuité et l'intelligence émotionnelle collectives pour sortir de sa zone de confort est le mot d'ordre systématique de Claude. « Ce que nous avons réalisé, tout le monde le connaît et se prépare à le contrer, ce que nous allons produire de différent est la clé de demain. » Toujours apprendre sur soi-même, pour découvrir et surprendre. Cette quête est portée par son intuition, sa soif permanente de curiosité et son aptitude à construire des acquis buissonniers.

## L'art de la conjecture et la pseudosérendipité

> *« Le mental intuitif est un don sacré et le mental rationnel est un serviteur fidèle. Nous avons créé une société qui honore le serviteur et on a oublié le don. »*
>
> ALBERT EINSTEIN

Contrairement à une idée répandue, manager, piloter, coordonner est à la portée de beaucoup. Savoir engendrer et favoriser l'expression des talents individuels, les additionner jusqu'à ce qu'ils ne fassent plus qu'un, dans une logique d'équipe, est qualité bien plus rare.

C'est ce que fait Claude en travaillant systématiquement à la projection d'objectifs et à la construction intellectuelle et émotionnelle d'un futur commun : gagner encore, en progressant ensemble. Expériences personnelles, personnalités trempées, goût du risque, affection particulière pour le jeu aux limites, clairvoyance et discernement sont ses alliés. La performance sportive n'est qu'une affaire de prospectives et de conjectures. Savoir se mettre dans la situation, pouvoir influer sur le cours ou l'issue d'une situation qui semblait pourtant toute tracée. Réécrire la chronique d'une logique annoncée. Cela revient prioritairement à combiner, agencer, modifier, voire élaborer de toutes pièces des paramètres et des indices pour les configurer en stratégies d'action. « Voler la confiance » de l'autre, créer le *momentum*, cet instant rare où la réalité de l'adversaire s'effondre, sont des conséquences directes de cet art si particulier. *In memoriam*, cette extraordinaire finale du Championnat d'Europe 2014 contre le Danemark.

Posséder cette capacité à « respirer » l'environnement, pour créer et aménager les conditions d'une prouesse possible, d'une innovation, savoir tirer profit d'un phénomène hors-norme, c'est ce qui caractérise la pseudosérendipité, une forme de raisonnement intuitif et imaginatif permettant de remonter des effets aux causes. Un art de faire d'utiles et pertinentes trouvailles en quelque sorte. Une forme probabiliste d'exploitation du hasard ou de la chance poussée à son extrême. C'est pourquoi Claude s'attache à déambuler, en toute quiétude et sans aucun a priori, à l'intérieur de son groupe et de son écosystème. Il traque alors les éléments de contexte relationnels, comportementaux qui seraient imperceptibles pour celui dont le contrôle se ferait trop pressant, dans le cadre de dogmes hiérarchiques et de certitudes préétablies.

Découvrir par hasard, avoir de la chance, la provoquer ou encore savoir l'exploiter, ne se manifeste que quand l'individu se laisse « réveiller » par les événements et les appréhende en pleine conscience, à l'affût de tout indice. Porté par sa sagacité. C'est, avant toute chose, l'un des savoir-être des grands « découvreurs » et des leaders. « La chance ne sourit qu'aux esprits préparés », disait Louis Pasteur.

Claude considère l'imprévu comme une bonne nouvelle. Cela lui permet d'accepter et d'intégrer la dissonance cognitive et l'incohérence comme de réels atouts. Il est capable de transformer une connaissance pure en connaissance appliquée. C'est en fait un esprit préparé à la pensée complexe qui lui permet une analyse plurifactorielle d'une même situation. Il fonctionne, alors, par abduction, comme Sherlock Holmes : en interprétant par inférence les situations. Et par le choix du meilleur scénario, il projette un chemin possible, une construction intellectuelle et émotionnelle d'un futur vraisemblable. « Rêver mais sans n'être qu'un rêveur », dirait Rudyard Kipling.

Rêver encore et toujours. L'exploit de plus, ou à venir, n'est jamais dans la reproduction du modèle mais toujours dans la dynamique du progrès. Le changement par une remise en cause permanente, non par des principes de vie, mais des processus renouvelés d'exécution. Une équipe, comme toute organisation, est une entité sans cesse apprenante. C'est valable aussi pour son leader. Inventer la victoire de demain est à ce prix. Toujours la même histoire, mais surtout jamais la même aventure ni le même chemin.

Dans ce contexte d'effervescence cognitive, affective et comportementale, Claude, doté pourtant d'une immense autorité naturelle, n'impose jamais, hormis en temps de crise ou d'incohérences malsaines. Il inspire, influe, suggère, réinspire en rendant ses joueurs – comme son staff – réflexifs et artisans responsables de leurs propres évolutions. Cela tient un peu de « l'effet Pygmalion ».

## L'effet Pygmalion

*« Traitez les gens comme s'ils étaient ce qu'ils pourraient être et vous les aiderez à devenir ce qu'ils sont capables d'être. »*
J. W. von Goethe

L'effet Rosenthal & Jacobson, plus communément appelé « l'effet Pygmalion », est ce que l'on appelle une « prophétie autoréalisatrice », la croyance en un futur favorable. Elle désigne par exemple l'influence, sur l'évolution scolaire d'un élève, des hypothèses positives sur ses aptitudes. L'effet placebo, en médecine, en est un lointain cousin.

En d'autres termes, si l'on a la conviction que l'autre peut réussir, et qu'on le lui montre de manière sincère, cela deviendra peut-être sa croyance. Puis sa réalité. N'avons-nous pas tendance à nous montrer à la hauteur de ce que l'on attend de nous quand le propos est vrai et construit ?

Pour Claude, comprendre l'autre, c'est l'écouter dans sa voix de présence consciente : ne pas s'arrêter à l'écume des choses, mais toujours l'aider à reformuler, mieux exprimer, pour permettre à son interlocuteur de faire et de devenir tout simplement.

Claude possède la capacité rare d'interpréter les silences. Plus encore, sa force est de les rendre éloquents. Écouter et entendre ce qui s'exprime en l'autre et qu'il ne verbalise pas forcément. Il puise cette force de son immense empathie, qu'il a certainement cultivée – et entraînée – dans son long passé d'éducateur et d'entraîneur de hand auprès des jeunes. Persuader que tout est toujours possible, et le mettre collectivement en œuvre. Il reste ainsi dans sa mission première : questionner, provoquer, aiguillonner, stimuler le groupe et les individus. Mais attention, si l'équipe de France est certes un lieu où l'on se répare et se prépare aussi, se construit, se reconstruit, c'est à une seule condition : il faut tout donner au collectif et s'y abandonner sans réserve, sans faux-fuyants ou jeux de rôle faisandés. Tous y veillent, lui le premier.

Le sens oratoire de Claude est très affûté. Il a l'art de faire mouche. Sa culture générale portée par la tessiture de sa voix et de son accent du Sud-Ouest en fait un fin pédagogue et un redoutable bretteur. Un charisme captivant et bienveillant. Un brillant orateur qui a l'art de se taire pour écouter. Beaucoup écouter. Quel paradoxe ! Ce qui lui confère une qualité assez rare : installer, d'emblée, une relation sincère et profonde avec ses interlocuteurs. La vraie chaleur humaine. Ses détracteurs vous diront qu'il ne fait rien d'autre que parler. Que sa chance est d'avoir des joueurs d'exception. Où est le problème ? L'avenir pour être radieux n'a-t-il pas besoin d'un phare ? L'un des savoir-faire de Claude est sa capacité à éclairer le futur « faire ensemble », à donner confiance dans le chemin à suivre pour que chacun puisse s'étonner et donner le meilleur de lui-même.

Sa compréhension intuitive de l'émotion de l'autre, son contact loyal, sincère, instaurent une intimité originale qui n'a rien d'un état immuable mais repose plutôt sur un mystère perpétuellement renouvelé. Ses joueurs le savent bien, leur coach ne range personne dans une boîte et ses représentations d'autrui ne sont jamais figées. Car pour Claude, les autres sont un peu de lui. Et, contrairement à Sartre, pour Onesta, l'animal social, l'enfer, définitivement, c'est « seul et sans les autres ».

## Leadership transformationnel

*« N'essayez pas de devenir un homme qui a du succès.*
*Essayez de devenir un homme qui a de la valeur. »*
ALBERT EINSTEIN

Oh, le gros mot académique que voilà ! Ce modèle alternatif a été théorisé en écho aux limites et apories constatées dans la figure ancestrale du management, particulièrement du point de vue de la motivation des hommes. Ainsi cette notion dite « transformationnelle » a été élaborée et construite en opposition avec le modèle traditionnel d'un leadership transactionnel – je décide, tu exécutes, et tu seras récompensé car je sais ce qu'il faut faire en toutes circonstances.

Le leadership transformationnel ambitionne quant à lui de satisfaire des besoins secondaires à moyen et long terme, plutôt que d'obtenir un assentiment contraint des joueurs par une « transaction », quelle qu'elle soit. Un peu comme le fameux « Si tu travailles bien à l'école, tu auras ton cadeau. » Il aurait l'air fin, Claude, de dire à ses joueurs : « Si vous travaillez bien, vous aurez la médaille ! »

Pour préciser en quoi ces deux modèles sont différenciés, nous devons au préalable comprendre les mécanismes de performance et un concept clé de motivation : la théorie de l'autodétermination.

Cette théorie distingue trois besoins humains fondamentaux.

– **Le besoin d'autonomie** : sentiment de la personne qui décide volontairement de son action de sorte qu'elle est en congruence avec elle-même et qu'elle l'assume entièrement.

– **Le besoin de compétence** : sentiment d'efficacité de la personne sur son environnement, ce qui stimule le goût d'explorer et de relever des défis.

– **Le besoin de relation à autrui** : sentiment de la personne d'appartenance à un groupe consistant à être relié à son environnement.

En outre, le comportement individuel peut être apprécié selon trois niveaux de régulation. Tout d'abord la motivation intrinsèque, définie comme l'engagement dans une activité pour le plaisir que l'on éprouve lorsqu'on maîtrise cette activité. Puis la motivation extrinsèque, qui concerne le fait de pratiquer une activité pour en obtenir quelque chose de socialement positif. Enfin l'amotivation, qui dépeint l'absence de motivation des individus incapables de percevoir des relations entre leurs actions et les conséquences de leurs actions. C'est la « dépression » assurée…

L'autodétermination nécessite que l'individu se sente accepté par son groupe d'appartenance (besoin d'affiliation), qu'il soit compétent dans l'exécution de son activité (besoin de compétence), et qu'il ait le sentiment d'être libre d'exécuter ou non cette activité (besoin d'autonomie). Lorsque l'individu s'autodétermine, on dit alors qu'il projette une motivation autorégulée, ou motivation intrinsèque, c'est-à-dire un degré de motivation tel qu'il désire volontairement s'engager dans une activité. Par son libre arbitre, son libre choix et sa volonté d'être dans l'action.

Aussi les préparations du staff de l'équipe de France de handball avant les grandes compétitions, là où les choix de jeu se déterminent, sont-elles un véritable laboratoire d'idées partagées avec les joueurs où chacun puise, partage ses connaissances, se nourrit de l'expérience de l'autre et offre la sienne. Une ruche apprenante. Un lieu où l'on s'écoute, se considère, se reconnaît. La manufacture à confiance. Bienvenue dans l'antre des Experts.

En bon « autodéterminé » qu'il est, Claude a choisi d'affirmer sa différence, et de faire de son authenticité et de la délégation le pilier de son action auprès des autres. Être libre de choisir, mais être responsable de ses actes et de leurs conséquences. Construire et s'engager ensemble. Claude guidant, régulant, décidant au fil des situations. Mais toujours assumant pour tous, c'est son éducation. Et s'il est loin d'être parfait, le bougre, il ne « s'échappera » jamais.

Là où le manager est par nature intrinsèquement limité à des contingences de court terme, Claude fait référence à une vision idéalisée de l'avenir pour fédérer les siens. Avec lui, la force singulière d'un entraîneur ne repose plus uniquement sur sa capacité à maîtriser les situations complexes, les paramètres techniques, physiques et tactiques. Entraîner est certes essentiel mais ne suffit plus.

Son leadership transformationnel propose un véritable projet global, pour une élévation morale et « éthique » de l'organisation, de ses membres et de leur engagement à se dépasser encore et toujours. Construire et nourrir par le sens, les valeurs et affects le moyen de « faire face » (ou *coping*) – qui est un effort cognitif et comportemental – pour affronter une situation difficile ou menaçante. Non pas s'adapter à la situation (se soumettre par exemple) mais s'ajuster à sa réalité pour la dépasser : surpasser plutôt que subir. Aspirer à toujours viser juste ! Une culture de la gagne, qui certes se transmet mais qui, selon Claude, se découvre en soi et se mérite avant tout. Car quand jeunot vous l'avez sur le dos, il faut se le farcir, le bonhomme ! Idéaliste, obstiné, chaperon intransigeant plutôt que guide. Chacun a droit à son rite initiatique, sous l'œil goguenard des plus anciens. Gagner sa place et son rang. Un authentique compagnonnage qui transmet la richesse des valeurs et des comportements.

Au final, dans « la pensée onestienne », la performance n'est qu'une conséquence dont la valeur réside autant dans le chemin collectif que dans les succès éphémères. Cela explique, en partie, l'attirance quasi compulsive qu'il exerce sur le monde de l'entreprise. Il est « contagieux », si bien que le lien social et l'écoute se créent naturellement autour de lui. Et, dans un univers si souvent perçu comme lacunaire et difficile pour l'accomplissement des hommes, cela donne beaucoup de sens…

Dans ce rôle de leader humaniste, Claude devient un passeur de sens. Il montre la direction à prendre ensemble tout en donnant de la signification à l'engagement individuel. Il acte la possibilité permanente de ressentir, subir et résilier à la fois l'incertitude et la complexité. Et, en définitive, ces deux faux ennemis de la performance deviennent les alliés de ceux qui les acceptent et les investissent de tout leur talent. Claude, comme d'autres leaders – Aimé Jacquet pour l'exemple –, joue sur sa capacité à créer et construire des croyances positives porteuses d'énergie pour l'ensemble du groupe. C'est son potentiel « ours en peluche » (pouvant aussi devenir horrible grizzli à ses heures !) par lequel il insuffle de la confiance en devenant le réceptacle des émotions des autres, lui-même étant un immense affectif. Mais que les émotions passées mises à l'épreuve de la vie ne trahiront plus.

Ainsi l'une de ses bottes secrètes est d'avoir compris que faire faire aux autres consiste en premier lieu à ne jamais se tromper soi-même d'émotions, ne jamais se mentir pour, au final, mieux libérer celles d'autrui.

## La *mètis* ou la ruse de l'intelligence

*« Tout le monde est un génie ; mais si vous jugez un poisson sur ses capacités à grimper à un arbre, il passera sa vie à croire qu'il est stupide. »*
ALBERT EINSTEIN

La ruse est un mode d'intelligence faussement perçu comme l'arme du fourbe. Son mécanisme est tout autre. Il agit en fait sur le mode des représentations et des apparences comme un outil social permettant de résoudre les problèmes rencontrés dans le rapport aux autres. Une intelligence plurielle où fusionnent tactique, finesse et agilité d'esprit.

On retrouve la richesse de cette notion dès l'Antiquité grecque à travers la *mètis*, ou *métis*, du nom de la déesse incarnant tour à tour la ruse et la sagesse, et une catégorie mentale protéiforme symbolisée par « l'homme aux mille tours » : Ulysse, l'astucieux héros de l'Odyssée. Oubliée au fil du temps avant d'être redécouverte tardivement, la notion de *mètis* peut se définir comme une stratégie reposant sur la « ruse de l'intelligence » et la capacité d'ajustement aux situations et aux hommes. Elle peut donc être appréhendée dans l'univers du sport de haut niveau, en tant que révélatrice de la part de malice et d'intuition des entraîneurs, leur puissance d'influence aussi. C'est d'ailleurs aussi pour ça qu'on aime tant les coachs sportifs !

La *mètis* est bien une forme d'intelligence et de pensée, un mode du connaître. Elle implique un ensemble complexe, mais très cohérent, d'attitudes mentales, de comportements intellectuels combinant le flair, la sagacité, la prévision, la souplesse d'esprit, la feinte, la débrouillardise, le sens de l'opportunité, des habiletés diverses, une expérience longuement acquise. Elle s'applique à des réalités fugaces, mouvantes, déconcertantes et ambiguës, qui ne se prêtent ni à la recherche d'exactitude, ni au raisonnement rigoureux. Lorsqu'elle s'observe, on parle souvent de coup de génie, d'effet de surprise, d'action « bluffante ».

La *mètis* s'exercera sur le terrain mouvant de la complexité quand la compétition fait rage et que le sort – ici la partie – menace de basculer. On comprend donc aisément pour quelle raison cette notion s'applique aussi bien à l'univers du sport de haut niveau qu'à celui de l'entreprise. Claude doit prendre des décisions dans un environnement global, interconnecté, qui évolue sans cesse, dans lequel il est constamment sous les projecteurs des dirigeants et des médias très exigeants et peu patients. Un environnement hostile dans lequel l'entraîneur apparaît souvent comme acculé, condamné à l'exploit pour « sauver sa peau ». Un Ulysse des temps modernes, en quelque sorte.

L'observation de l'environnement fait partie intégrante de l'art de la ruse chez les entraîneurs de sport de haut niveau. Évaluation des adversaires, de ses propres joueurs et de son staff, mais aussi du contexte médiatique ou de l'actualité du pays dans lequel va se dérouler la prochaine compétition, etc.

L'art de la ruse de Claude réside dans son aptitude à braconner et la pratique et la théorie. Savoir influencer la relation. Être diplomate et chef de guerre à la fois. Anticiper le plan et la stratégie globale de l'adversaire. Se mettre dans la peau de l'autre. Penser ce qu'il pourrait penser s'il savait ce que l'on pense. Simple, non ?

Dans le management, les armes du rusé sont le pouvoir du discours, de l'attitude et du comportement. La force de l'idée et le poids du mot dans l'instant. Savoir manier les éléments de langage pour influencer positivement les siens et essayer de déconstruire la réalité de l'adversaire en fabriquant son imprévisible.

## L'éthique du bien faire ensemble

*« Chacun au service de tous. »*
ANTOINE DE SAINT-EXUPÉRY

L'éthique. Voilà bien là un terme à la définition aussi polysémique que celle du sport ! Je ne retiendrai que la notion générale du concept : le comment bien ou mieux faire ensemble perçu dans une logique de respect et de défense de valeurs communes. « Bien agir et se comporter en tout domaine. » Ces valeurs sont pour Claude très simples : la loyauté, la solidarité et le courage. À partir de là, chacun a le droit à sa propre différence, mais le bien collectif reste sacré. Tellement logique et évident. Éthique et bon sens ne sont jamais trop éloignés… La gestion du groupe par le leader transformationnel procède donc d'un management par le sens, les valeurs et les affects. Et un souci constant du bien-être des autres. Mais dans le sport de haut niveau, le bien-être ne veut jamais dire le confort. Force est de constater que le leadership transformationnel – celui qui transforme les croyances, nourrit les besoins et fonde les valeurs au nom d'une vision collective positive et méritée de l'avenir – rejoint donc nécessairement la notion d'éthique, et plus précisément la notion d'une éthique du bien faire ensemble.

Ce management encourage une mise à distance des seules velléités individualistes, qui se cachent souvent derrière les intérêts supérieurs du projet collectif. Faire progresser avec et par, pour et malgré l'autre, est l'une des clés de la performance collective de haut niveau. Créer ce climat de bien vivre ensemble, d'épanouissement individuel, de culture collective est un acte éducatif bien plus qu'une routine d'entraînement ou un acte d'autorité de manager…

Éduquer, c'est s'inscrire dans un projet collectif, choisir des types de comportements perçus comme meilleurs que d'autres dans la perspective du groupe. Ainsi la prépondérance de ces valeurs de base, sanctuarisées et défendues, est essentielle. On ne peut en effet éduquer sans cadres ni valeurs communes. Ce sont les valeurs qui fondent la confiance, la cohésion, et agrègent les modèles indispensables à la relation et à la coopération entre les individus. Quel est notre combat et au nom de quoi le menons-nous ?

Un socle instituant pour toujours rendre les joueurs libres et créatifs, les garder enfants par le plaisir du jeu et si adultes par leur manière de s'y investir. On parlera alors de responsabiliser, de rendre autonome. En clair, pour l'individu, c'est s'émanciper d'un comportement égocentré pour permettre à chacun de s'approprier – consciemment ou non – son morceau de destin collectif. « L'éthique, c'est l'esthétique du dedans », dirait Reverdy.

Dans sa fonction, Claude est un agent reliant, par sa capacité à trouver de nouvelles clés de compréhension sur soi, par et avec les autres. Il peut aussi, par son sens de l'humour et de l'autodérision, son esprit goguenard, se comporter en mécanicien qui distille çà ou là les gouttes de sa burette d'huile pour atténuer colère et frustration, restaurer des espaces de relation différents, adoucir ou renforcer les messages. Pour rendre plus construit et collectif l'ego qui amène certains à se singulariser pour satisfaire leur narcissisme, il se doit d'être un modérateur entre ses joueurs à l'heure du règne de l'info-communication. Mais il lui faut aussi incarner la justice en interne car, à défaut, son équipe deviendrait un mensonge. Et si sur ce sujet certains comptes ne sont pas encore soldés, Claude, avant de se prononcer, cherchera toujours le sens profond des choses et leur vérité…

## Le philosophe gouvernant

*« Quoi que tu rêves d'entreprendre, commence-le. L'audace a du génie, du pouvoir, de la magie. »*
J. W. von Goethe

La philosophie du gouvernable a toute sa place dans la panoplie de l'entraîneur. Cette notion nous amène à comprendre l'aspiration la plus cachée des hommes : trouver et amener les autres à la transcendance. C'est une compétence essentielle qui sera requise chez tout leader, qu'il soit issu du monde sportif ou du monde de l'entreprise. Il s'appuiera pour cela sur son sens de la relation interpersonnelle et collective. Que serait sinon un chef, un meneur, un dirigeant sans charisme et sans empathie ? Claude, comme tout entraîneur, doit donc innover, trouver, formuler et construire par son intelligence émotionnelle des ressources propres qui garantissent l'oxygénation des relations, favorisent la revitalisation des croyances, en tant que véritables carburants d'un esprit de conquête et du demain partagé.

Comprendre revient alors à contenir, dérouter, re-router, gérer, galvaniser. On dit alors que le leader, par son intelligence émotionnelle, est « congruent ». Ce qui s'observe par l'alignement entre ce qu'il dit et ce qu'il pense. L'authenticité caractérisée. Avec cette faculté de toujours développer en lui, comme chez les autres, le questionnement, l'introspection, l'empathie et l'assertivité. L'art de faire passer tous les messages dans un climat de respect. Au-delà de son attention aux autres, Claude est doté d'une faculté de prise de décisions très stable, et d'un goût prononcé pour la résolution de problèmes comportementaux réputés complexes. Car il en détient la clé principale : la régulation des émotions.

Dès lors, de nouvelles compétences pourront éclore, dans un cadre où la dimension individuelle nourrit la force collective, qui, en retour, tel un moteur auxiliaire, génère le progrès de chacun.

Cohésion, me direz-vous ? Certes, mais alors comprise au sens de fédération, en gardant à l'esprit que la compétition entre les membres de l'équipe est toujours une bonne nouvelle, pour peu qu'elle demeure loyale et partage les mêmes valeurs érigées en pacte. Claude sait mieux que quiconque qu'aucune convergence collective des actions n'est jamais acquise. Car une équipe incarne un écosystème original. Une sélection choisie par un coach, devenant une coalition d'acteurs, dans laquelle s'instaure une communauté d'intérêt. Le tout guidé par la conscience d'une ressource et d'une idéologie communes, tendues vers un but ultime. Une situation de partage insolite ou coopération et compétition se marient et s'opposent à la fois. Une équipe est avant tout un espace incertain, fait de rapports de forces, d'adhésion, de rejets, d'hypocrisies, de faux-semblants et jeux de rôle sournois, une société des hommes, tout simplement... Une communauté d'intérêts individuels qui par une communauté de valeurs va devenir une communauté de destins.

Voilà pourquoi une autre des qualités essentielles requises chez les leaders est la capacité à comprendre ce qui se joue tous les jours devant eux, et les amène à développer, dans les espaces où l'autorité ne suffira jamais, le sens de la diplomatie et du comportement politique. C'est l'acte de gouvernance qui consiste à savoir identifier et exploiter à son avantage les rapports de forces tacites des parties prenantes, déjouer les points aveugles de danger ou les jeux de cour florentine. Car, pour décoder ce théâtre, les leaders sont dans la nécessité de développer une immense habileté à ressentir et à discerner.

C'est ainsi que le rayonnement, l'image, la réputation sont glaive et bouclier de tout diplomate cachant un leader ou, par jeu de réciprocité, de tout leader abritant un nécessaire diplomate.

Le bon leader est également celui qui sait nouer des contrats psychologiques avec ses partisans. Un pacte fait d'attentes mutuelles, implicites ou tacites, mais toujours réciproques et équitables. Il cultive toujours son réseau et, par médiation permanente, régule les influences. Homme affranchi, il manie mieux que personne les concepts de coopération, de co-construction, et de symbiose, sans être jamais assujetti à un dogme. En authentique décideur, il aura toujours un lien un peu capricieux avec l'autorité ou la contrainte.

Bien sûr, dans ces logiques d'« influenceur des influences » existe toujours le risque d'abus de position dominante ou de pouvoir. C'est en ce sens que Claude, mû par un souci constant de probité qui trouve son origine dans son histoire familiale, convoque un rapport à l'éthique et au sens moral incontestable. Il ne se trahira jamais. Pas plus qu'il ne trahira les autres. Ce qui fait dire à ses joueurs : « Il est juste et loyal, [nous] dit les choses en face. S'il nous manipule parfois, c'est vraiment pour le bien de tous, car sans lui tout serait très différent. »

Il est à déplorer que le sens politique soit trop souvent oublié quand il est question des entraîneurs, des dirigeants d'équipes ou des entreprises. Et pourtant, ce qui nous passionne souvent dans le sport et dans ses symboles dont Claude fait désormais partie, c'est aussi ce comportement politique, certes très utilitariste, mais qui, contrairement au reflet de notre vie quotidienne, est souvent associé à une forme de morale en actes.

Il renvoie une image de loyauté, d'exigence, de bien faire ensemble jusqu'à jouer un rôle de réparateur d'éthique par le récit d'une vie que l'on aimerait faire sienne. Intervient dès lors une autre valeur de base : la notion de sagesse. Valeur hautement paradoxale pour un homme qui ne peut être qu'anticonformiste par la nature même de la performance sportive. En effet, par son unicité, celle-ci n'est rien d'autre qu'un événement rare, une transgression de la norme.

Impulser le mouvement et l'innovation sans se départir de sa pertinence et des qualités qui permettent de se réaliser, et aux autres de se dépasser, c'est avant tout rester maître de ses désirs par la raison et la connaissance. Ensuite vient le chemin de la compréhension. Une émotion comprise est une émotion maîtrisable, et donc déjà en partie maîtrisée. Onesta l'a compris et construit au fil des années, lui qui se qualifie de « tueur d'émotion » et explique souvent que l'essence même de son métier est en fait de rester froid et dans le discernement quand tout le monde est chaud. Le voilà donc dépositaire de cette sagesse qui insuffle et la passion et son contrôle.

L'usage de la raison, de l'expérience, et le sens de la vie de Claude en font une personnalité singulière capable d'un grand discernement et d'une juste appréciation des choses, qui lui permettent alors de s'ouvrir sur toutes les déraisons de l'exploit sportif. Dans le sport comme en entreprise, il démontre en permanence que faire preuve de sagesse ne signifiera jamais être sage ! Ce que racontent ses colères bougonnes, ses moments frondeurs et cabochards ou ses instants fugaces de misanthropie durant lesquels l'ours se terre tout seul au fond de sa grotte. (Une bise à Marie-Hélène et aux filles en passant !)

Bien juger en tous domaines de son champ nous renvoie inévitablement à la philosophie.

Citons les philosophes, oui, puisque pour ce bon Aristote, et jusqu'à la Renaissance, la philosophie était le savoir des savoirs qui entraînait toujours son cortège de réflexions pour la raison en et dans l'action. Ainsi Claude passe son temps à promener sa « vraie fausse sagesse » pour comprendre les raisons premières et les buts ultimes. Il construit alors, tel un Socrate toulousain, sa maïeutique, cette forme de quête permanente de vérité par le questionnement qui fait que l'objectif et le chemin pour l'atteindre sont inextricablement mêlés. Avec lui, comme avec d'autres grands coachs, cette sagesse bouscule le produit des sciences réputées exactes qui disent ce que l'on doit faire. Faire ce qu'il faut et non pas ce que l'on doit, son choix est fait. Car, dans son esprit, la performance n'est jamais le fruit de la seule logique programmée ou programmable. Elle appartient à la créativité et aux formidables talents de ses hommes, et plus encore à leur capacité à devenir encore et toujours plus insatiables.

Se bousculer, se remettre en question quand tout va bien lui ressemble tellement ! Il exerce son intelligence à savoir dépasser une réalité environnementale donnée et parvenir à ce qui n'apparaît pas à première vue, à ce qui ne relève pas des sciences expérimentales mais émane néanmoins de l'ordre de la raison. C'est cela philosopher aussi. Aller au-delà, toujours.

Notre entraîneur philosophe est porteur de cet eudémonisme, ce bonheur qui consacre une grande part de son propre accomplissement autant dans le chemin à parcourir que dans le résultat obtenu. D'ailleurs observez-le bien, il n'exulte que très peu au moment des victoires…

C'est ainsi que les nombreux courants philosophiques ne sont jamais loin et s'entrecroisent toujours un peu dans son esprit ou dans le vestiaire. Mais ne le lui dites surtout pas, il en rigolerait encore… Et tant pis si « se moquer de la philosophie, c'est déjà philosopher », comme disait Blaise Pascal.

Telle est la marque des grands entraîneurs sportifs comme des grands entrepreneurs : cette disposition d'esprit toujours dynamique, cette faculté à comprendre différemment des phénomènes pourtant connus de tous. Car si la performance est au bout du chemin tracé par l'union de tous, c'est grâce à l'éclairage d'un seul, celui qui guide.

Claude démontre souvent que l'on peut être homme de raison ou d'harmonie tout en étant roublard et stratège à souhait. Inspiré, qui sait, d'un improbable et subtil mélange du *Fripon Divin* de Radin et Jung et de *l'Éthique à Nicomaque* d'Aristote.

Quoi de plus fou que de transformer l'utopie d'un destin sportif exceptionnel en palmarès réalisé sans comparaison ? Mais après tout, l'utopie n'est-elle pas, selon Barthes, « l'expression des désirs les plus cachés de l'homme » ? C'est ce qui dérange et fascine à la fois chez lui. Quelle gageure que d'être si simple et de parvenir à piloter une épopée unique dans le sport mondial ! Bah ! Laissons les bonnes âmes à leurs tracasseries… Notre société française héberge dans ses replis une certaine forme de répulsion à la réussite. On lui donne toujours un caractère suspect ou d'effet d'aubaine. Le verbe « oser » n'est pas si français finalement.

Mais est-ce bien important après tout ?

Et sommes-nous bien sûrs de l'importance que Claude accorde lui-même à son invraisemblable palmarès ?

Ce livre n'aurait certainement pas existé sans la futilité et l'éphémère d'un but de plus marqué par son équipe depuis bientôt huit ans. Un but de moins, et notre homme aurait été voué aux gémonies. Voilà qui appelle à la mesure et à la relativité des choses. Et pourtant, je l'avoue humblement, et ce bien au-delà de l'amitié qui nous unit, je suis, comme beaucoup, comblé que ces victoires existent… Et j'aime l'idée que Claude Onesta soit devenu ce qu'il était peut-être dès son premier coup de sifflet d'entraîneur. Un passeur de sens entre le sport et la société des hommes…

# Postface

*« Quiconque prétend s'ériger en juge de la vérité et du savoir s'expose à périr sous les éclats de rire des dieux, puisque nous ignorons comment sont réellement les choses et que nous n'en connaissons que la représentation. »*

Albert Einstein

Voilà pourquoi ce chapitre n'a aucune autre valeur que d'être un moment de partage, un humble et modeste éclairage tendant à révéler que les principes qui président aux actions de Claude dorment en réalité en chacun d'entre nous. Lui a simplement su, avec courage, leur trouver un chemin. L'« enfoiré », dirait Coluche…

*« Les héros ont notre langage, nos faiblesses, nos forces. Leur univers n'est ni plus beau ni plus édifiant que le nôtre. Mais eux du moins courent jusqu'au bout de leur destin. »*

Albert Camus

**Pierre Dantin**

# ÉCLAIRAGE BIBLIOGRAPHIQUE


**Théorie des pressions sociales**

FESTINGER L. (1954), « A Theory of Social Comparison », in *Human Relations*, 7, 117-140.

MONTMOLIN G. (1958), « Le processus d'influence sociale », in *L'Année psychologique*, 426-445.

MOSCOVICI S., FAUCHEUX C. (1967), « Le style de comportement d'une minorité et son influence sur les réponses d'une majorité », in *Bulletin du C.E.R.P.*, 16, 4, 337-361.

**L'art de la conjecture**

JOUVENEL B. (1967), *The Art of Conjecture*, Le Rocher.

**Sérendipité**

BRASSEUR H. (1975), « Le hasard dans la découverte », in *Sciences et Culture*, 216, septembre-octobre, 2-5.

ROBERTS R.M. (1989), *Serendipity, Accidental discoveries in Science*, Wiley Science Editions, New York.

CATELLIN S., LOTY L. (2013), *Serendipité et indisciplinarité*, *Hermès*, 32-40.

**L'effet Pygmalion**

BANDURA A. (1995), *Self-efficacy in Changing Societies*, Cambridge University Press, New York.

EDEN D. (1992), « Leadership and expectations : Pygmalion effects and other self-fulfilling prophecies in organizations », in *The Leadership Quarterly*, 3(4), 271-305.

ROSENTHAL R., JACOBSON L. (1968), *Pygmalion in the Classroom: Teacher Expectation and Pupils' Intellectual Development*, Holt, Rinehart and Winston, New York.

ROSENTHAL R. (1973), *On the Social Psychology of the Self-fulfilling Prophecy: Further Evidence for Pygmalion Effects and their mediating mechanisms*, MSS Modular Publications, Module 53, New York.

**Leadership transformationnel**

BASS, B.M. (1985), *Performance Beyond Expectations*, The Free Press, New York.

BURNS, J.M. (1978), *Leadership*, New York, Harper & Row.

CALVIN S., CHAKOR T., CICUT N., DANTIN P. (2014), « Le leadership des sélectionneurs sportifs de haut niveau : vers une figure transformationnelle et vicariante », *Revue française de gestion* (sous presse).

SASHKIN M. (2004), « Transformational leadership approaches », in *The Nature of Leadership*, Antonakis J., Cianciolo A.T., Sternberg R.J., (Eds), Sage Publications, Thousand Oaks, 171-196.

**Théories de l'autodétermination**

DECI E.L., RYAN R.M. (2000), « The "what" and "why" of Goal Pursuits : Human Needs and the Self-determination of behavior », in *Psychological Inquiry*, 11, 227-268.

DECI E.L., RYAN R.M. (1985), *Intrinsic Motivation and Self-determination in Human Behavior*, Plenum, New York.

DECI E.L., VALLERAND R.J., PELLETIER L.G., RYAN R.M. (1991), « Motivation and Education : The Self-determination Perspective », in *Educational Psychologist*, 26, 325-346.

**La *mètis***

DETIENNE M., VERNANT J.-P. (1978), *Les Ruses de l'intelligence, la* mètis *des Grecs*, Flammarion, Paris.

EL MABROUKI M.N. (2011), *L'Intelligence économique et stratégique en pratique, la* mètis *de l'entreprise ?* Éditions universitaires européennes.

VERNANT J.-P. (1971), « Mètis et les mythes de souveraineté », in *Revue de l'histoire des religions*, 180, 29-76.

**Les valeurs**

MASLOW A.H. (1943), « A Theory of Human Motivation », in *Psychological Review*, 50, 370-396.

SCHWARTZ S.H. (1984), « Value Priorities and Behavior : Applying a Theory of Integrated Value Systems », in *The Psychology of Values, The Ontario Symposium*, C. SELIGMAN, J.M. OLSON, & M.P. ZANNA (Eds.), Erlbaum, Mahwah, NJ, 8, 1-24.

VALLERAND R.J., DECI E.L., RYAN R.M. (1987), « Intrinsic Motivation in Sport », in *Exercise and Sport Science Reviews*, PANDLOF K.B (Ed.), Macmillan, New York, 389-425.

**Éthique du bien-faire ensemble**

ARISTOTE, *Éthique à Nicomaque* (trad. avec introduction, notes et index par Tricot J., 1967), Paris.

BODEUS R. (1982), *Le Philosophe et la cité –Recherches sur les rapports entre morale et politique dans la pensée d'Aristote*, Les Belles Lettres, Paris.

MACHEREY, P. (1997), *Introduction à l'éthique de Spinoza*, PUF (5 volumes), Paris.

MANZINI, F. (2009), *Spinoza : une lecture d'Aristote*, PUF, Paris.

**La notion de gouvernance**

DANTIN P. (2013), « La gouvernance », in *DIXIT, La revue semestrielle de Sciences-Po Aix*, 1, 3-12.

DANTIN P. (2011), *Le Modèle sportif français, bilan et perspectives,* MONTCHAUD S., DANTIN P. (Eds.), Hermès, Paris.

## Remerciements de l'éditeur

Merci infiniment à Jean-Francois Salessy, entremetteur intuitif et talentueux. Sans lui, ce livre n'aurait sans doute pas vu le jour.

Merci à Henri Haget pour sa personnalité sensible et sa plume inspirée.

Et naturellement, merci à Claude Onesta pour son engagement et sa gentillesse. Merci à Pierre Dantin pour ses lumières et son enthousiasme.

# Table des matières

Mise en page : Compo Meca Publishing
64990 Mouguerre

*Imprimé en France*
*par Corlet Imprimeur*
*14110 Condé-sur-Noireau*

IMPRIM'VERT®   PEFC™ 10-31-1510

Dépôt légal : septembre 2014
N° d'impression :186154
ISBN : 978-2-7499-2350-5
LAF 1898